# 映画と芸術と生と

スクリーンのなかの画家たち

Atsushi Okada
岡田温司

筑摩書房

映画と芸術と生と ＊ 目次

# 映画と芸術と生と　スクリーンのなかの画家たち

装丁　間村俊一
装画　北川健次
カバー表《封印された「キリストの変容」》
カバー裏《正面の衣装 La Castiglione のために》

# 序——実像と虚像のあいだで

十代のはじめに田舎の町で見たミケランジェロの伝記映画『華麗なる激情』（一九六五年、キャロル・リード監督、原題「苦悩と恍惚」）は今も忘れられない思い出になっている。当時は、人口八万人ほどの地方都市にも封切館が三軒か四軒あって、ポスターや看板も通りのあちこちをにぎわしていた。その名前ぐらいは知っていた天才が、パトロンの教皇ユリウス二世と格闘しながら、《アダムの創造》をはじめとする大作、システィーナ礼拝堂の天井画を構想し仕上げていく経緯をドラマチックに描いたこの作品は、ことによると、わたしがルネサンスという時代や芸術に関心をもつようになるきっかけのひとつだったのかもしれない。

## ビオピックへの愛着と不信

ミケランジェロだけではない。モーセ（セシル・B・デミルの『十戒』）、ヘレン・ケラー（アーサー・ペンの『奇跡の人』）、モディリアーニ（ジャック・ベッケルの『モンパルナスの灯』）、アンネ・フランク（ジョージ・スティーヴンスの『アンネの日記』）、グレン・ミラー（アンソニー・マンの『グレン・ミラー物語』）、T・E・ロレンス（デヴィッド・リーンの『アラビアのロレンス』）

など、テレビで放映されたものも含めると、この頃に見ていた映画のなかでいちばん多かったのは伝記映画（ビオピック）だったかもしれない。

実際にも、一九三〇年代から六〇年ころまで、とりわけハリウッドはビオピックの全盛期で、ある研究者の試算によると三百本近い作品が撮られているという（Custen）。それというのも、そこで描かれるサクセスストーリーは、ハリウッドという映画産業そのものを映しだす寓話として機能してきたからだ、というしうがった見方もある（2013, Vidal 5）。大衆文化のヒーローとして、エンターティナーやミュージシャンやスポーツ選手たちは、早くからハリウッド映画が好んで取り上げてきた対象だが、そのわけは、彼らが映画スターと並ぶ「消費のアイドル」（レオ・ローウェンタール）だからである。

たしかに、モデルが誰であれ、ビオピックには誇張や感傷がつきものである。陳腐な脚色や演出だと理屈ではわかっていながら、主人公の劇的な運命に思わず一喜一憂させられてしまうという経験は、おそらく誰にもあるだろう。

たとえば『華麗なる激情』では、ヴァチカンのシスティーナ礼拝堂の天井一面をフレスコ画で飾るという教皇ユリウス二世（レックス・ハリスン）の無謀ともいえる要求に、最初は二の足を踏んでいたミケランジェロ（チャールトン・ヘストン）だが、突然まるで悟りを開いたかのように目覚めて、壮大な絵の構想のインスピレーションを得るという場面——映画中盤のクライマックス——がある。悟りや啓示の場は山の頂というのが、シナイ山で神から十戒を授かったとされるモーセの時代からの慣わしだが（ちなみに、主演のヘストンは一九五六年の『十戒』でそのモーセを演じていた）、ミケランジェロもこのとき、大理石の切り出しで名高いカッラーラの山——彼にとって心の故郷でもある神聖な山——にこもり、朝日に映える雲の動きを見て、《アダムの創造》を着想するのである。ミケランジェロの視線のはるか先に広がる雲海の上から立ち上る雲が、ゆっくりと顔の輪郭を帯びていくが、それはたしかにシスティーナ礼拝堂のそのフレスコ画を髣髴させるところがある（**図1**）。このとき、「神は御自分にかたどって人を創造された」という『創世記』の文言がナレーションで流れている。

**図1**　『華麗なる激情』より

まさか本当にこんなことがあったとは信じがたいのだが、そして、今にして思えばかなりキッチュな場面には違いないのだが、それでも、背景画と実写映像を合成したマットペイントによるその特撮シーンは、素朴な田舎の中学生を感動させるに十分な迫力があった。しかも、後にわかったことだが、雲や染みなどの不定形のものから有形のものを連想するという手法は、レオナルド・ダ・ヴィンチも推奨しているように、またアンドレア・マンテーニャも実際に絵に描いているように、ルネサンスでよく知られていたもの（古代に起源がある）でもあったのだ。いずれにしてもビオピックは、その思わせぶりのわざとらしさにもかかわらず、いや、むしろそれゆえにこそ、わたしたち観客を虜にしてきたのだろう。

もちろん、偉人やヒーローが挫折と逆境のなかから名声と栄光をつかみとっていくという紋切り型のメロドラマ的筋書きは、国家主義や民族主義、個人主義や利己主義とも容易に結びつく強力なイデオロギー装置でもある。それゆえ、ビオピックへの不信や嫌悪感を公言してきた映画作家は少なくないし（スティーヴン・スピルバーグは二〇一二年にメガホンをとった『リンカーン』ですら、それを「ビオピック」と呼ぶことを拒否している〔2013, Vidal 2〕）、まともな批評や研究の対象とされることもけっして多くはなかった。またテレビの普及とともに、一九七〇年代にはいったんは下火となる。

## ビオピックの復活

ところが、二〇〇〇年頃から状況は一転してくるように思われる。過去の遺物と目されていたビオピックがふたたび活況を呈しはじめてきたのである。そればかりではない。大ヒット作や各映画賞を総なめにするような作品も次々登場している。この傾向は、ハリウッドのみならず欧州の映画界にも当てはまる。記憶に新しいところでは、オリヴィエ・ダヤンがメガホンをとり、マリオン・コティヤールが主役を演じた二〇〇七年の『エディット・ピアフ 愛の賛歌』、黒幕アンドレオッティ首相をモデルにイタリア政治の闇をアイロニカルにえぐりだすパオロ・ソレンティーノの『イル・ディーヴォ 魔王と呼ばれた男』（二〇〇八年）、終戦日前後の昭和天皇を描いて話題となったアレクサンドル・ソクーロフの『太陽』（二〇〇五年）などが思い浮かぶだろう。一方、先述したスピルバーグの『リンカーン』にいたっては、本人が「ビオピック」であることを否定しているにもかかわらず、D・W・グリフィスの古典的な伝記映画『世界の英雄』（一九三〇年）以来、アメリカ的なヒーローの典型としてこれまでに幾度も映画化されてきた伝統に連なる作品であることは間違いない。

とはいえ、今やモデルとして歓迎されるのは、もはやかつてのような天才や偉人たちばかりではない。アウトローやギャングなどアンチヒーローの伝記映画はすでに古くから存在するが、かつてビオピック全盛期には考えられなかったようなマイナーな人物、たとえばフランスやアメリカの大統領の執事や料理人（『大統領の料理人』、『大統領の執事の涙』）、みずからゲイであることを公表した市民活動家（『ミルク』）、裁判で史上最高の和解金を勝ち取ったシングル・マザー（『エリン・ブロコビッチ』）たちが堂々とスクリーンに登場するようになる。それというのも、より身近な存在の人間的なストーリーとして、観客によりアピールしやすいからであろう。

さらに、英雄や名声といった伝統的な価値観そのものが風刺されることもあれば、たとえばトッド・ヘインズがメガホンをとり、六人——そのなかには女優ケイト・ブランシェットもいる——の俳優がボブ・ディランを演じ分ける異色作『アイム・ノット・ゼア』（二〇〇七年）のように、主体（主題）そのものの同一性に疑問を投げかけ、フィクションであることをあえて隠そうとしないメタ・フィクション的な作品もある（こうした主体の断片化、あるいは視点の複数性については、厳密にはビオピックには含まれないだろうが、実在の新聞王ウィリアム・R・ハーストをモデルにしたオーソン・ウェルズの『市民ケーン』［一九四一年］に早くもその萌芽が認められる）。個人の偉業を記念し讃えるメロドラマ調の初期の「古典的《クラシカル》」ビオピックにたいして、パロディや批判、マイノリティにも開かれた今日の新しいビオピックを「新古典的《ネオクラシカル》」と形容する研究者もいる（Bingham 17－18）。

## なぜ画家のビオピックなのか

というわけで、これまで論じられることの少なかったビオピックに着目してみよう、というのが小著の狙いである。前述のように、その作品は膨大な数に達するため、ここでは実在した画家や彫刻家たちをモデルとするものに限定している（ドキュメンタリーは原則的に含まない）。というのも、筆者の主たる関心が美術と映画との関係にあるためである。その意味で小著は、すでに上梓した『映画は絵画のように――静止・運動・時間』と『映画とキリスト』の延長線上に位置するものでもある。

もちろん画家のビオピックは、他のビオピックと密接な関係をもちながら発展してきたわけだが、それらとはまた異なる特殊な性格を有してもいる。何よりもまず、画家の描いた作品が映像表現とどのようにかかわっているのか、そこが見所のひとつでもある。映画が絵画を無視するわけにいかないのが、ほかでもなく画家のビオピックだからだ。しかも、たとえばヴィンセント・ミネリ、モーリス・ピアラ、ピーター・グリーナウェイ、シャルル・マトン、ジュリアン・シュナーベルなどのように、監督本人が、画家としての経歴をもつか、現役のアーティストである場合も少なくない（もちろん、これは何も伝記映画の場合にのみ限られるわけではないし、多くの映画監督に当てはまることでもある）。

ところが、これまで映画研究と美術史研究のどちらの側からも敬遠されてきたという不幸な前歴をもつのが、この画家のビオピックというサブジャンルなのである。前者の側から見るなら、それは、ロマンチックにしてかつペダンチックな通俗性に毒されている陳腐な際物ということになるだろうし、後者の側からは、史実をゆがめた作家や作品のイメージを捏造して振り撒いているに過ぎない無用の長物ということになるだろう。たしかに、そうした側面があることをわたしも全面的に否定するつもりはない。だが、それはかなり一面的な評価でしかないように思われる。

ごく少ない例外を除いて（たとえばゴッホの映画を論じたグリセルダ・ポロックの論考など）、美術史家が画家のビオピックを正面から取り上げることはこれまでほとんどなかった。それというのも、映画が描きだす画家やその作品は、色眼鏡を通して見た虚像に過ぎないもので、まともな美術史研究の対象とはなりえない、という頑固な信念が邪魔をしているからである。しかも、画家の伝記抜きで美術史を構想するというアカデミックな方法論――「名前のない美術史」――は、ハインリヒ・ヴェルフリン（一八六四―一九四五）以来、近代の美術史学の主流となってきたという経緯もある。

とはいえ今日、たとえばゴッホやピカソ、カラヴァッジョやレンブラントといった画家たちが恩恵にあずかっている幅広い大衆的人気のことを考えるなら、美術（作品）の普及にマスメディアや映画が果たしてきた役割を軽視することはできない。さらに、かつてヴァルター・ベンヤミンは、写真など複製技術の発達によってオリジナルな芸術作品のアウラは凋落すると論じたが、それどころか、とりわけ古典的なビオピックは新たな芸術家崇拝を生みだしてきた、という点を見過ごすこともできないだろう。芸術の大衆化と商品化に映画が果たしてきた役割は小さくない。たとえば、ウディ・アレンは、自分が絵について知っていることは、カーク・ダグラス主演のゴッホの映画から得られたものだと公言してはばからない（Kedraon 201）。

## タイプ化される「芸術家」――「天才」、「狂気」、「聖人」、「ボヘミアン」

いかに伝記的資料に基づいているとしても、はたまたいかに忠実に再現したと謳おうとも、ビオピックが映しだす画家像は多かれ少なかれまぎれもなく虚構のイメージである。このことは否定すべくもない。ではひるがえって、これまで美術史家たちが発掘し再構築してきた画家像が、百パーセント客観的な真実だけでできているかというと、必ずしもそうとはかぎらない。これもまた否定されざる事実である。

優れた二人の美術史家、エルンスト・クリスとオットー・クルツが共著『芸術家伝説』（原著一九三四年、邦訳一九八九年）のなかで鮮やかに論じたように、過去の画家伝には定型的な語り口が繰り返し認められる。「英雄」、「聖人」、「神のごとき」存在、「魔術師」といったタイプ化はその代表である。「早熟の天才」や「俗人と芸術家の葛藤」というテーマにもまた長い歴史がある。

さらに、これにつづいて出版されたウィットコウアー夫妻の共著『数奇な芸術家たち――土星のもとに生まれて』（原著一九六三年、邦訳一九六九年）でも、芸術家にたいしてわたしたちが抱く典型的なイメージの数々は、すでに過去の画家伝――とりわけジョルジョ・ヴァザーリの『芸術家列伝』（第一版一五五〇年、第二版一五六八年）以後――のなかに先取りされていることが、詳細に跡づけられた。たとえば、「苦悩する精神と気質」（ミケランジェロ）、「孤高性」（レオナルド）、「自殺」（ロッソ・フィオレンティーノ）、「情熱と犯罪」（チェッリーニ）、「ボヘミアン」（カラヴァッジョ）、「完全なる紳士」（ルーベンス）といった調子である。「天才」と「狂気」や「憂鬱《メランコリー》」との結びつきも、ルネサンス以来ひとつのトポスとなってきたものである。また、多くの芸術家たちは、熱烈な恋愛や放蕩、酒癖の悪さや浪費、男色や不倫など豊かなエピソードで飾られ、貧困や飢餓、嫉妬や打算、世間の無理解や誤解にもしばしば悩まされたという筋書きに彩られる。なぜなら、それらはまた読者や観客が芸術家に望んできたイメージでもあるからだ。つまり、程度の差はあるにしても、ビオピックだけが紋切り型にはまっているわけではないのであり、その原型はすでに芸術家の伝記的記述のなかで培われてきたものなのだ。

一方、天才ないし英雄としての芸術家像は、わたしたちの想像力のなかで、大きく次の二つのタイプに分けられると主張する文学史家もいる（Beebe）。それとはすなわち、芸術のために生を犠牲にして、家族や社会とのつながりを断ち切ろうとする「象牙の塔」のタイプと、芸術と生とをあまりにも接近させすぎたために、どちらも破滅に終わるしかない「聖なる泉」のタイプである。画家でいうと、おそらくミケランジェロは前者に、ゴッホは後者に近いイメージであろうか。

それればかりではない。たとえば、アンリ・ミュルジエールの小説『ボヘミアン生活の情景』（一八五一年）にも象徴されるように、十九世紀には「ボヘミアン」なるものが芸術家のライフスタイルとしてもてはやされるようになり、加えて、バルザックやゾラ、ポーやワイルド、ヘンリー・ジェイムズなどの文学に見られるように、画家をモデルとした小説――ヘルベルト・マルクーゼが「芸術家小説 Kunstlerroman」と呼ぶもの――も相次いで発表されている。それらにおいて好まれたのは、創造の苦悩、社会の無理解、病む心身、人格破綻、反社会性、孤独、アウトサイダー、酒と女などといった一連のロマンチックなテーマ群である。「ボヘミアンは典型的に、個人的で集団的な想像力に浸透している伝説に属するもので、これらの伝説が形をとる存在、つまり芸術家と切り離すことはできない」(Henich 39)。ある意味で「古典的」な画家のビオピックは、これらの文学的伝統に棹差すものでもあるのだ。

## 歴史、映像、編集

そもそも、いわゆる言語論的転回以来、わたしたちはもはや歴史の客観性や実証性なるものを素朴に信じてはいない。今やいうまでもないことだが、歴史であれ伝記であれ、それらが言葉によってつづられるものである以上、そこに言語の構造や限界、言説の規制やコードが介入してくることになるのは必然である。

歴史記述をひとつの物語行為としてとらえるメタヒストリーの大家、ヘイドン・ホワイトにはまた、「ヒストリオグラフィーとヒストリオフォティー」というたいへん興味深いエッセーがある。通常「歴史記述」と訳される前者にたいして、後者は、「歴史」と「写真」とを組み合わせたホワイト自身による新造語であり、「歴史とそれについてのわれわれの思考を視覚的イメージと映画的ディスコースにおいて表象すること」、と定義される(White 1193)。つまりホワイトは、この語によって、言葉のみならず映像にもまた歴史を物語る独自の手法と機能があることを掬いだそうとするのだ。その主張は、歴史映画やビオピックに概して批判的か冷笑的な立場をとる大半の歴史学者や映画研究者にたいする、ホワイトからの応答として読むこともできる。この「ヒストリオフォティー」という概念は、わたしたちがビオピックを改めて論じるうえで、重要な指針を与えてくれることになるだろう。ホワイトを受けてアメリカの歴史家ロバート・A・ローゼンストーンもまた、映像表現のうちに新たな歴史解釈の可能性が開かれている点を強調し、セルゲイ・エイゼンシュテインの『十月』(一九二八年)にさかのぼる「革新的」な歴史映画を積極的に評価しようとする(Rosenstone 57-77)。

一方、社会学者で映画研究者としても知られるジークフリート・クラカウアーもまた、その著『歴史——永遠のユダヤ人の鏡像』において、早くから、写真や映画という映像媒体と歴史記述とのあいだに「意味深いアナロジー」、あるいは「基本的な類似」を認め、そこに注目していた。たとえば、視点の取り方に関連して、微視的歴史と巨視的歴史はクロースアップとロングショットになぞらえられ、同じ対象であっても「レヴェルの法則」によって歴史も映像も一様の構造を示すわけではないことを強調する。クラカウアーによれば、映像と歴史にとって肝心なのは、「リアルな傾向と形式的傾向とのあいだ」のバランスである(『歴史』79)。これらを踏まえて今日、ドキュメンタリーとフィクションという区別を超えて、歴史と映画との関係が積極的に思考されている(Rancière et Comolli ; Baecque)。たしかに、歴史記述と映画の手法——フレーミング、モンタージュ、フラッシュバック、クロースアップなど——とのあいだには興味深いつながりがあるのだ。換言するなら、映画は、「徴候的で、問題提起的で、感じ取ることのできる、もうひとつの歴史」(2010, Lagny 146)を描きだす可能性に開かれている、ということでもある。

さらに、伝記を事実とフィクションとの継ぎ目のない結合ととらえ、それぞれを堅牢な「花崗岩」とつかみがたい「虹」になぞらえたのは、ヴァージニア・ウルフである。伝記は、この両者のあいだに立ち上がってくるのだ(ちなみに、この女流作家を想像力豊かに現代によみがえらせたのは、スティーヴン・ダルドリー監督の二〇〇二年の異色のビオピック『めぐりあう時間たち』であった)。それゆえ、具体的な映画作品について検討することになる以下の各章において、わたしは、史実や事実とみなされているものに作品が合致しているのか否かについて、事細かく詮索するようなことはあえて控えたいと思う(その仕事は、あくまでも実証主義を標榜しようとする研究者に任せておけばいいことだろう)。ある画家や作品について、いかなる映像の形式によって、いかなるイメージを観客に訴えようとするのか、それこそがより重要な問題である。たとえそこにフィクションがあるとしても、ことによると、アカデミックな学問よりもずっと真実が隠れているかもしれないし、あるいは斬新な観点によって、画家や作品の本質に迫りえているかもしれないではないか。ビオピックをして、「フィクションに奉仕するリアリティ」(Fontanel 14)と定義する研究者もいるほどである。

## 「真実らしさ」と詩的真実

歴史家は起こったことや真実を語るが、詩人はありそうな仕方や必然的な仕方で物語を書くといったのは、『詩学』のアリストテレスである。「模倣《ミーメーシス》」の対象となるのは、「真実」であるよりも「真実らしさ」のほうである。これを受けるように、アリストテレス的な「真実らしさ」を「大衆が可能だと信じること」と読み替え、多くの映画や新聞小説などがこのアリストテレス的な規則をモットーとしていると論じるのは、『映像の修辞学』のロラン・バルトである。ポール・リクールもまた、歴史が語る史的真実にフィクションが語る詩的真実を対置させる。その「歴史」さえも、とりわけ言語論的転回よりこの方、つくられたものであると自覚されるにいたったことは、つい今しがた述べたところである。

ここで一例を挙げてみよう。管見によれば、「真実らしさ」を見事に「模倣」していると思われるのは、たとえばオーソン・ウェルズが『オーソン・ウェルズのフェイク』（一九七三年）のなかで描く「ピカソ」である。この映画は厳密にはビオピックというよりも、フィルム・エッセイと呼ぶのがふさわしいが、いみじくも「わたしはペテン師」、「これはペテンと詐欺と嘘についての映画である」と公言するウェルズ本人のセリフで幕を開ける。そして、次の三つのエピソード、すなわち、マティスやモディリアーニなどの贋作のプロとして一九四〇年代から六〇年代にかけて世界に（悪）名をとどろかせた実在の画家エルミア・デ・ホーリー、大富豪ハワード・ヒューズ――マーティン・スコセッシのビオピック『アビエイター』（二〇〇四年）のモデルでもある――の「自伝」なるものを一九六九年にでっち上げた作家クリフォード・アーヴィング、生放送と勘違いされてアメリカ中をパニックに巻き込んだオーソン・ウェルズ演出の一九三八年のラジオドラマ『宇宙戦争』――原作はＨ・Ｇ・ウェルズによる同名のＳＦ小説である――についてのエピソードを、当時のドキュメンタリー映像や当事者たちの肉声、さらにはフィルムの山積みになった小さな編集室にいるウェルズ本人の映像なども交えて断片的なモンタージュでつないだ後、最後に、「ピカソ」の「真実らしい」話が語られる。ナレーションで流れるウェルズ自身の解説によれば「最近の実話」の「再現劇」であるというこの第三のエピソードは、おおよそ次のようなものである。

## 本当のような嘘の「ピカソ」――『オーソン・ウェルズのフェイク』

「六千年の歴史のなかでいちばん大金持ち」の「天才画家」――と、ウェルズのコメントする――ピカソは、いま南フランスのトーサン（どうやらこの町も架空らしい）に滞在している。そこに、クロアチア出身の美人女優オヤ・コダール――当時、ウェルズのパートナーだった――がボーイフレンドとヴァカンスに来ていて、アトリエからたまたま彼女の姿を目撃した老ピカソはたちまち一目惚れしてしまい、彼女をモデルに二十二枚もの肖像画を描くことになるのである。このいかにも「真実らしい」話を、ウェルズは、ショットごとに衣装を替えて町の通りをこれ見よがしに――カメラ目線になることもある――闊歩する美しいオヤ（図2）と、その様子をブラインド越しに盗み見してますます「虜になって」いくピカソの（写真の）クロースアップ（図3）、さらにそれを解説する自分自身のバストアップ映像、これらを巧みに何度も交互にモンタージュすることによって描いていく。「ピシャ」という鋭い音とともにブラインドが開いてピカソが顔をのぞかせる様子と、ときどきスローモーションになるオヤの動きによって緩急のリズムのつけられたこのシークエンスが、実に四分以上もつづくのである。

こうして「実り多い」二人の出会いは、二十二枚の肖像画となって結実する。スクリーンのフレームいっぱいに収まるカンヴァスの裏側から画家の筆の動きを透けて見せるショットは、わたしには、アンリ＝ジョルジュ・クルーゾーの名高いドキュメンタリー映画『ミステリアス・ピカソ 天才の秘密』（一九五六年）の一種のパロディのようにも思われる。ピカソの創作の「秘密」に迫ろうとしたこの作品では、画家の自由奔放なタッチと鮮やかな色彩から作品——十九枚の彩色画とデッサン——が生みだされていくプロセスを、スクリーン一面の紙の裏側からリアルタイムでとらえるという演出法が採用されていたのである。このドキュメンタリーは、「タブラ・ラサ（白紙状態）」からインスピレーションのおもむくままに即興的かつ自発的に創造する天才という、広く流布したモダンなピカソ神話の一翼を担ってきたものでもある。話がクルーゾーの映画に逸れたついでに付言しておくなら、「天才の秘密」というサブタイトルのこの作品について、むしろ「ピカソ ショウマ

**図2（上）3（下）**　『オーソン・ウェルズのフェイク』より

ンの秘密」か「ピカソ　道化の秘密」に改題したほうがずっとましだと鋭い指摘をした花田清輝こそ、ことの本質を見抜いていたように思われる。そして、おそらくウェルズもまた花田の見方に賛同したことだろう。

さて、そのウェルズの「ピカソ」に戻るなら、「真実らしい」話はさらに、その後の顚末を語る監督のクロースアップとオヤの映像を軸にこうつづく。ピカソは肖像画をけっしてこれまでモデルの女たちに贈ったことはなかったのだが、オヤは金銭の代わりにそれら二十二枚の絵を「戦利品」として要求し、パリで展覧会を開く。それを新聞で知ったピカソは「台風」のように荒れ狂って——このとき実際の台風の映像がモンタージュされる——パリに向かい、画廊に乗り込んできて、怒りをぶつける。ピカソには「一文も入らない」からだ。ところが、会場に並んだ絵を見てピカソは目を疑う。それらは自分が描いたものではなかったのだ。オヤの祖父は、エルミア・デ・ホーリーと同じく名うての贋作画家で、ピカソ風の様式で新たに同じ枚数を描き、本物は焼いてしまったというのである。作風をころころと変える「贋作画家」か「役者」のようなピカソだから、彼を尊敬する自分が新しい作風をつくったことにしても問題はないだろう、というのがこの祖父の言い分である。この経緯は、オヤとウェルズの会話で再現されていく。モデルとの関係といい、金銭への執着といい、独自の「剽窃」観といい、いかにもあり﹅そ﹅う﹅な話ではないか。

ちなみに、ジェームズ・アイヴォリー監督による一九九六年の伝記映画、『サバイビング・ピカソ』でも、アンソニー・ホプキンス演じる画家——一九四〇年代から五〇年代初め——の理想化や神秘化はことごとく退けられ、その三番目の若い妻で画家を見捨てることになるフランソワ・ジロー（ナターシャ・マケルホーン）の視点から、金と女と名誉に執着する人間らしい――おどけた顔を見せることもある（図4）――ピカソ像が打ちだされている。無神論者であるにもかかわらず、ジローに教会で自分への忠誠を誓わせる。共産主義者であることを自他ともに認めているが、金と高級車とグルメをこよなく愛してもいる。長年の友人で恩人のひとりでもある画商カーンワイラーを、平気で裏切ることもできる。かつてのパートナーたちや自分の子供でさえも結局は破滅へと追い込んでしまう、等々。それはあたかも、この画家が次々と絵の様式を変えたり、陶芸など新しいジャンルに挑戦したりしたのも、裏切りや気まぐれや欲望のなせる業――ピカソ自身がしばしば自己投影として描いた怪物「ミノタウロス」さながら――であった、とでも云わんばかりである。

**図4**　『サバイビング・ピカソ』より

さて、ウェルズの映画に戻るなら、もちろんそれは、文字どおり見事な「フェイク」である。前の三つのエピソードが、本当にあった贋作の話だったとするなら、ピカソの話は、まったく嘘八百の本当のような話である。作為的な演出が見え隠れするクルーゾーのドキュメンタリーのなかの本物のピカソにくらべると（だからこそ花田の慧眼は、監督や画家の意図とは裏腹に、そこに「ショウマン」や「道化」の仮面を見抜くことができたのだが、さりとてそれは、微塵もピカソを貶めるものではない）、見え透いたウェルズの嘘のピカソのほうがずっと「真実らしい」といってもいいほどである。くしくも、この映画が製作されたのと同じ一九七三年、世紀の大画家は九十一歳でこの世を去るのだが、それを見ていたとしたら、怒りの声を上げていただろうか、それとも苦笑いをしたであろうか（フランソワーズ・ジローが一九六五年に著わした『ピカソと共に生きて』については、法的手段に訴えて出版を差し止めようとさえした［Senaldi 72－73］）。

以下の各章においてわたしたちは、本当のような嘘と嘘のような本当のあいだを目くるめく往来することになるだろうが、画家にかぎらずビオピックの醍醐味と面白さは、まさしくその点にあるのではないだろうか。

本書の十の章について、ここでごく簡単にその要点だけを紹介しておこう。まず第Ⅰ章では、同じ画家ゴッホをモデルとしているにもかかわらず、まるでまったく別人のような三本の映画を取り上げる。次の第Ⅱ章では、別人というわけではないが、解釈あるいは力点の置き方の異なる、やはり三本のレンブラント映画に登場願う。第Ⅲ章は、二十世紀に飛んで、ポロック、ウォーホル、バスキアの映画のなかに、監督の側からのエディプス的葛藤が投影されている作品を取り上げる。第Ⅳ章は、一九九〇年代からますます増大してくる女流画家や彫刻家たちの映画、第Ⅴ章は、映画の誕生とほぼ同時期、郷愁と憧れの対象でありつづけているベル・エポックの画家たちが主役となる。第Ⅵ章では、スキャンダラスな性と暴力という点で意外な共通性をもつ二人の画家、カラヴァッジョとフランシス・ベーコンの映画に焦点を当てる。ひるがえって第Ⅶ章は、政治とロマンスの両方で名をとどろかせたゴヤの生と芸術を描いた三本の映画が対象になる。つづいて第Ⅷ章で検討するのは、近年とみに脚光を浴びるようになったアール・ブリュット、あるいはアウトサイダー・アートの先駆者たちを現代によみがえらせる意欲作である。第Ⅸ章は、フェルメールやブリューゲルなどの名画誕生にまつわる秘密に、想像力豊かに迫ろうとする作品を論じる。そして最後の第X章は、画家のビオピックの三本の名品——アンドレイ・タルコフスキー、ピーター・ワトキンス、ラウル・ルイスのもの——に捧げられている。それでは皆さんを、映画と美術、現実と虚構、人生と芸術とが織りなす新たな時空間《クロノトポス》にご案内するとしよう。

# I

## 三人の「ゴッホ」
### 耳切りと自殺はどう描かれたのか

フィンセント・ファン・ゴッホ（一八五三―一八九〇）ほどスクリーンに歓迎されてきた画家は他にいないのではないだろうか。正確な数字はわからないが、ドキュメンタリーも含めると、その映画は優に二十本は下らないはずだ。全編が油絵風のアニメーションで描かれた異色の作品『ゴッホ 最期の手紙』（二〇一七年）はまだ皆さんの記憶に新しいことだろう。その絵の大衆的な人気に加えて、誰もが知っている耳切り事件や謎の自殺など、ドラマチックな出来事に彩られていることが、映画化に拍車をかけてきた。

かの黒澤明の『夢』（一九九〇年）の一編「鴉」でも、マーティン・スコセッシ演じる画家が登場していたが、代表作といえばやはり次の三作、ヴィンセント・ミネリの『炎の人ゴッホ』（一九五六年、原題「生への渇き」）、ロバート・アルトマンの『ゴッホ』（一九九〇年、原題「フィンセントとテオ」）、そしてモーリス・ピアラの『ヴァン・ゴッホ』（一九九一年）であろう。興味深いことに、順にハリウッドとイギリスとフランスで製作されたこれら三作の「ゴッホ」は、それぞれがまるでまったく別人――役者の違いはもちろん別にして――であるかのような様相を呈しているのである。

## 三人の「ゴッホ」――悲劇の人、アンチヒーロー、普通の男

いわゆる古典的ハリウッド映画と称される時期のミネリ作品は、聖職者への夢破れて画家を志すも一向に絵が売れず、失意のうちにみずから命を絶つまでの約十年間をドラマチックに描くもので、その手並みは、これまでにも指摘されてきたように、まるでキリストの受難を髣髴させるかのようである。ここでゴッホは、まさに芸術に身を捧げて犠牲となった「殉教者」とみなされているのだ(圀府寺編 225)。

一方、ハリウッドの反逆児アルトマンが焦点を合わせるのは、原題も示すように弟テオとの関係をめぐるエピソードで、二人の兄弟はちょうどお互いの「分身」のような関係にある。社会のはみ出し者の兄にたいして、画商の弟は協力と援助を惜しまないが、兄の死後、みずからもたちまち精神のバランスを崩していく。「分身」のテーマはまた、『イメージズ』(一九七二年)や『三人の女』(一九七七年)にも見られるように、この監督お得意のものでもある。

これら二作にたいして、徹底的に反メロドラマを貫いているのが、ポスト・シネマを代表する監督のひとりピアラの作品で、オーヴェル゠シュル゠オワーズにおける最晩年の約二ヶ月余りの画家の日常を淡々と追う(ミネリの映画ではラストの十分間に相当する)。その意図は、ピアラ自身の次の発言、「わたしは何よりも、狂気の画家、呪われた画家、餓死した画家という伝説に抗おうと思った」(Senaldi 56)に端的に表われている。実際にも、そのゴッホは、やや神経質そうではあるものの、わたしたちの周りにもいそうなごく普通の男である。

これら三作の違いがもっとも際立つのは、先述した二つの出来事、すなわち、アルルでのゴーガンとの共同生活が破綻したことでみずからの耳を切り取ったという事件と、自殺をめぐる経緯とがいかに描かれているかという点である。それぞれをもう少し詳しく比較検討しておこう。

## 耳切り事件、その一――ミネリによる「自己去勢」

「黄色い家」での共同生活に耐え切れなくなって出て行こうとするゴーガンを、懇願するようにして必死で引き止めるミネリのゴッホは、感傷的で女々しくさえある姿をさらしだす。それは、タフでマッチョな役柄でスターダムにのし上がってきたカーク・ダグラス――同じくミネリの一九五二年の『悪人と美女』で主演している――には、ある意味で不釣合いな設定で、アンソニー・クィン演じる頑強なゴーガンと好対照をなすのだが、姿かたちまでゴッホになりきろうという役者の熱意は伝わってくる。事実、後年ダグラスは、役との見境がつかなくなり「一線を越えて、ゴッホの皮膚にまで入っていくように感じた」と回想しているほどで（Walker 41）、ハリウッド的男性性の象徴でもあるジョン・ウェインがダグラスに役のオファーを受けないように忠告したというエピソードも伝わっている（Custen 197）。ちなみにミネリは、同じ一九五六年にシスターボーイ的な主人公の葛藤を描いた作品『お茶と同情』を撮っていたから、当時の観客には二人の主人公のイメージが重なって見えていたかもしれない（ゴーガンがゴッホの「女々しい感傷」をいさめる場面がある）。

図Ⅰ–1（上）　Ⅰ–2（下）　『炎の人ゴッホ』より

さて、引き止められるのを振り切るようにして夜のアルルの町に飛びだしたゴーガンの後を追うゴッホ。そしてついにカミソリを相手に向けるが（これはゴーガンの回想に基づくとされる［Cieutat

131]）、そこで踏みとどまって「黄色い家」へと戻ってくる。泣きつくようにして鏡に顔を押し当てたかと思うと（図Ⅰ–1）、すぐに本人はフレームの外に消えるが、カメラは主役の見えなくなった鏡にじっと固定されたまま。しばらくするとヴォイスオーヴァーの高い叫び声とともに、右耳から血を流すゴッホの姿が鏡に映りこんでくるという筋書きである（図Ⅰ–2）。このように、ミネリの描く苦悩する天才画家ゴッホは、まるで自己去勢するかのようにして耳を切っているのだが、その瞬間は映されないまま、観客の想像に任されているのである。

## 耳切り事件、その二——アルトマンによる「パフォーマンス」

これにたいして、当時まだ無名だったティム・ロスが演じるアルトマンのゴッホは、天才のオーラを微塵も感じさせない浮浪者のようないでたちで、ふてぶてしくて女好き、無愛想で独断的、まなざしだけが鋭い小柄な男で、観客が主人公に感情移入するのをあえて拒絶しているようにさえ思われる。

本作での耳切りの顚末はこうだ。眠っているゴーガンのベッドのところに来たゴッホは、相手の体をまたいで馬乗りになり、その頰に絵具を塗ったり、自分にナイフを向けたりなどと奇行を繰り返し（図Ⅰ–3）、次には突然にも接吻をしはじめる（心情的な同性愛が暗示されているのだろうか）。ゴーガンから追い払われたゴッホは、絵具を薄めるためのテレピン油を飲んでは吐いたりして、なおも無言で風変わりな行動に身を任せている。そして唐突に「テオ」と弟の名前を叫ぶと、カメラはその弟が婚約者と愛し合っている場面に切り替わる。

本作はこのように、ヴィンセントとテオ（ポール・リース）のそれぞれをクロスカッティングのようにしてつなぐ構成になっている。しばしば、あたかも一方が他方の鏡像であるかのごとくに。たとえば、もう一例だけを挙げるなら、しばらくともに暮らした娼婦に逃げられたゴッホが鏡に向かって顔に白い絵具を塗るショットと、梅毒を病んで娼婦に拒絶されたテオがやはり鏡を前にして顔面に彼女の口紅を塗りたくるショットとが、何度か交互にモンタージュされる（これらは、ゴダールの『気狂いピエロ』［一九六五年］のラストで、主人公が自暴自棄になって顔面にペンキを塗りたくる場面を連想させないではいない）。

さて、耳切りのエピソードに戻るなら、画面がふたたび兄ゴッホに切り替わると、彼は町を出て行こうとするゴーガンの前に無言で立ちはだかるが、ステッキから短剣を抜きだして相手の胸に突きつけるのは、ミネリの場合とは反対に、ゴーガンのほうである。黙ってその場を立ち去り、「黄色い家」に戻ったゴッホは、みずからが割った鏡――理想自我の破壊――の前にすわって左の耳にナイフを突き刺す（図Ⅰ－４）。カメラは右斜め後ろから、ごくゆっくりと近づきながら、彼の背中と鏡に映る正面とを半身像でとらえている。その次には、左耳から大量の血が滴り落ちるバストアップのショットも用意されている。フレームの外で起こっていたミネリ作品とは異なって、アルトマンは、鏡に向かっておこなわれる自傷行為のようにして、この耳切りの場面を表現しているのである。

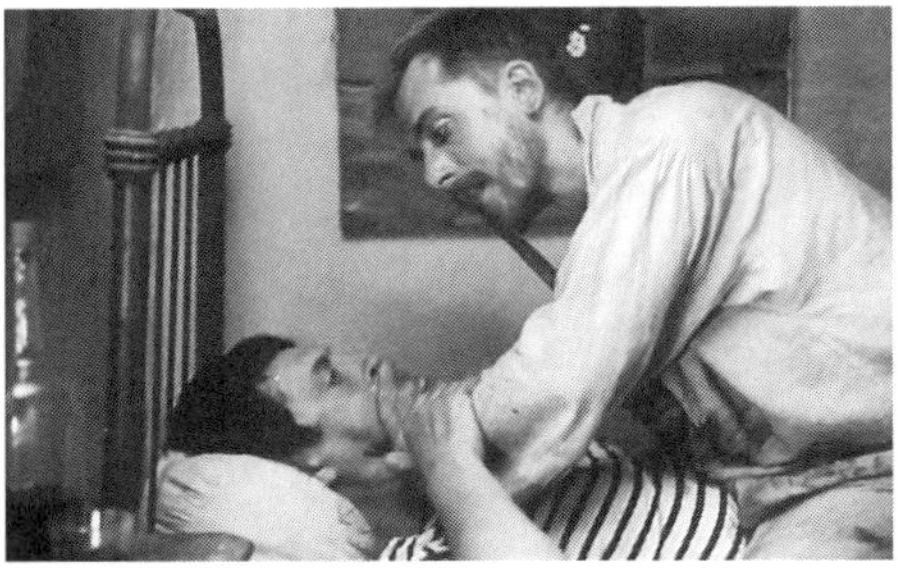

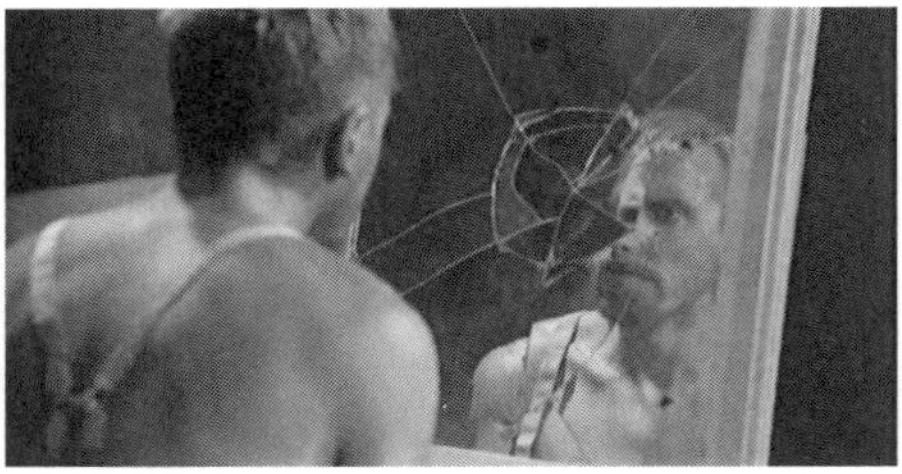

図Ⅰ－3（上）　Ⅰ－4（下）　『ゴッホ』より

それゆえ、こうした演出には、一九七〇年代のパフォーマンスアート――たとえば自分の身体を傷つけたり自慰行為を見せたりするジーナ・ペインやヴィト・アコンチなど――からの影響が認められるという、興味深い指摘もある（Senaldi 50）。やや突飛に聞こえるかもしれないが、古典的ハリウッド映画の手法をつねに突き破ろうとしてきた監督アルトマンなら、それもありうることかもしれない。やはり本作でも、ゴッホとゴーガンはことごとく対立し、ゴーガンとの決別が耳切りの原因となるものの、ミネリと違ってアルトマンのゴッホは、けっして相手の顔色をうかがったり、ご機嫌をとったりすることはない。それどころか、「おれは聖霊だ。心は病んでいない」と壁に落書きして、相手に誇示しようとさえする。

## ゴッホ最期の二ヶ月――ピアラの場合

一方、ピアラのゴッホは、最晩年のオーヴェル＝シュル＝オワーズが舞台であるため、二年前のアルルでの出来事がスクリーン上にのってこないのは当然である。だが、知らない人のいない名高いエピソードだから、場合によっては、フラッシュバックで描くことで観客にサービスすることはできたかもしれないが、ピアラはあえてその期待に応えようとはしていない。それどころか、ゴッホ役のジャック・デュトロンの両耳からは、悲惨な事件の痕跡すらまったく認められないのだ。ただいちどだけ、軽く手振りをつけて「シュッとやった」と冗談交じりで他人事のように、なじみの娼婦カティ（エルザ・ジルベルシュタイン）に語るのみである。

デュトロン演じるゴッホは、ダグラスのような悲劇のヒーローでも、ティム・ロス張りのアンチヒーローでもない。後ろの二者は対照的ではあるが、どちらも理想化されたイメージであることに変わりはない。ダグラスは犠牲者として、ティム・ロスは反逆者として。これらにたいして、ピアラが描こうとするゴッホは、精神を病んでいるようにも、創造的な苦悩にさいなまれているようにも、無理解な世間に抵抗しているようにも、アルコールに逃げているようにも、天才のひらめきに突き動かされているようにも見えない。強いて

図Ⅰ-5(上) Ⅰ-6(下)
『ヴァン・ゴッホ』より

いうなら、循環気質的ではあるかもしれないが(Cieutat 135)、テオの妻に「芸術家の不幸にはうんざり」と代弁させたりもする。

それに呼応するかのように、この新生ゴッホは、医師ガシェの若い娘マルグリット(アレクサンドラ・ロンドン)とごく自然に恋に落ち(図Ⅰ-5)、娼婦たちとも戯れ、ダンスに興じ、小さなロートレックの真似をしては周りを笑わせたりもする(図Ⅰ-6)。要するに、女好きでお調子者でもある。

デュトロンのごく自然な淡々とした演技によって、「ゴッホ」という名前にこびりついてきた長年の垢がきれいに洗い流されていくようにさえ思われる。ミネリのゴッホが、アーヴィング・ストーンの一九三四年の小説に依拠しつつも、そこから性的なイメージをできるだけ排除したとするなら、ピアラは、ごく日常的な出来事としてゴッホの性を描こうとする。さらに、「狂気」に突き動かされて絵を描く「天才」というよりも、周囲の村人たちと変わることなく、あたかも日常的な仕事をこなすようにしてごく自然に写生に出かけていくのだ(実際、最晩年のオーヴェル時代には約七十点のタブローを描いているから、むしろ多産な時期でもあった)。

## 本当に自殺だったのか——ピアラの「ゴッホ」

三人の「ゴッホ」の違いがもっとも際立つのは、いうまでもなく自殺へと向かうシークエンスである。今度は順番をあえて逆にしてピアラ作品から見てみよう。パリのテオのもとから戻ったゴッホは、いつものように身支度をして画材道具を整え写生に出かける。昨夜は相変わらず娼婦と楽しんでいた。当日の朝、鏡に向かって髭を剃っているが、それも日常のルーティンのひとつだからで、自傷や自殺を予感させる気配はどこにもない。だが次の瞬間、画面が唐突に切り替わると、観客は、脇腹から流れる血を片手で押さえながら林のなかをこちらに向かって歩いてくるゴッホの姿を遠目に目撃することになるのだ。そして、木陰で倒れたところを友人に支えられる（図Ｉ－7）。この間、ピストルの音もなければ、そもそもその傷の原因が自分にあるのか、それとも他人によるものなのかさえ説明されることはない。

とはいえ、たしかに予感がないわけではなかった。映画のちょうど中盤、宿の小さな部屋でゴッホが銃口を自分の眉間に向けて鏡を覗き込む様子が、バストアップ、フルショット、顔面のクロースアップと連続で三回映しだされる。これが合計で約四十五秒もつづくので、おそらく後半まで観客の記憶に残ってはいるだろう。さらに、最後にパリのテオのもとを訪れたときには、絵が一向に売れないことで弟に怒りをぶつけ、「もう限界だ」とつぶやいていた。

だが、だからといって話がクライマックスへと一気に突き進むというわけではない。つづいて弟とともに向かったパリの娼館では、客や娼婦たちとダンスに興じている（図Ｉ－8）。その場面は、音楽も含めて、ジョン・フォードの『アパッチ

図Ｉ－7（上）　Ｉ－8（下）　『ヴァン・ゴッホ』より

砦』（一九四八年）のいわゆる「将校ダンス」のシークエンスをそっくりと引用したもので（Cieutat 136）、ポストモダン調の間テクスト的な映像の遊びがさしはさまれる。「将校ダンス」はいつの間にか陽気なカンカンへと変わっていくが、このダンスにもまた、後述することになるジョン・ヒューストンの『赤い風車』（一九五二年）やジャン・ルノワールの『フレンチ・カンカン』（一九五四年）などに名高い先例があり、ピアラはそれらにいわばオマージュを捧げている（ロートレックの姿もフレームのなかに入ってくる）。

## 絵画と映像のずれ

　過去の作品への言及はこれだけにとどまらない。映画の前半では、テオやガシェの家族とともに河岸の陽だまりで散歩や食事を楽しむゴッホの様子が描かれるが、これらはもちろんジャン・ルノワールの『ピクニック』（一九三六年）や『草の上の昼食』（一九五九年）などを踏まえたものである。

それゆえ、ピアラの映像は、色と光の調子においても構図においても、ゴッホの絵画というよりも、むしろゴッホが敬遠していた印象主義の絵画——マネ、ドガ、ルノワールなど——に近づいている（Bezard 158）（図Ⅰ－9、図Ⅰ－10）。ゴッホの絵に映像を似せようとする意図はまったくないどころか、むしろ故意に避けているかのようである。絵画と映像のずれを、ピアラはあえて演出する。同じラヴー亭の下宿人の無名画家が、面と向かってゴッホに、何を描いても機械的なタッチでただ絵具を厚く塗り重ねているだけだ、と辛口のコメントをお見舞いしたりもする。

　さらに、数々の《ひまわり》に代表されるように、ゴッホを象徴する色といえば誰もが黄色を連想するだろうが、ピアラが強調するのは鮮やかなブルーである。たとえばオープニングの場面。まるで観客の意表を突くように、青色の絵具のたっぷりついた絵筆を勢いよく走らせるゴッホの右手——画家でもあるピアラ自身の右手（2009, Amiel）——のクロースアップのスローモーションと、カンヴァスがこすれる音とともに、この映画は幕を開けるのである。すると今度は機関車の音が聞こえてきて、駅のホームに列車が到着するショットに切り替わる。ホームに立っているのは、鉄道員の格好をしてタバコをくわえたモーリス・ピアラ本人。彼が列車に乗り込むのと入れ替えに、デュトロン演じるゴッホが下車してくる。こうして、画家の最晩年の二ヶ月間余り、オーヴェル時代が幕を開けるのだ。当時はまだそこに鉄道は通っていなかったというから、このアナクロニズムもまた意図された演出である。これは、ゴッホの絵画を強く意識してセットと映像を練り上げ、しばしば現実の光景とゴッホの絵画とをディゾルヴ（画面が次第に消え、別のシーンに入れ替わること）で往復させるミネリ作品とはきわめて対照的である。

図Ⅰ-9（上）　Ⅰ-10（下）　『ヴァン・ゴッホ』より

## 日常のなかの死——ピアラの「ゴッホ」

　話がやや脇道に逸れてしまったかもしれない。自殺と思しき最後のシークエンスに戻ろう。ピアラの映画の真骨頂は、管見によれば、その場面それ自体よりもむしろ、これにつづく終わりの一連のショットにある。たとえひとりの売れない画家が亡くなったとしても、周囲の日常は変わることなく繰り返されていく。その最期を弟テオとともに手厚く看取った下宿先のラヴー亭では、またいつものように家族が忙しく開店の準備をはじめている。テオは、その合間を縫うようにして、たまった家賃や診察代の清算を済ませる。亭主がいきなり床収納の扉を閉めたために、女将はそれで足を強く打たれてしまい、大きな悲鳴を上げる。庭でその足を娘に冷やしてもらっているあいだ、洗濯の女たちが忙しそうに働き、子供たちがそばで石蹴りをして遊んでいる。こうして、普段と変わらない静かな朝がふたたび巡ってくるのだ。

何の変哲もないこれらのショットのつながりは、一見したところ本筋とはほとんど無関係に見えるかもしれない。ピアラは、しかしながら、あえてこうした日常のディテールのなかでゴッホの死をとらえようとする。後述することになるが、ミネリの描くような悲劇的なものでも、アルトマンの演出するような衝動的なものでもなくて。映画の途中でも、絵を描くゴッホの日常と並ぶようにして、村の鍛冶職人や洗濯女たちの仕事の場面が挿入される。まるでゴッホを特別扱いするのをあえて避けるかのように。

埋葬に向かう途中、マルグリットは、かつてセザンヌも描いたことのある「首吊りの家」の前で写生している若い画家の卵を見かける。この場所にはたくさんの画家がやってきたと語る若者の口から、ピサロやセザンヌ、ドーミエなどの名前は出てくるが、もちろんそこに売れない画家ゴッホの名前はない。すると彼女は、すかさずゴッホのことを引き合いに出して、ドーミエの主題にもなった「ドン・キホーテ」が好きな「親しい人だった」と回想する。これが本作の最後のセリフである。ゴッホが敬愛していたことで知られるジャン＝フランソワ・ミレーの名前――ミネリの映画ではそのことがことさら強調されていた――はあえて退けられ、意外な喜劇的キャラクターに近づけられるのである。ここにも監督の戦略がある。

## 「パフォーマンス」としての自殺――アルトマンの「ゴッホ」

一方、ピアラとは打って変わって、アルトマンのゴッホは自殺をパフォーマンスする。たわわに実った広い麦畑の真ん中、イーゼルに向かってゴッホが腰を掛けている。真っ白いカンヴァスをイーゼルに立てると、一本の地平線を引きはじめるが、途中で筆を止め、突然にも衝動的にリヴォルバーを握って歩き出す。ほどなくして右の脇腹に銃口を当てて発射する。麦畑に倒れて姿の見えなくなるゴッホと入れ替わりに、何羽ものカラスが泣き声とともに飛び出してくる。おもむろに立ち上がった画家は、脇腹を押さえながら、絵具箱とカンヴァスを持ってその場を立ち去ろうとするが、ままならず、それらを打ち捨てたままフレームから消えていく。この間、およそ三分余り、ただ一度のカットをはさんでカメラは主人公に近づいたり離れたりしながら、ほぼ長回しでその理不尽な行動を追っていく。

　つづくカットでわたしたちが目にするのは、全身血まみれになってよたよたと歩いて下宿まで戻ってくる画家の姿である（図Ｉ－11）。なぜ銃を自分に向けたのか、その理由はあえて説明されない。それは、悲劇的というよりもむしろ不条理で、しかも無様ですらある。この無言のシークエンスもまた、耳切りの場面と同じく、物語の流れからは独立していて、一種のパフォーマンスアート（の記録）のようにも見えてくる。あるいは、ある研究者のうがった言い方を借りるなら、パンクロックのアーティストのようでもある（Naremore 137）。テオが見舞いに来た次のショットには、はっきりと《カラスのいる麦畑》が映って

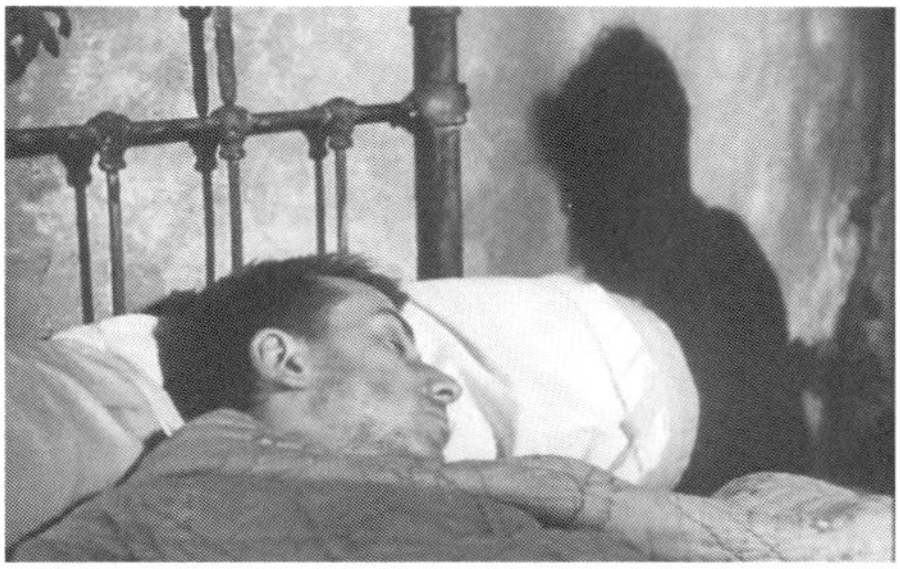

図Ｉ－11（上）　Ｉ－12（下）　『ゴッホ』より

いる。アルトマンもまた、この絵をゴッホの死から切り離すことができないのだろう。ベッドの兄に最後の言葉をかける弟。だが、ゴッホが息を引きとるやテオの姿はフレームから消え、その影だけがくっきりと兄の安らかな死顔と対面している(図I－12)。この印象的なショットは、テオがまぎれもなくゴッホの分身であることを観客に念押しするかのようだ。

とはいえ、画家の死がこの映画のラストではない。先述のように、兄を葬って後、たちまち心身のバランスを崩していく弟テオの狂気と死で映画は幕を閉じるのである。兄の遺した絵の数々に埋もれた部屋のなかに、弟はひとり閉じこもってしまう。つづく精神病院の独房のなか、窓際に裸でうずくまるテオは、「フィンセント、どこにいるの。助けて」と小さく独りごちる。そしてラストは、オーヴェル＝シュル＝オワーズの墓地に並んで眠る兄弟の墓石のツーショット。二人を分身として描くゆえんである。

かつて、不慮の事故で夭折したハリウッドの大スターのドキュメンタリー、『ジェームス・ディーン物語』（一九五七年）で監督デビューしたアルトマンは、こう語ったことがある。いわく、「ディーンの神話を粉砕しようというアイデアから出発したのだが、最後には、われわれ全員がその神話の犠牲になってしまった」、と（Senaldi 48）。これと同じように、このアンチ・ハリウッドの旗頭の描く「ゴッホ」もまた、一方では、ロマンチックな画家の神話を打ち砕きつつも、他方では、その神話に呑み込まれてしまったかのように見える。ゴッホ神話の呪縛から解かれるのは容易なことではないのだ。

### 「犠牲」と「殉教」——ミネリによる自殺

では、ミネリは画家の自殺をどう表現したのだろうか。革命記念日を祝う村の陽気な喧騒のなか、それをよそ目に、ひとり苦悩の表情でカフェを抜けだしたゴッホは、麦畑を前にして最後の絵《カラスのいる麦畑》を完成させようとしている（拳銃自殺を図ったのは実際には七月二十七日とされるから日付が一致しないが、それは承知の上だろう)。するとそこに、まるで画家を襲わんばかりの勢いで何羽ものカラスが飛び込んでくるが(図I-13)、それを振り払うようにして、カンヴァスに数羽のカラスを描き入れる。だが、すぐに「もうだめだ」とつぶやくと、絵筆とパレットを捨てて、くの字型になった近くの木の枝にもたれかかるのだが、その姿はおそらく欧米の観客には十字架のイエスを連想させないではいないだろう(図I-14)。この間ずっとバックには畳み掛けるように反復する激しい曲が流れていて、いやがうえにも劇的な効果を盛り上げる(音楽は名匠ロージャ・ミクローシュ)。

図I-13(上) I-14(下) 『炎の人ゴッホ』より

その音楽が止まると同時にカメラは、「もう絶望だ。何も見えない。出口が見えない」と紙切れに書き記すゴッホの両手を真上からクロースアップで狙うと、もういちど枝のあいだの半身像に戻り、ポケットからピストルを取り出すところをとらえる。すると場面は一転、その場を離れて、麦畑のなかを進む荷馬車の後姿に切り替わるや、銃声が静寂のなか響き渡る。そうして、見舞いに駆けつけたテオとベッドのゴッホへと、ディゾルヴで移っていく。つまり、耳切りのときと同じように、ここでもゴッホが自分にピストルを向けるところは描かれないのである。

以上が拳銃自殺の顚末である。この最後のシークエンス——実際にはいちばん最初に撮影された

**図Ⅰ-15**　ゴッホ《カラスのいる麦畑》

**図Ⅰ-16**　ゴッホ《麦刈る男》

（Walker 41）――は、今日の目から見るとかなり時代がかっていて演出過剰といった印象は免れない。同じ出来事でも、ピアラの淡泊だが暗示的な描写とはまさしく好対照である。

しかも、ここで絶筆とされている《カラスのいる麦畑》（一八九〇年、アムステルダム、ゴッホ美術館）（**図Ⅰ-15**）は、必ずしも画家の最後の作品というわけではない。にもかかわらず、こうして画家の死と直に結びつけられるのはなぜなのか。黒いカラスが不吉な印象を与えることもその理由のひとつだろう。たとえば、名高い美術史家メイヤー・シャピロは一九五二年のエッセイ「ファン・ゴッホの一枚の絵について」で、「自殺の何日か前に描かれた」その作品は「最も深い告白の絵」である（シャピロ 101: 圀府寺編 224）、と評していたのである。ミネリにおけるような絶筆という扱いではないが、黒澤でもアルトマンでも、やはりこの絵が象徴的な役割を演じていたことを思い出しておこう。

ミネリの映画に帰るなら、オーヴェル＝シュル＝オワーズに向かう直前、サン・レミの修道院で療養中、少し元気を取り戻したゴッホが、制作中の絵（《麦刈る男》）（**図Ⅰ-16**）を前にして、シスターと言葉を交わしている。その絵にはひとりの男が小さく描きこまれていて、ゴッホがそれを「死」の象徴でもあるというと、シスターは、「暗い死のようには見えませんが」と問い返す。それにたいして画家は、「そうです、シスター。死は明るい真昼に現われるんです」と応える。このセリフはもちろん、最後の自殺のシークエンスへの伏線となるものである。まさしくその真昼の「死」がおよそ二ヶ月後に突然のごとく画家を襲った、というわけである。

## ゴッホの絵画とミネリの映像

さて、ここまではゴッホの伝記に欠かすことのできない拳銃自殺と耳切り事件に関して、三つの映画の描き方の違いを比較してきたが、ここからはそれぞれの作品の特徴を個別に見ておくことにしよう。まずはハリウッド古典期の繁栄を支えたひとり、ヴィンセント・ミネリから。

『炎の人ゴッホ』の大きな魅力のひとつは、前にも触れたように、ゴッホ作品に基づいてアルルの「黄色い家」やカフェなどのセットが組み立てられているだけではなくて、絵画と映像とがしばしばディゾルヴを介して切り替わるショットにある。たとえば、新たな理想に燃えてアルルに到着した翌朝、目覚めて窓を開けると、アプリコットの花がいっぱいに咲いている。するとカメラは、南仏の光にあふれる満開の果樹園の光景をディゾルヴで数回つないだ後、同様の景色を描いたゴッホの絵を四点それぞれ数秒間ずつ映しだし、さらにカンヴァスに向かっている画家のクロースアップに移る、といった具合である。スクリーンいっぱいに広がる絵の表面を、軽くティルト（カメラを縦方向に動かすこと）したりズームしたりしながらカメラは、まるでなめるようにして追っていく。こうして、細部のタッチや絵具の盛り上がりを目の当たりにする観客は、視覚のみならず触覚をも刺激されることになる。これは、当時の観客にとって、それまでの映像では稀な新しい絵画の体験だったに違いない。ちなみに、これらのショットは、当時すでに主流になっていたイーストマンカラーではなくて、色純度の高い従来のテクニカラーによって、すべてオリジナルの作品から撮影されている（Naremore 139）。かつて一九四八年にアラン・レネによって製作された先駆的な短編ドキュメンタリー『ヴァン・ゴッホ』（十八分弱）でも、カメ

**図Ⅰ－17**　『炎の人ゴッホ』より

ラはしばしば絵の細部にズームしていくが、白黒の画面のため、タッチの凹凸による触覚的な印象はそれほど強くはない。

《ローヌ川の星月夜》（一八八八年、パリ、オルセー美術館）の制作の場面では、つばに六本の蠟燭を立てた麦藁帽子をかぶった画家が夜の川面を描いていると、ガス燈にきらめき揺れる水面がそっくりと絵の表面へと切り替わる（図Ⅰ－17）。蠟燭を立てた麦藁帽子という出で立ちは、どうやら作り話のようだが、おそらくはゴヤの名高い自画像――闘牛士のような衣装のゴヤが、何本もの蠟燭をつばに立てたシルクハットをつけてカンヴァスに向かっている――に起源があると思われる。

## 強調されるゴッホとゴーガンの対照

さらに本作の特徴として指摘できるのは、その性格や振る舞い、そして肝心の芸術観にいたるまで、およそあらゆる面でゴッホとゴーガンの相違が、アーヴィング・ストーンの原作以上に、ことさら強調されているように思われる点である。中盤に置かれたこれらのシークエンスはまた、アルルでの短い共同生活の破綻につづくゴッホの落胆と苦悩、そして精神の病から悲劇的結末へという物語の流れに弾みをつける効果をもたらす。

待望の仲間を「黄色い家」に迎えてゴッホの方は心躍っているのだが、ゴーガンはというと、すぐにゴッホのだらしない生活態度が鼻につくようになっていく。部屋やアトリエは散らかり放題、料理は食えた代物ではない。理想主義者のゴッホは、しかし、実生活においては落伍者なのだ。屈強にしてかつ几帳面なゴーガンにとっては、いつも自分の機嫌をうかがっているような卑屈なゴッホの態度もまた気に障る。

何より食い違うのは絵画についての見解である。食卓をはさんで二人が対照的な絵画観をぶつけ合うシーンが、実に三分半近い長回しで描かれるのだが、それは同時に、ハリウッドの二大スターの演技のぶつけ合いでもある（図I-18）。あくまでも自然から出発しようとするゴッホにたいして、ゴーガンにとって自然よりもずっと重要なのは様式《スタイル》である。ゴーガンによれば、「絵とは、ある秩序のもとに配置された線と色の平面のことだ」。このセリフは、ゴーガンとも交友のあったナビ派の画家モーリス・ドニに帰されている言い回しを髣髴とさせるもので、モダニズム絵画の主たる理念ともされる。ゴーガンはさらに、「芸術はひとつの抽象だ」とまで言ってのける（このショットではまた、赤と白の格子縞のテーブルクロスが目立つが、そんなモダンな商品が十九世紀末にあったとは思われないから、これはアメリカの観客の目を引くためにあえて選ばれたアナクロニックな小道具であろう）。

**図I-18**　『炎の人ゴッホ』より

## ヴィンセント・ミネリのモダニズム

この映画が製作された一九五六年はまた、くしくも、アメリカの抽象表現主義を代表する画家ジャクソン・ポロックが突然の自動車事故で世を去った年でもある。ゴーガンのこのようなセリフは、ポロックを中心とした一九四〇年代以降のアメリカの抽象絵画の発展抜きには考えられないだろう。その運動の理論的支柱であった批評家クレメント・グリーンバーグにとってもまた、絵画の絵画たるゆえんは、その平面性とマチエールの物質性に求められるものであった。ミネリの映画は、ゴッホにではなくてゴーガンの方に、未来の芸術の方向性を語らせているのである。実際、ポロックとミネリとの隠れた「共謀」、つまりミネリのポロックにたいするある種の共感について示唆する映画研究者もいるほどである（Dalle Vacche 32）。一方で、マッカーシズムによる反共の嵐が吹き荒れるなか、「ゴッホ」に託された個人主義的でロマン主義的なイメージは、新たな芸術家の理想像にも合致していたと思われるが、その負の側面――エゴイズム、無責任、未熟さ――を糊塗する装置としても役立つことになる（Grunert 73－74）。

さて、ゴッホとゴーガンのこのような対照はまた、それぞれが尊敬している先輩画家についても言える。ゴッホの口からミレーの名前が出てきたとき、あきれた表情のゴーガンはすかさず「彼はカレンダー画家だ。感傷的で無味乾燥」などと容赦なく罵倒し反論する。一方のゴッホは、ミレーの敬虔さ、真摯さを信じて疑わない。議論が白熱してくると二人は立ち上がって意見をぶつけ合うが、ゴッホのセリフが余りに率直で無垢なのにたいして、ゴーガンのそれはまるで理論武装されているかのように響く。相手の絵に向けられた「強い筆触と厚塗り」、「感情に駆られた早描き」というゴーガンの冷静な分析は、ゴッホのファンからクレームが出てきそうなほど批判的な調子を帯びる。製作側にはその意図はなかったのかもしれないが、このシークエンスでは、明らかにゴーガンの方に軍配があるように見えるのだ。のみならず、その場はあくまでもゴッホが謝って、相手のグラスにワインを注いでご機嫌をとることでいったんは収まることになる。

だが、二人の確執はますます募っていくばかり。あくまでも自然の風景に執着し、屋外制作にこだわるゴッホにたいして、「どこでも描ける」というゴーガンは、南仏特有の季節風ミストラルが吹き荒れるなかで描きつづけることに堪忍袋の尾を切らせ、アルルを離れることを決意しようとしている。それを、なだめすかすようにして必死で引き止めようとするゴッホの姿は、哀れで惨めにさえ見えてくる。フェミニズム的な批評なら、ここは、ホモ・ソーシャルな関係性における内的な亀裂として読むかもしれないし、さもなければ、監督のミネリがゴッホに自己を重ねているという解釈すら可能かもしれない (Naremore 153)。

ところで、『パリのアメリカ人』(一九五一年)のラストを飾る見事なダンス・シークエンスも証言しているように、監督のヴィンセント・ミネリはもともと画家志望で(一九三〇年に英訳出版されたカサノヴァの『回想録』にビアズリー風の挿絵を描いている)、近代美術にたいしても並々ならない造詣があった。そのミュージカル映画では、アンリ・ルソー、モーリス・ユトリロ、ラウル・デュフィ、ロートレックらの絵画世界が動画のなかでまったく新たな息吹を帯びてよみがえる(ピーター・グリーナウェイの手法をはるかに先駆けるものだ)。そのミネリが、一九五〇年代に入ってとりわけ広く大衆的な人気を博するようになった画家ゴッホの映画を手がけたというのは、偶然ではなかったと想像される(ちなみに、美術批評家フリッツ・ノヴォトニーが「ゴッホの人気」というエッセイを書いたのが一九五三年、日本での本格的な展覧会は一九五八年のことである)。フランスの名匠ジャン・ルノワールもまた構想を温めていたという「ゴッホ」は、その後もなお、絵画と映画とを結びつける汲み尽くせないテーマでありつづけることになる。

## 商業主義批判――アルトマンの戦略

つづいて、ハリウッドの反逆児ロバート・アルトマンのゴッホは、ミネリのゴッホとはひじょうに異なる画家像を観客に突きつけてくるのだが、それぞれの映画が製作された時代の芸術的で文化的な状況を微妙に反映させているという点では、共通するところがないわけではない。先述したように、まるでパフォーマンスアートを演じて見せているかのような耳切りや自殺のシークエンスはその好例である。

さらに注目に値するのは、本作のオープニングである。激しい筆致の絵の細部を背景にしたクレジットタイトルにつづいて、いきなりロンドンのクリスティーズでのオークションの実写映像（一九八七年）で幕を開けるのである。そのなかで、画家の代表作のひとつ《ひまわり》（一八八八年、東京、東郷青児記念損保ジャパン日本興亜美術館）が、どんどん値を上げて天文学的な数字に向かっていく。すると、ティム・ロス演じる、歯が折れて顔も手も絵具で汚れたままベッドに寝転ぶゴッホの上半身に画面が切り替わり（それは、最後の死のベッドへの伏線でもある）、さらに弟テオの後ろ向きの全身に変わる。伝道師になることを断念して絵を描きはじめたばかりの貧しいゴッホが、その生活を送金で支えてくれている弟テオと口論の真っ最中である。この間もずっと、直前の実写映像で絵の値をつり上げていくオークショナーの声が、音響効果のようにしてバックに流れている。しばらくして、スクリーンにはもういちどこのクリスティーズでの実写が映され、二二五〇万ポンドという当時としては法外な値段で《ひまわり》が落札される様子を観客に見せる。「ファン・ゴッホ」とはまさしく「ポストモダンの完璧な商品」（Zemel）につけられたトレードマークに他ならないのだ。

このシークエンスは、絵の売れなかった画家の生前の貧窮振りと、そのときには予想すらできなかった没後の名声と人気とを鋭い対比でとらえるものだが、おそらくそれ以上に、商業主義がアートを食いものにしている現実を風刺的に暗示するものでもあるだろう。ハリウッドの商業主義に盾を突いてきた監督アルトマンならでは演出である。実際、バブル経済に沸いた一九八〇年代は、美術もその恩恵にあずかって、名画の高騰がつづいた時代でもあった。ハリウッド映画にもそれは反映していて、たとえば、オリバー・ストーンの『ウォール街』(一九八七年)に登場する貪欲な投資家の主人公が、コンテンポラリー・アートの熱烈な収集家でもあるというのは、皮肉にも象徴的である。絵と株は同じ投機の対象というわけだ。また、アイヴァン・ライトマンの『夜霧のマンハッタン』(一九八六年)でも、商魂たくましい現代美術の画商がサスペンスの重要な鍵を握っている。

## ピアラのアナクロニズム

一方、ポスト・シネマの時代の申し子のひとり、モーリス・ピアラの作品を特徴づけているのは、これまでにも幾つか見てきたように、アナクロニズム的な要素、過去の作品からのポストモダン的な引用、そしてメタ映画的でかつメタ絵画的でもあるようなアプローチである。

たとえば、本編には名高い二曲のシャンソンが登場する。ひとつは、映画の中盤にさしかかる頃、ゴッホとテオ一家がガシェ家の昼食に招待されたときに、マルグリットやテオの妻たちが合唱する『さくらんぼの実る頃』——スタジオジブリ製作の長編アニメーション作品『紅の豚』(一九九二年)でも歌われていた——であり、もうひとつは、今度は終盤に、ゴッホとテオがパリの娼館でアコーデオン弾きと一緒になって口ずさむ『赤い丘』である。どちらもやや物悲しいメロディーで、パリコミューンの犠牲者たちへの哀悼の意味の込められた前者は十九世紀末のものだから、彼女たちが歌うのはありうるとしても、第一次世界大戦の反戦歌である後者を一八九〇年に亡くなったゴッホが口にすることはできないはずである。にもかかわらず、「その丘には娼婦もヒモも伊達男もいなかった」ではじまるその曲を、あえてゴッホに歌わせているのである。先述したように、ピアラ自身の握る絵筆のクロースアップではじまったこの「ゴッホ」は、「神話」のゴッホでも、「現実」のゴッホでもなくて、まさしくピアラの「ゴッホ」なのだ（Cieutat 134）。

ジャン・ルノワールやジョン・ヒューストンへの参照が、ピクニックやダンスの場面で見られることはすでに述べた。最後にここで注目しておきたいのは、ゴッホがピアノを弾くマルグリットを描いている、序盤に置かれたシークエンスである。

## 映画のフレーム、絵画のフレーム

このシークエンス（およそ十分半）のなかでも最初の四分余りの長回しのショットは、白状するなら、本作中でわたしがもっとも好きな部分でもある。白いレースの一張羅に着替えたマルグリットがコーヒーを手にピアノのある部屋に入ってくる。その部屋には、明るい庭に面した両開きの大きなガラス窓があって、それを背にしてゴッホは、モデルにポーズをつけてピアノを弾くように促す。画家はしばしば若い娘の体に触れているが、その仕草は後の二人の関係を示唆するものでもある。この間も二人は何気ない世間話を交わしている。開いた窓の向こうには、木陰のなかにイーゼルがすでに立てられているのが見える。すると、しばらくして画家は窓をまたいで庭に出ていき、そのイーゼルの前に立って絵筆を動かしはじめる。それと同時にカメラも画家に近づいていって、両開き窓のフレームとスクリーンのフレームとがぴったり重なり合うところで止まり、制作するゴッホの姿に焦点を当てる（図Ⅰ－19）。

絵画を世界に開かれた「窓」と形容したのは、ルネサンスの万能人レオン・バッティスタ・アルベルティ（一四三五年の『絵画論』）であったが、ここでは、映画こそがその「窓」の役割を引き受けていて、しかも絵を描いているところをそっくりと映し取っている。さらに左右に開いたそのガラス窓は、絵を描くゴッホの反射像（向かって右側）を送り返すことで、「鏡」としても機能している。絵画を同時にナルキッソスの「鏡（水鏡）」のようなものだと呼んだのは、またしてもアルベルティである。「窓」はここで、描く画家の姿を透かして見せるのみならず、その姿を映しだす

「鏡」の役割をも果たしているのである。かくして、画家でもある監督のピアラはここで、伝統的に絵画に与えられてきた「窓」と「鏡」というメタファーを、新たにスクリーンに担わせることになる。

　一方、もちろん映画のなかでゴッホも、この両開きの窓を絵画のフレームとして利用しているのだが、方向はカメラとちょうど反対で、屋外に立って窓を通して屋内のモデルを見ている。これもまた、屋内にいて窓から外界を見渡すという、アルベルティ的な（透視図法の）構造を逆手にとったものだ（この長回しの直後、カメラがゴッホの視点と重なって、室内でピアノを弾くマルグリットをとらえる短い十秒間のショットがくる）。

　つまり、こういうことだ。「窓」にして「鏡」でもあるカメラは、同じく「窓」にして「鏡」でもある絵画とちょうど反転した関係にあるのだが、前者が後者を入れ子状に包み込んでもいるのである。しかも、実物の絵《ピアノを弾くマルグリット・ガシェ》（一八九〇年、バーゼル、市立美術館）（図Ⅰ－20）はかなり縦長のサイズ（102.6×50.0 cm）だから、窓のフレームとは合致しないばかりか、著しくずれている。それゆえ、ゴッホが実際にこのような設定で描いたという可能性はきわめて低い。画家でもあるピアラがそのことに気づいていないはずはないから、フレームを介して映画が絵画を、撮ることが描くことを包み

**図Ⅰ－19（上）**　『ヴァン・ゴッホ』より
**図Ⅰ－20（下）**　ゴッホ《ピアノを弾くマルグリット・ガシェ》

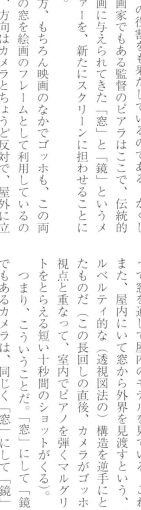

込むこのショットは、それだけ意図され計算されたものである。

さらに、この両開き窓は、まるでルネサンスの三連画《トリプティック》のような様相を呈している。その中央にいるのは、しかし、伝統的なキリストや聖母ではなくて、「ゴッホ教」（エリアス・カネッティ）の教祖であるが、ピアラにはもちろん（ミネリとは違って）、画家を近代の「殉教者」として祀ろうという意図はない。それゆえ、ここで上演されているのは「モデルや同時代の人たちを前にした、画家の孤独」（2006, Amiel 87）であるという解釈は、あまり的を射ているとはいえないだろう。監督はむしろ、映画と絵画のあいだで、「窓」と「鏡」のメタ表象的なゲームを楽しんでいるのである。ピアラがどこまで意識していたかは別にして、こうしたフレームをめぐる問題のほうが、画家の「孤独」云々よりもはるかに作品の核心を突いているようにわたしには思われる。

さて、そろそろ本章を閉じるときがきたようだ。三人三様の「ゴッホ」のなかで、どれがいちばん真相に近いのか、と問うのは野暮で無益なことだ。製作された時代も手法もかなり異なるこれら複数の別人のような「ゴッホ」が存在することは、画家その人にとっても、またわたしたち鑑賞者にとって観客にとっても、むしろ幸福なことなのではないだろうか。

# II 解釈された「レンブラント」

## 民衆の画家か、ナルシシストか、肉体派か

前章で見てきた三本のゴッホのビオピックは、それぞれがまるで別人のような画家像を打ち出していたが、この章では、レンブラント（一六〇六—一六九）とその芸術の解釈について特徴的な違いが見られる三つの作品を比べてみることにしよう。具体的には、アレクサンダー・コルダの『レンブラント 描かれた人生』（一九三六年）、ヨス・ステリングの『レンブラント』（一九七七年、原題「レンブラント描けり一六六九年」）、そしてシャルル・マトンの『レンブラント』（一九九九年、日本公開時のタイトルは「レンブラントへの贈り物」）である。いずれも、主に画家が、一六三一年に生まれ故郷のライデンからアムステルダムに出てきて以降、最晩年までを扱う点や、その伝記に欠かすことのできないエピソード、つまり、三人の女性——サスキア、ヘールトへ、ヘンドリッキエ——との関係、生まれたばかりの子供たちの相次ぐ死、生涯を通じて描かれつづけた多くの自画像、注文主たちとの確執、浪費癖とそれゆえの破産などが盛り込まれている点では共通しているのだが、その解釈や力点の置き方に興味深い相違が見られるのである。

結論を先取りして、あえて単純化して述べるなら、コルダの場合はキリスト教的な解釈が基調になっているのにたいして、ステリングでは「自分

にしか関心がない」ナルシシスティックな画家として、さらにマトンにおいては、美術史の常識的な評価を意図的にくつがえすかのように、精神性よりもむしろ肉体性を重んじる画家として描かれている、ということである。このように三作とも、ある意味でひじょうに対照的な「レンブラント」像を見せているのだが、にもかかわらず不思議なことにも、わたしたち観客はどれも違和感なく受け入れることができる。思うにそれは、三作がいずれもそれぞれのやり方で「本当らしさ」を追求しようとしているからであろう。またレンブラント自身とその芸術が、こうした多様な解釈に開かれているからでもあるだろう。以下で個々に検討してみることにしよう。まずはコルダ作品から。

## 「乞食」を描く画家レンブラント

この映画が製作された一九三六年前後は、芸術家を主役にしたビオピックのいわば当たり年で、ハリウッドでは、ウィリアム・ディターレがポール・ムニ主演で『ゾラの生涯』を、ロバート・Z・レナードが、つい先ごろ亡くなったばかりのブロードウェイ興行王をモデルに『巨星ジーグフェルド』を発表していた（芸術的な伝統の薄いアメリカでは、最初から、大衆芸能やポピュラー音楽の担い手たちがビオピックのモデルとなっていた）。フランスでは、名匠アベル・ガンスが『楽聖ベートーヴェン』を、ジュリアン・デュヴィヴィエもまたヨハン・シュトラウスに捧げる『グレート・ワルツ』を撮っている。アレクサンダー・コルダの描く「レンブラントの肖像」は、それらのなかでも見劣りしないばかりか、出色のできではないかとわたしは思う。コルダはまた、すでにイングランド王『ヘンリー八世の私生活』（一九三三年）で、初期のビオピックにひとつの金字塔を打ち立て、成功を収めていた監督でもある。

本作でまず特筆されるのは、わたしの見方では、画家（チャールズ・ロートン）と乞食との絡みが何度も登場する点である。コルダの描く画家は、乞食にたいしてとても好意的で、ときに共感すら抱いている。そればかりか、破産してから後の画家は、乞食の境遇に自分を重ねてさえいる。映画の前半、路傍の乞食（ロジャー・リヴシー）をアトリエに連れてきて、旧約聖書のサウル王の豪華な衣装を着せ、《サウルとダビデ》（一六五五―六〇年、ハーグ、マウリッツハイス美術館）を描くというシークエンスがある。とはいえ、ローマやナポリの娼婦や貧民をモデルにして聖なる主題を描いたためにしばしば教会からお目玉を食らったとされるカラヴァッジョならいざ知らず、レンブラントが大作のためにアムステルダムの乞食をモデルにした、という話は聞いたことがないから、これは映画の創作であろう。

図Ⅱ−1　『レンブラント 描かれた人生』より

さて、その乞食に豪華な衣装を着せてサウル王に変身させ、息子のティトゥスには竪琴を奏でるダビデのポーズをとらせたレンブラントは、その下絵を描きながら、二人に向かって物語の顚末（『サムエル記 上』16）をとうとうと語って聞かせる。権力と栄光をほしいままにしたイスラエルの王サウルは、今や神をないがしろにしたために悪霊に憑かれて心の平安を失ってしまうのだが、若くて貧しい牧夫ダビデが得意の竪琴の音色によって、その王をなぐさめ癒した、という名高い逸話である。話が盛り上がってくると、画家は肝心の下絵もそっちのけで、ますます物語の世界のなかにのめり込んでいく。乞食とティトゥスの二人は、それぞれポーズをとったまま、画家の声にじっと耳を傾けている。カメラは、その三人の表情を個別にミディアム・クロースアップでとらえる。実物

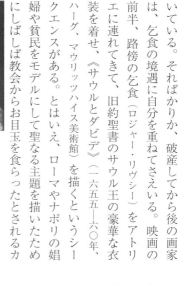

の絵とそっくり同じ構図のカットも何度かさしはさまれる。最初は気の進まない様子で、酒や女はどこにもないのかと茶化していた乞食も、次第に神妙な顔つきになっていき、ついに涙すら流して、傍らの垂れ幕でその涙をぬぐうにいたる（図Ⅱ－1）。まさしくこの瞬間が絵に描かれているのだが、本当にその仕草がこうした経緯によるものだったかどうかは、もちろん定かではない。

## 「心のなかまで見通す」

貧しくて身分の低いダビデを神は選んだわけだが、それは、目に映るものだけを見る人間と違って、神が心のなかまで見通していたからだと、レンブラントは説明する。「心のなかまで見通す」ということの言い回しにはまた、画家自身の制作理念が重ねられている。この画家はしばしば、人間の内面や物事の核心を見通すことができる、と評されてきた。いずれにしても、信仰を失った者は神から見放されること、信仰によってのみ義とされ救われることを、サウルとダビデのエピソードに託してレンブラント本人に語らせるこのシークエンスは、プロテスタントの精神にも合致するものだろう。この映画中には、主人公が教会に足を運ぶ場面があるわけではないが、彼を信仰の人として描いているのは事実である。

画家の語りが一段落したころ、突然、部屋の扉をかまびすしくたたき、開けなさいと甲高い声で叫ぶ女中ヘールトへの声と音がヴァイスオーヴァーで聞こえてきて、その場の静寂が一気に破られる。画家の破産が決定的なものになり、大きなアトリエのある屋敷をも失う羽目になったのだ。このとき、名声と栄光をきわめたレンブラントに大きな転機が訪れることになる。こうして、いわば乞食同然となった画家は、先のモデルの乞食から冗談交じりで物乞いの仕方を教示されたり、その真似事をさせられたりする。映画は、画家とこの乞食との関係をほとんど対等に描く。画家が乞食を見下すことはけっしてない（図Ⅱ－2）。注文主に媚びることなどできない、と自分の信念を相手に聞かせることもある。破産した画家は、いったん故郷のライデンの実家に戻り、農村の製粉屋という庶民出身の自分の原点にもういちど立ち返ろうとする。村の居酒屋では農民たちがカップルで酒や踊りに興じているが、その場面は、ブリューゲル父の絵の世界を髣髴させるところがある。晩年になると画家は、画材を調達するために、かつて弟子だったファブリティウスに金を無心したりする。

図Ⅱ−2 『レンブラント 描かれた人生』より

図Ⅱ−3 レンブラント《土手の乞食》

このようなレンブラント像にはもちろん少なからず脚色があると思われるが、興味深いことに、実際にも乞食をモデルにしたデッサンや版画が比較的数多く残されているのである。しかもそれらから見てとれるのは、どれもひとりひとりモデルを異なる人間として描き分けようとする姿勢である。当時、たしかに乞食が描かれることはあったが、その場合には、たとえばフランスの版画家ジャック・カロのものがそうであるように、社会の危険分子として、ことさらグロテスクな姿に歪められ揶揄されて表現されるのが慣例であった。これにたいして、レンブラントの描く彼らには、それぞれに人格が与えられ、しばしばその表情には苦労の跡が刻まれる。

なかでも特筆すべきは、自分を乞食になぞらえていると思しきエッチング、《土手の乞食》（一六三〇年）（図Ⅱ－3）である。これを画家の自画像とみなすことには異論もあるようだが、実にさまざまな衣装やポーズで仮装することに長けた彼のことゆえ、まんざらありえない話でもないだろう。また、たしかに同じ時期に頻繁に描かれたエッチングの自画像ともよく似ている。たとえば、眉間に大きな皺を寄せて苦い表情を見せ、何か訴えるか悪態をつくかのように口を開けた自画像（一六三〇年、ロンドン、大英博物館）とは、まるで瓜二つである（Dickey）。コルダの伝記映画のインスピレーション源のひとつは、レンブラント自身のこうした作品にあったのではないかと、わたしは密かに想像している。

## ユダヤ人マナセ・ベン・イスラエルとの交友

乞食とのエピソードと並んで、この映画で特徴的なのは、ユダヤ人と画家との友好的な関係である。とりわけ、映画の終盤、次々と困難な状況に直面する画家のそばにはたいてい、ラビのマナセ・ベン・イスラエル（エイブラハム・ソフィア）がいて見守り、助け舟を出している。レンブラントが新たに雇って愛人にした女中ヘンドリッキエ（エルザ・ランチェスター）に不義の嫌疑がかけられたときも、一家が債権者たちに追い立てられたときも、窮地を脱するために彼女がティトゥスと共同で画商をはじめたときも、そして最後に、まだ若い彼女が病に冒されて画家を悲しませるときも（**図Ⅱ－4**）、マナセの姿がしっかりとフレームのなかに収められている。

たとえば、重なる妊娠と出産で衰弱したヘンドリッキエに精をつけようと、レンブラントは自慢の料理、ガチョウの丸焼きを披露するのだが、マナセも一緒に野菜の皮を剥いている（ちなみにこれは余談だが、出産後に家禽を食べるという習慣はあったようで、ルネサンス以来、たとえば聖母マリアの出産後に丸焼きの鳥が運ばれてくる様子が、よく絵に描かれてきた）。そのとき、画家は不安げな表情をラビのマナセに向けて、「教えてくれ、彼女の余命を」、とささやく。それはあたかも、いちばん信頼のおける友人に本心を打ち明けているかのようである。画家の胸中を察したマナセは、「嘘はつけない」、「神のみぞ知る」などと相手を気遣うようにひとつひとつ短い言葉をしぼりだす。画家が気掛かりなのは、ヘンドリッキエ本人に悟られること。マナセもそれを十分に理解している。この間の二人の会話は、三度ずつ、バストアップのショット‐切り返しショットでとらえられるが、本作中で、レンブラントがこれほど他者と心を通じ合わせているシーンは、この場面をおいて他にない。

図Ⅱ-4 『レンブラント 描かれた人生』より

すると、食卓の準備をマナセに手伝ってほしいというヘンドリッキエの声が隣の部屋から聞こえてきて、ラビは彼女のもとに向かう。今度はこの二人の会話が展開される番である。ここでもマナセは、彼女の体のことを心から気遣い、新しい使用人を雇って静養するように勧める。彼女は、その余裕はないと応えるが、余命短いことを自覚してもいる。彼女の方もまた、このラビのことを心から信頼していて、レンブラントには内緒にしておいてほしいと、マナセに打ち明ける。

## レンブラントとユダヤ人――ユダヤとゲルマンのあいだで

終盤にはさまれるこれらのシークエンスは、晩年の画家とヘンドリッキエとの愛情の深さを物語るものだが、同時に、二人とユダヤ人ラビとの関係の親密さを観客に印象づけるものでもある。なぜ、わざわざこのようなエピソードが挿入されたのだろうか。映画がイギリスで製作された一九三六年という年、周知のように、ドイツではすでに反ユダヤ主義を掲げるヒトラーが独裁体制を固めていた。製作側がどれだけ意図したかは定かでないが、この映画は結果的に、そうした政治的状況に密かに抵抗するものであったように思われる。なかんずく、監督のコルダは、ユダヤ系のハンガリー人である。ポーランドをはじめとする東欧諸国にドイツ軍が侵略するのは、この映画がつくられるより少し後のことだが、コルダはそうした時代の動きに、それとなくこの映画で応答しているのではないだろうか。

一方、一九四二年には、ドイツの監督ハンス・シュタインホフがゲッベルスの支援のもと『レンブラント』を撮るが、こちらは逆に「汎ゲルマン主義」を体現した画家として描かれる。画家の破産を企んでいるのは、三人のユダヤ人であるとされる。オランダの画家がゲルマン精神を象徴するというのも奇妙な話だが、そういった解釈はすでに十九世紀末にドイツで定着し（ユリウス・ラングベーンの『教育者としてのレンブラント』）、さらにルドルフ・シュタイナーらにも受け継がれていた。

反対に、むしろ民主的で民衆的な画家、慣習や権威に従わない反順応主義者というイメージは、どちらかというとフランスにおいて支配的であった（ユージェーヌ・フロマンタンなど）。コルダのレンブラントは、明らかに後者の系譜に連なるものである。

ところで、レンブラントとユダヤ人との関係については、これまで美術史家たちのあいだでも見解が一致しているわけではない。一六三九年から一六五八年に競売にかかるまでの約二十年間、画家の邸宅がアムステルダムのユダヤ人地区にあったことや、旧約聖書の主題を数多く手がけていることなどを根拠に、積極的にとらえる立場（ナドラー）と、反対に、親ユダヤのレンブラントというのはロマンティックな神話に過ぎないとみなす立場（Schwartz）——、ちなみに、ロマン主義的な画家のオーラを払拭しようと努めるこの美術史家によると、画家の行動や性格はむしろ傲慢で利己的ですらあったとされる——大きくはこの二つに分かれる。

## 「民衆の画家」

映画のなかでまるで盟友のように描かれたマナセ・ベン・イスラエルは、もちろん実在の人物で、イベリア半島出身のセファルディム。その地でユダヤ人追放令が出されてからは（一四九二年）、多くのセファルディムたちがキリスト教に改宗するか、故国を離れることを余儀なくされたが、マナセの先祖もそうした運命にもてあそばれていた。大哲学者スピノザの一族がまたそうだったように、産業と商業の先進国であり比較的自由なオランダにイベリア半島から移住したユダヤ人たちは少なくなかったという。

**図Ⅱ-5**　レンブラント《シナゴーグのユダヤ人》

　そのマナセとレンブラントとの関係を裏づける証拠とされるのは、ラビが画家に注文したという、自著『栄光の石、あるいはネブカドネザルの像』のための四枚のエッチング挿絵（一六五五年）であるが、映画ではこれには言及されていない。ユダヤ神秘主義カバラに基づくというその本と挿絵について、ここで詳しく論じる能力も余裕もわたしにはないが、挿絵を施すには、本の中身を理解しておく必要がある以上、画家とラビとが「一緒に作業を進めた」可能性は高いと考えられる。その四枚においては、スタンリー・キューブリックの名作『二〇〇一年宇宙の旅』（一九六八年）さながらに、奇跡の石が、はるか時空を超えて、旧約聖書の父祖や預言者たち――ヤコブ、ダビデ、ダニエル――を結びつけ、救済のシンボルとなっているのである（シャーマ 618）。

そればかりか、レンブラントはまた、たとえば《シナゴーグのユダヤ人》（一六四八年）（図Ⅱ-5）といったようなエッチングも残していて、しかもそこには、他の画家たちの類例とは違って、差別したり揶揄したりするようなニュアンスはいささかも感じられない。ユダヤ人たちはそこで、神学的な議論に興じていたり、瞑想に耽っていたり、迫害を忍んでいたりするように見える。先に述べた物乞いといい、このユダヤ人の場合といい、コルダの描くレンブラントは、社会の周縁に追いやられた人たちに目を向けようとする画家像――「民衆の画家」《ピクトール・ウルガリス》――を、前面に打ち出そうとしているように、わたしには思われる。もちろんそれがキリスト教の精神にもかなうものであることは言うまでもない。

## 「空の空なるかな、すべて空なり」

それゆえ、映画のラストもこの文脈において理解することができるだろう。ヘンドリッキエにもティトゥスにも先立たれた最晩年の画家が、ひとり狭いアトリエで自画像を描いている。向かって左の鏡と右のカンヴァスにはさまれて、パレットで絵具をこねながら、鏡とカンヴァスのあいだで忙しく視線を動かす画家の半身像を、カメラはまず正面からとらえる。いわゆる「自画像制作のシナリオ」（2001. ストイキツァ）の再現である。このカットの最後、画家の視線は鏡に吸い寄せられていく（図Ⅱ-6）。すると今度は、画家の背後にカメラが回りこんで、鏡に映るその顔を映しだす（図Ⅱ-7）。画家はみずからの鏡像に向かって、「空の空なるかな、すべて空なり」という旧約聖書の箴言（『コヘレトの言葉』1：2）を口ずさむ（その英語のセリフは、イギリスの観客に親しい十七世紀はじめの『欽定訳聖書』に基づいている）。

このとき、鏡に映る白い帽子の画家の表情には、ほのかな笑みが浮かんでいる。名声と富と女のすべてを手に入れ、そしてすべてを失った今、レンブラントはすべてを悟ったかのようである。彼は悲劇の画家ではない。言葉の高い意味において、むしろ喜劇の画家である。映画はそう主張しているかのようだ。そして、もういちど正面に戻ったカメラは、画家の姿を一瞬だけとらえた後、左上にゆっくりとパンしながら、窓から差し込む明るい日の光と、それにディゾルヴで重なる薄暗い夕暮れの光を映しだして暗転する。最後のショットは、予想されるような画家と最後の自画像のツーショットではなくて、あえてそこから外れていくのだ。このカメラの動きと光の演出は、管見ではおそらく、同じくコヘレト（伝道者）のつづく言葉、「日は昇り、日は沈み／あえぎ戻り、また昇る」（1：5）を暗示していると思われる。人間の喜怒哀楽を超えて、時はおのずと流れていくのである。

ところで、この最後のシークエンスの自画像は、レンブラントのどの作品を指しているのだろうか。絵そのものが映されることはないから、わたしたちは想像するしかない（あるいは、そうすることで観客の想像力を鼓舞しているとも言える）。画家は最晩年に少なくとも三点の自画像を残しているが、白いターバンのような帽子や含み笑いを浮かべた表情などの点で、なかでもいちばん近いと思われるのは、《ゼウクシスとしての自画像（笑う自画像）》（一六六八年、ケルン、ヴァルラフ＝リヒャルツ美術館）（図Ⅱ－8）として知られる作品であ

**図Ⅱ－6（上） Ⅱ－7（下）** 『レンブラント 描かれた人生』より

る。ゼウクシスは、写実の技に長けていたとされる古代ギリシアの伝説的な画家で、老婆を描きながら笑い死にしたという逸話が残されている。古代の画家に自分を重ねることで、レンブラントは、自分を酷評してきた世間を笑い飛ばしている、という解釈が広く認められているようだ。とはいえ、その含み笑いにはどこか自己嘲笑のようなニュアンスも感じられる。それはまた、映画のラストで名優チャールズ・ロートンが見せる複雑な——諦念と達観、アイロニーとシニシズム、諧謔と恥じらいなどがない交ぜになったような——笑みとも通じるところがある。

**図Ⅱ-8**　レンブラント《ゼウクシスとしての自画像（笑う自画像）》

　一方、この自画像にはまた別の解釈があって、それによると、ここで画家が自分を重ねているのは、「笑う人」として知られる古代の哲学者デモクリトスだという（シャーマ 683 ; Pericolo）。たしかに、すべてを笑いに変えることのできるこの賢者は、反対にすべてを悲観視するヘラクレイトスとの対で、ルネサンス以来、絵画のテーマとしてよく取り上げられてきた。レンブラントもそのことを知らなかったはずはないから、変身好みの彼が、みずからをこのいにしえの賢者になぞらえたとしても不思議ではない。おそらく、ゼウクシスかデモクリトスか、どちらかを選ぶ必要もないだろう。映画のレンブラントも、悲劇と喜劇、悲観と楽観のあいだで揺れ動くが、最終的に、「空《ヴァニティ》」の名のもとですべてを苦笑いの内に包み込もうとする。その意味で、この自画像がラストのシークエンスに暗示されているのは象徴的だ。

　この鏡のラストシーンは、多少のニュアンスこそ違え、その後の伝記映画に少なからず影響を与えていると言われる（Bingham 48）。たとえば、デヴィッド・リーンの『アラビアのロレンス』（一九六二年）の名高いラスト、失意のうちに現地を追放される主人公（ピーター・オトゥール）は、勢いよく追い越していったバイクが舞い上げる砂塵に曇る車のフロントグラスをじっと見つめている。一方、マーティン・スコセッシの『レイジング・ブル』（一九八〇年）のラストでは、今やしがない芸人に落ちぶれたかつてのチャンピオン、ラモッタ（ロバート・デ・ニーロ）が、舞台に立つ前の楽屋の鏡の前で、「俺がボスだ」と何度もいきがってシャドーボクシングをしながら自分を鼓舞する。まるで「すべては空しい」、といわんばかりに。

## 自画像の画家

つづいて、オランダの監督ヨス・ステリングが撮った作品は、レンブラントが最晩年の自画像（ハーグ、マウリッツハイス美術館）に入れた署名「レンブラント描けり一六六九年」がそっくりそのままタイトルになっている。この監督の名は、『ポインツマン』（一九八六年）や『イリュージョニスト』（一九八三年）など、セリフがきわめて少ないか皆無の作品で知られるが、本作もそうした例に漏れず、極力セリフが抑えられ、レンブラントの絵をそっくりそのまま映像化したような深い陰影のなかでストーリーが進行する（そのほとんどが室内場面）。同じ監督の作品として、日本の観客には、スペイン支配下のオランダに生まれた男の数奇な運命を壮大なスケールで描いた『さまよえる人々』（一九九五年）が知られるものの、残念ながら『レンブラント』の公開はなかった。とはいえここで取り上げるに値する作品であることに変わりはない（フランス語字幕入りのDVDを参照する）。

そのタイトルが示唆するとおり、本作でいちばん注目されるのは、全編にちりばめられる自画像制作の光景である。油絵のみならずエッチングやデッサンまで含めると、画家はほぼ四十年のあいだに、優に百点にも届くほどの数の自画像を残している。最初のショットからどこか思わせぶりである。後姿の主人公がこちらに振り向くと同時に、映像は、両目を大きく剝いた若いレンブラントのエッチングの自画像（一六三〇年）（図Ⅱ－9）に変わっているのである。

一方、タイトルにある最晩年の自画像を描く場面は、最後のシークエンスに置かれている。無言のまま、おもむろに白い帽子を取りだしてかぶるところを、カメラはゆっくりと近づきながら正面からとらえているが、わたしたちが見ているのは実は鏡像である（図Ⅱ－10）。この鏡像を見ながら画家（トン・デュ・コフ）は自画像を描くわけだから、ここで観客の視点は画家の視点と重なることになる。つづいて、画家のパレットのクロースアップ、パレットを握る手、さらにじっと鏡を見つめる画家のほぼ全身の鏡像、次にもういちど多色のパレットのクロースアップ、そして右目だけの超クロースアップ——これも鏡像だから実際には左目——と、数秒ごとにモンタージュされていく。レンブラントの利き目は左だったのだろうか。とはいえ一般に（右利きの場合）、自画像制作において、左側に置かれた鏡をのぞき込みながら、右のカンヴァスに描くわけだから、相対的に左目のほうに神経が集中するようにも思われる。

**図Ⅱ−9**　レンブラント《目を見開いた自画像》

**図Ⅱ−10**　『レンブラント描けり一六六九年』より

この間、画家は絵筆を動かすことなく、ただひたすら自分の鏡像にまなざしを注いでいる。すると突然、向こう側にむけて大股を開けた女の下半身に画面が切り替わったかと思うと、その股のあいだから胎児が取り出される。観客の意表を突かないではいないこの場面転換がとらえるのは、亡き息子ティトゥスの一粒種にして忘れ形見、ティティアの誕生である。ここでも画家は、まるで盗み見るかのようにして、扉の隙間から出産の様子をうかがっている。ステリングにかかると、レンブラントは、描く人にして手の人である以上に、むしろまなざしの人にして窃視の人であるかのようだ。

## 「自分にしか関心がない」——鏡の前のレンブラント

これら最初と最後のシークエンスにはさまれるように、鏡に向き合う画家の姿が何度も全編にちりばめられる。それゆえ、息子ティトゥスをして、「自分にしか関心がない」とまで言わしめているほどだ。「放蕩息子」の寓意が込められているとされる《酒場のレンブラントとサスキア》（一六三五年、ドレスデン、国立絵画館）のために、大きなビールのグラスを手にポーズをとってみたり、あるいは、口を尖らせたりしかめ面をしたりと、鏡に向かって、さまざまな表情や仕草の自己演出を試みる。それらはたしかに、彼の作品から推定されうる設定でもある。美術史研究ではよく、レンブラントは自分自身をモデルにすることで、表情の変化や観相学の研究をしているのだ、と説明される。

極めつけは、一六四〇年の名高い自画像（ロンドン、ナショナル・ギャラリー）に対応すると思しきポーズのショットである。カメラはまず、絵筆を立てる画家の両手を狙うと、ゆっくりティルトしていき、深い陰影のなかで顔をクローズアップにする。すると、カメラ目線のその顔は、微妙に表情を変化させるが、次第にカメラが後ろに引くと、本人の背中がフレームのなかに入ってきて、わたしたちが視線を交わしていたのが実は鏡像であっ

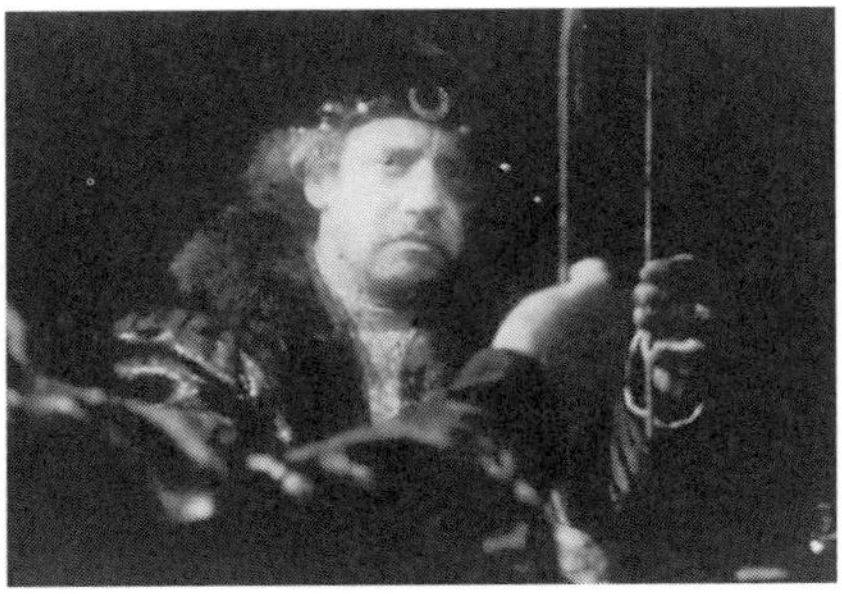

図Ⅱ−11　『レンブラント描けり一六六九年』より

たことを知らされる。画家は絵筆を今度は縦横に動かして、構図のバランスを測ったかと思いきや（図Ⅱ−11）、おもむろに鏡と平行に右腕をテーブルの上にかざす。こうして、ラファエッロやティツィアーノの描いた肖像画に範をとったことで知られるポーズが完成する。この間、やはり無言のまま、およそ一分半の長回しがつづく。だが、描いている場面そのものはどこにもない。ただ彼は、ナルキッソスよろしく鏡像と戯れているだけなのだ。

## ナルシシズムとエゴイズムの狭間

こうした演出には、どのような効果があるのだろうか。先に述べたことの繰り返しになるが、この映画は、「レンブラント描けり」というそのタイトルにもかかわらず、画家をむしろ見る人、まなざしの人としてとらえようとしているように思われる。スクリーンに映る鏡像を媒介することで、観客の視線はレンブラントの視線と合体する。いわゆるカメラ目線は、じかに観客に向けて投げかけられるが、それが鏡像である場合には、その手前にいる（と想定される）本人にたいしても向けられている。この設定は、深い内省の画家という、彼に与えられてきた伝統的な評価にもつながるだろう。わたしたちは、レンブラントとともに、自己への内省を追体験することになるのだ。

あるいはここに、ルネサンス的人間についていわれる、自己演出としての「自己成型《セルフ・ファッショニング》」（グリーンブラット：尾崎）という語を当てはめることも可能だろう。ある研究者はまた、レンブラントを「セルフスタイリスト」と呼ぶ（Alpers）。だがそれは、ナルシシズムやエゴイズムとも危うく踵を接している。もちろん、映画の製作者たちもそのことに気づいている。だからこそ、息子のティトゥスはためらいがちながらも、父親に面と向かって「あなたは自分のことしか考えていない」と非難するのだし、献身的に画家に尽くしたあげくに見捨てられるヘールトへも、「あなたにとって自分だけが大事」と泣き叫ぶ。どちらの場合も画家（の背中）は、反論するでもなく、むしろ甘んじてその言葉を受け入れているようにみえる。本人のセリフによると、彼は「ただ自由を望んでいる」だけなのだ。終盤にさしかかるころ、画家の良き理解者のひとりで、肖像画を注文したパトロンでもあったヤン・シックスとの親密な会話の場面（三分強）が差しはさまれるが、そこでもレンブラントは、「わたしのやり方で行動する権利を誰も奪うことはできない」、と態度を崩そうとはしない。するとシックスが、「それはよくわかるけれど、そうやって君はどこに向かおうというのかね」、とすかさずやり返す。

破産と競売、ヘールトへとのいざこざ、ヘンドリッキエの破門などと不運がつづいて、画家はまたも鏡のなかの自分と向き合っている。強い明暗のコントラストによって、画家の両目と鼻だけが大きくクローズアップになる。このとき厳粛な表情に変化はないが、光の調子が微妙に変わっていく。カメラがゆっくりズーム・アウトして、顔の全体がフレームに収まりはじめるころ、「ローゼングラクト一六六一年」という字幕が画面の真ん中に入って、画家の顔と重なり合う（この間、ほぼ四十秒あまりの長回し）。ローゼングラクトは、画家が最後に移り住んだ家のあった通りの名前であり、一六六一年はまた《パウロとしての自画像》（アムステルダム、国立美術館）が描かれた年でもある。このようにヨス・ステリンクのレンブラントは、最初から最後まで、画家の鏡像とともに進行するのだ。

図Ⅱ−12 『レンブラント 描かれた人生』より

**絵画と映像——光と影の世界**

この映画では、先のコルダ作品とは違って、レンブラントの信仰があえて表面化されることはないが、息子ティトゥスの洗礼、その結婚、孫娘ティティアの洗礼などの場面で、画家はたしかに教会堂に足を運んでいる。しかも、これらのシーンでわたしたちの脳裏に強く焼きつくのは、教会堂の内部の壁の白さである。カトリックの教会堂とは対照的に、壁画や祭壇画、彫刻などの装飾がほとんど皆無で、裸のままの白い壁をさらしているのである。それはまさしく、レンブラントより少し後の世代のオランダの画家、ピーテル・サーンレダムやエマヌエル・デ・ウィッテが描く、プロテスタントへと鞍替えして白く塗りつぶされた教会堂の壁と共通する世界である。宗教改革の嵐のなか、十六世紀の後半、多くのオランダのゴシック教会堂の壁は白い漆喰に覆われたが、彼らの絵はそのことを証言している。ヨス・ステリングは、映画の序盤と中盤と終盤にあえてこうした場面をはさむことで、画家とプロテスタンティズムとの関係をそれとなく暗示しているように思われる。

ところで、本作の多くの場面は、画家のアトリエなど室内の設定で、闇に沈む暗い周縁部から、光の当たる画面中央の物語が浮かび上がるという仕掛けになっているが、こうした演出法ももちろん、レンブラントの絵からインスピレーションを得たものである。監督のヨス・ステリングは、各ショットの明暗の効果や茶褐色の色調によっても、偉大な同国の画家にオマージュを捧げているのだ（それゆえ、やや均質な褐色のトーンの映像が全編に流れるという恨みは免れない）。これは、十七世紀のオランダの風俗画を参考に、運河沿いのアムステルダムの町並みをはじめとして（図Ⅱ－12）、屋内外の光景を見事にセットで再現したコルダ作品――監督の弟ヴィンセント・コルダが美術を担当している――とは、やはりある意味で対照的である。

## 拡大されたミニチュア世界――マトンによるセット・デザイン

最後に、マトンの描くレンブラントはどうだろうか。監督のシャルル・マトンは、現実の空間をそっくりミニチュアで再現した「ボックス」シリーズでも知られるフランスのアーティスト。それゆえ、その才能は映画のセットの数々にいかんなく生かされている。なかでも、序盤におかれた《テュルプ博士の解剖学講義》（一六三二年、ハーグ、マウリッツハウス美術館）の再現セットには目を見張るものがある。場面は、円形劇場のような階段教室、町の名士たちがじっと見守るなか、その真ん中でおこなわれている解剖を、画家（クラウス・マリア・ブランダウアー）がデッサンしている。当時、解剖の対象となったのはたいてい処刑された犯罪者の遺体で、見せしめのために衆目にさらされるという目的もあったから、解剖実験それ自体が演劇的な要素にも欠けていなかった。そのことをマトンも十分に承知している。実際に、たとえばガリレオ・ガリレイで名高いパドヴァ大学に残る解剖学教室――まさしく「解剖の劇場」と呼ばれる――などがモデルになっていると想像される。カメラは、左右と上下に流れるよう動いたり、真上から俯瞰したりしながら、さまざまな角度からそのセットを見せる。人間や動物たちの骸骨も並んでいる。この「劇場」は、本来なら木材の色であってしかるべきだろうが、鮮やかな青一色に塗り替えられ、あえてアナクロニックで抽象的な空間の雰囲気が演出される（図Ⅱ－13）。

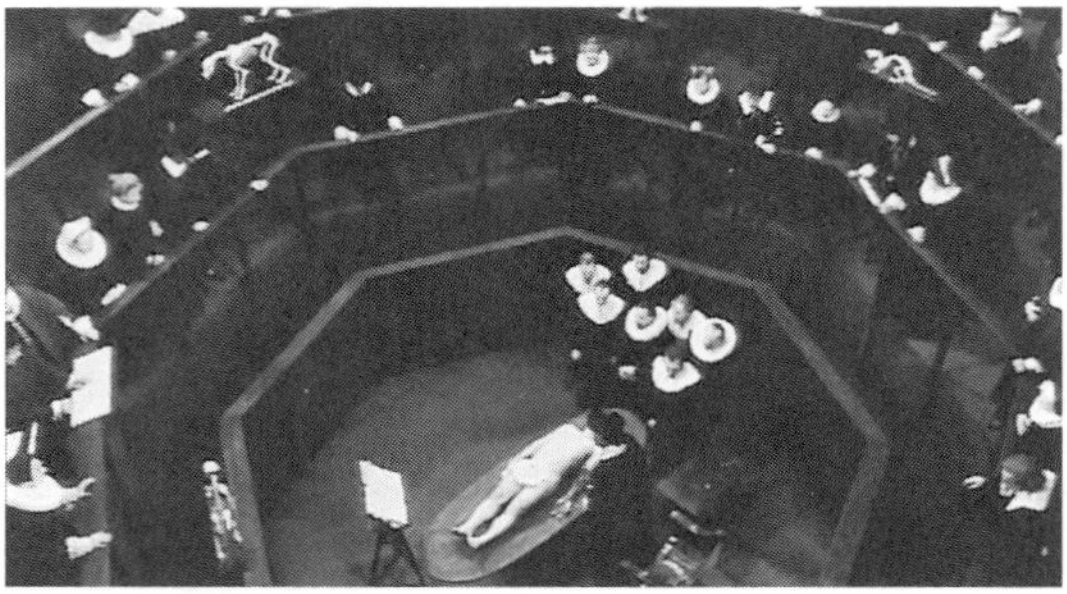

図Ⅱ－13（上）　Ⅱ－14（下）　『レンブラント』より

本作ではまた、画家ご自慢の博物学的な珍品・逸品の数々――なかでも日本の鎧兜と大ウミガメの剥製が際立っている――がところ狭しと並ぶ、いわゆる「驚異の部屋《ヴンダーカンマー》」を、カメラがゆっくり回転しながら披露していくが（三十五秒のショット）、これなども、ミニチュア・アートの作家でもあるこの監督ならではの演出である。このショットのなかで、小さな髑髏がぼんやりと鏡に映っているが、これはもちろん伝統的な「ウァニタス」の象徴でもあるから、このような蒐集癖が画家の破綻にもつながっていることが、さりげなく暗示されているのだろう（図Ⅱ－14）。

## 意図されたアナクロニズム

一方、この作品において、時代錯誤的な効果は、いたるところで意識的に狙われているように思われる。たとえば、画家とサスキアとが町の通りで堂々とキスをしたり、やはり公衆の面前で「ユダヤ人が好きだ」と画家が叫んだりするなどということは、実のところ当時としてはありえないことだろう。画家はまた、まるで近年の立会い出産さながらに、サスキアを励ますように第四子ティトゥスの誕生に付きそうが、これもはなはだしい時代錯誤である。たとえ、それまでの三人の子が洗礼後すぐに亡くなるという不幸な目に遭っていたとしても。これらはほんの一例に過ぎない。

たとえば、後年のレンブラントの絵はしばしば厚塗りの粗描きで、そのことで当時から批判もされてきたが、監督マトンはあえて、画家にそぐわないような鮮やかな多色の絵具をパレットにのせて、これ見よがしのように何度も映しだす。それはあたかも、十九世紀の発明であるチューブ絵具がそのまま搾りだされたかのようで、これもまた意図されたアナクロニズムである(やや誇張しすぎの感は否めない)。

友人にしてコレクターでパトロンでもあった《ヤン・シックスの肖像》(一六五四年、アムステルダム、シックス財団)を制作する場面では、モデルを前にして、まるで近代の画家が即興で描いているかのように、すばやく大きく絵筆を動かしている。たしかにこの作品は、手袋の描写や赤いマントと金のモールに顕著なように、粗くて奔放なタッチに特徴があることは事実で、そのため「印象派」風とまで評されることもあるのだが(シャーマ 592)、当時は不評すら買っていたとされるこのような筆遣いをあえて誇張してみせるところに、監督の狙いはあるのだろう。

## フランシス・ベーコンが媒介する「レンブラント」

自画像を描くシーンもまた独特である。心の迷いで筆が淀んでしまい、画家は思わず描きかけのカンヴァスに顔をうなだれる。しばらくしてゆっくりと顔を離すと、絵具がまだ乾いていなかったために、絵のなかの顔が塗りつぶされたようになって歪んでいる(図Ⅱ-15)。カメラは固定したままその様子をクロースアップでとらえる(十二秒間)。新たに出現してくるその絵の顔は、フランシス・ベーコンの描く肖像画を髣髴させせないではないが、おそらくこれも意図的である。ステリングのレンブラントが、鏡のなかの自己を見つめる

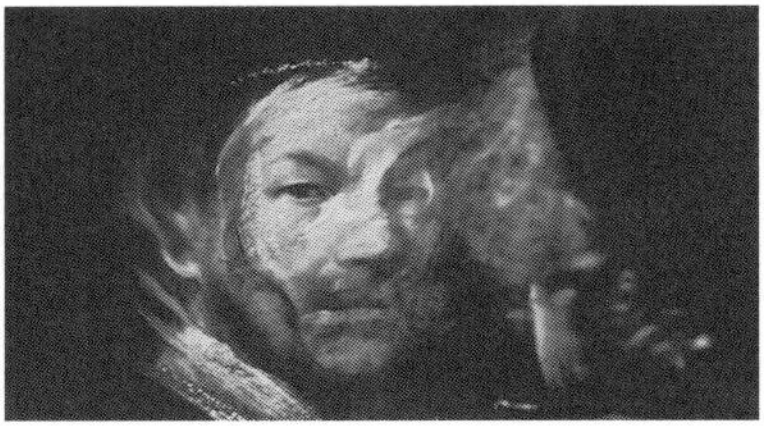

図Ⅱ-15(上) Ⅱ-16(下) 『レンブラント』より

「内省」の画家だったとするなら、マトンのレンブラントは、自己(の鏡像)とけっして一致することのない、ジャック・ラカン以後の「レンブラント」である。鏡像との不一致は、別のシークエンスにも登場する。画家が鏡の前に立って見つめていると、鏡像の画家はひとり別の行動をとりはじめるのである(図Ⅱ-16)。鏡のなかの自分がまるで他人のように見えるという経験は、たしかにわたしたちにもあることだ。

ベーコンをおそらく意識したと思われる場面がもうひとつある。十代に成長した息子ティトゥスに絵を手ほどきしながら、レンブラントは《屠殺された牛》(一六五五年、パリ、ルーヴル美術館)(図Ⅱ-17)を描いている。このとき、肉屋から聞いたという猥雑な話をそれとなく息子に語り聞かせている父親の脳裏を、その光景が一瞬だけかすめる。吊るされた生肉をブランコにして、男と女がセックスを楽しんでいるという話で、その妄想のカットが短く二回さしはさまれる。吊るされた大きな肉塊が画面いっぱいに描かれたこの絵には、キリストの磔刑への暗示があるという解釈は聞いたことがあるが、そこにエロティックな肉感性まで内包されているという話は、少なくともわたしは聞いたことがない。が、マトンはそのように読んでいるようだ。生々しい肉塊の右にそっと描き込まれた女が、そうした連想を誘ったのだろうか。また、十六世紀オランダの画家マールデン・ファン・ヘームスケルクの絵画に基づくとされるフィリップ・ハレの版画(一五六二年)では、吊るされた大きな牛肉の背後に、娼館での放蕩息子の光景が描かれているから、性的なものとの連想は、レンブラント以前からすでにあったとも考えられる（図II－18）。

しかも、おそらくそのショットにも、やはりベーコンからの何らかのインスピレーションがあったと思われる。たとえば、ベーコンによる三連画《磔刑図のための三つの習作》（一九六二年、ニューヨーク、グッゲンハイム美術館）、その一枚は明らかにレンブラントの《屠殺された牛》を下敷きにしている。無信仰を自認するベーコンにとって、キリスト磔刑は、さらされた肉体の苦痛、腐敗や死の普遍的な象徴であったと考えられるが、その肉体は同時に潜在的にエロティックで官能的なものでもある。人間は潜在的に「屠殺体」であるとみなすこの画家によれば、肉塊の内でエロスとタナトスとがせめぎあっているのだ。上半身裸で、両手で大きく生肉をかざすベーコンをとらえた有名な肖像写真

図II－17　レンブラント《屠殺された牛》

図II－18　フィリップ・ハレ《放蕩息子のたとえ話》

は、一九五二年にジョン・ディーキンによって撮られたものだが、そこにおいて画家の身体と獣の肉塊とはまさしく一体化している。

話題が映画からやや外れてしまったかもしれないが、わたしは、先の歪んだ自画像の場合も含めて、マトンのレンブラント解釈には、二十世紀の特異なイギリス人画家が少なからず影響を与えている、と想像しているのである。そもそも、よく知られているように、ベーコン自身がレンブラント（そしてベラスケス）を独自に解釈した作品を比較的多く残している。あたかも自分を二十世紀の「レンブラント」になぞらえるかのように、本から切り抜かれたオランダの画家の自画像の挿絵とツーショットになった写真（アーヴィング・ペンが一九六二年に撮影）も残っている。マトンの映画は、管見によれば、ベーコンによる「レンブラント」のイメージに媒介されている。このように、現代のアーティストにして映画作家は、十七世紀と二十世紀を代表する二人の画家を積極的に突き合わせることで、美術史研究とはまた異なる斬新な画家像をわたしたちに見せてくれるのである。

## 「重要なのは精神よりも肉体」

しかも、マトンのレンブラントは、精神よりも肉体が重要であると公言してはばからない（ここにもベーコンの影がある）。ファブリティウスら弟子たちに《ペリシテ人に目を潰されるサムソン》（一六三六年、フランクフルト、シュテーデル美術館）のポーズをとらせて活人画をつくる場面でも、画家は、「魂のほとばしり」などは慎むべきで、肉体にこそ美と真実は宿るのだ、と熱心に説いて聞かせる（図Ⅱ－19）。ステリングが描く「内省」の画家像とは対照的に、さらに多くの美術史研究の向こうを張って、マトンは、レンブラントを肉体派の画家として提示するのだ。これは余談かもしれないが、この一筋縄ではいかない画家は、実際にもたとえば、トウモロコシ畑で女性と交わっている修道士（一六四六年）（図Ⅱ－20）や、衣をめくりあげて下半身もあらわに勢いよく放尿する女（一六三一年）など、いわゆる春画もどきのエッチングもたしかに手がけているのである。

それだけではない。「ユダヤ人が好きだ」と公言させていることは前にも見たとおり。さらに、酒場で黒人を見かけると、すかさずスケッチ帳を取り出してデッサンをしはじめ、出来上がるとその二人の黒人の男にプレゼントする。おそらくは、ハーグのマウリッツハイス美術館に残る作品《二人のムーア人》（一六六一年）に触発されて創作された場面であろう。その絵と似たデッサンが一瞬だけショットのなかに入る（図Ⅱ-21）。十六世紀にはじまった奴隷貿易に、オランダも十七世紀には参画したとされるから、アムステルダムの町にはアフリカから運ばれてきた人々も少なくなかったと想像される。「我慢ならない」という酒場の

図Ⅱ-19　『レンブラント』より

図Ⅱ-20　レンブラント《トウモロコシ畑の修道士》

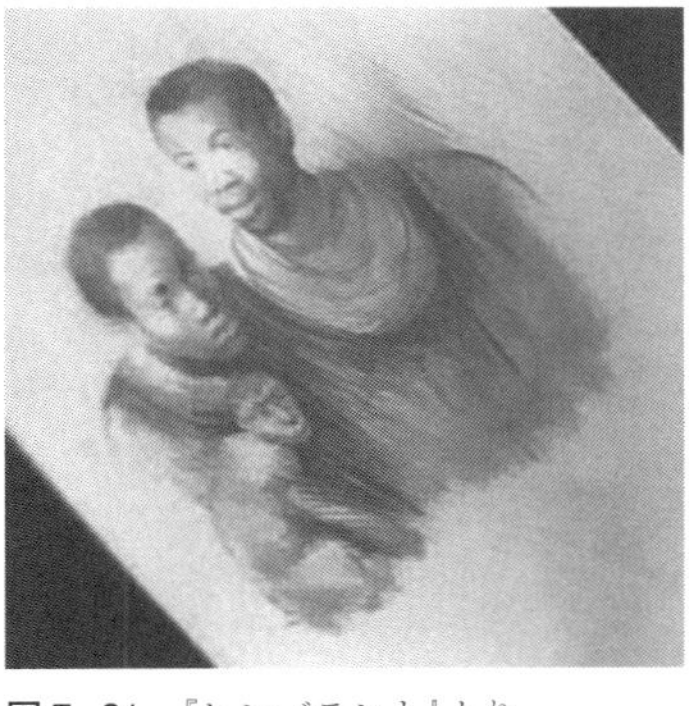
図Ⅱ-21　『レンブラント』より

肥えた酔っ払いにたいして、画家は、「贅肉よりも日に焼けた肌のほうがましだ」と、やり返す。

レンブラントのその絵からは、たしかに、この章の最初に見た乞食の絵の場合がそうであるように、戯画化したり見下したりするような下心はいっさい感じられない。むしろ画家は、二人の黒人のありのままの姿を見守るかのようにして忠実に記録している。マトンもまたそのように解釈したからこそ、この想像的なエピソードをあえて挿入したのだろう。ちなみに、この画家には、《アフリカの女》(一六三一年)や、ヌードの《横たわる黒人の女》(一六五六年)というエッチングも残っている。

マトンの描くレンブラントは、このように、コルダのキリスト教的な画家像や、ステリングのナルシシズム的イメージとは打って変わって、はるかに多彩な(見方によっては支離滅裂な)、そしてしばしば多くの観客の意表を突くような顔を見せる。同じ人物であっても、見る人が違えば別人のように映る。これはわたしたちも日常的に経験することである。しかも、一貫した自己同一性や内面性といった西洋の伝統的な価値観——まさにレンブラントはその体現者のひとりとされてきた——が、哲学や精神分析によって改めて問い直されるようになってすでに久しい。「序」でも述べたように、とりわけ一九九〇年代以降のビオピックには、ある人物の一貫した性格よりも、複数の視点や顔、中心の欠落や他者性のほうを観客にアピールしようとする傾向が見られる。シャルル・マトンのレンブラントもまた、大きくはそうした傾向に連なる作品であるといえるだろう。それはまた、歴史的な「レンブラント」解釈に新たな一石を投じるものでもある。

# Ⅲ

## モダニズムとその脱構築

### ポロック、ウォーホル、バスキア

画家がまるで映画スターのようにメディアにもてはやされ祭り上げられることがある。とりわけ第二次大戦後のアメリカにそれは顕著で、ジャクソン・ポロック（一九一二―五六）、アンディ・ウォーホル（一九二八―八七）、ジャン＝ミシェル・バスキア（一九六〇―八八）らの名前が思い浮かぶだろう。幸いにも彼らに捧げられた映画が製作されている。本章ではそうした作品に登場願い、美術史や美術批評とはやや異なる観点から、映画が彼らとその芸術をいかに描いているかに注目してみたい。具体的には、ハリウッドの大スター、エド・ハリスがモダニズム芸術の大スター、ポロックをみずから演じ監督した『ポロック　２人だけのアトリエ』（二〇〇〇年、原題「ポロック」）、ポストモダンの画家で映画監督でもあるジュリアン・シュナーベル（一九五一―　）がメガホンをとり、二十七歳で夭折したクレオールの画家とメディアの寵児ウォーホルとの関係を中心に描いた『バスキア』（一九九六年）、さらに女性の視点からウォーホルをとらえた異色の二本、メアリー・ハロンの『アンディ・ウォーホルを撃った女』（一九九六年）、ジョージ・ヒッケンルーパーの『ファクトリー・ガール』（二〇〇六年）などである。そこにおいて、美術史や美術批評によっては表面化してこない興味深い問題が浮上してくるのを目撃することになるだろう。

## モダンアートの大スターに挑戦するハリウッドの大スター

エド・ハリスの『ポロック』はいきなり、グラフ雑誌『ライフ』を手にした女性がポロックにサインを求める場面から幕を開ける。「ジャクソン・ポロックは現存するアメリカのもっとも偉大な画家か?」というキャッチーな見出しとともに、見開き四ページの特集記事が組まれたのは、『ライフ』誌の一九四九年八月八日号で、画家の名前を一躍広めたといわれる。場所は、同じ年に開かれたニューヨークのベティ・パーソンズ画廊での個展のオープニングという設定である。このとき、画家の編みだしたドリッピング(あるいはポーリング)の手法による作品群がまとめて展示されたのだった。

つづいてこのサインの場面から一転、フラッシュバックによって、まだ無名時代の一九四〇年代初めのポロックへと話は移っていく。アルコール漬けの埋もれた画家を、やはり画家で妻ともなるリー・クラズナー(マーシャル・ゲイ・ハーデン)とコレクターのペギー・グッゲンハイム(エド・ハリスの妻でもあるエイミー・マディガンが演じる)が見いだして売りだしていくというのがあらすじである。この二人の女性に加えて、西部出身の画家の母親の存在もまた要所で際立たされていて、「カウボーイ」ポロックをスターダムに伸し上げる「女の力」は、この映画のサブテーマのひとつでもある。

とはいえ、本作の見所はやはり何といっても、ポロックを演じるエド・ハリスが巨大なカンヴァスに向かって制作するシーンであろう。それはとりわけ中盤に幾度も登場する。まず最初は、一九四三年にグッゲンハイムから依頼を受けた大作、《壁画》(242.9×603.9cm)を描くシークエンス。部屋の壁をぶち抜き、巨大なカンヴァスを張って立ててはみたものの、初めての大きな注文にポロックは何を描いたものかと考えあぐねている。フレームいっぱいに広がる真っ白い横長のカンヴァスの前を画家がゆっくりと歩きはじめると、その大きな影がくっきりと投影されていて、画家といっしょに動いていく（図Ⅲ－1）。左端から右端まで歩くと、今度は引き返してきて、真ん中で止まる。すると、カンヴァスがスクリーンと完全に重なり、画家の姿がフレームから外れて、大きな影だけとなる（図Ⅲ－2）。

図Ⅲ−1（上）Ⅲ−2（下）『ポロック 2人だけのアトリエ』より

西洋には、影をなぞることから絵画は生まれたという言い伝えがあるが（古代ローマの大プリニウスの著『博物誌』による）（2008, ストイキツァ）、それを連想させなくはない場面である。しかもここで、ポロックは文字どおりカンヴァス上に自己を投影させる、ということが暗示されているように思われる。が、おそらくそれだけではない。スクリーンとカンヴァスとをそっくり重ね合わせることで、ポロックを演じるエド・ハリス自身がスクリーン上に自己を投影させていることが同時にほのめかされている、と見ることも可能だろう。つまり、映画は絵画と、スクリーンはカンヴァスと、ハリスはポロックと、重なりつつ張り合ってもいるのだ。

その次に来るのは、部屋の隅の床にうずくまってカンヴァスの方をじっと見つめているポロックのフルショット。「そこに何が見えるの。もう何週間も見ているけれど」というリーの声がフレームの外から聞こえるが、答えは返ってこない。インスピレーションが湧いてきて、機が熟すのをじ

**図Ⅲ－3**　『ポロック 2人だけのアトリエ』より

っと待っている、というわけだ。すると今度は、フレームいっぱいの真っ白のカンヴァスとポロックの両目の超クローズアップとが、ショット－切り返しショットで二回ずつとらえられたかと思うと、突然、画家は立ち上がって、大きな絵筆で全身を使って一気呵成に描きはじめるのである。まるで、鉄は熱いうちに打てといわんばかりに、溢れるアイデアをストレートに吐き出すかのようにして。

こうして、絵筆を執ってから完成するまで、横長のカンヴァスの端から端まで画家が激しく動きながら、自由奔放な線と大胆な色彩によって抽象絵画を生みだしていくプロセスが、三十数回の短いショットをつないで二分半余りの場面によって表現される（図Ⅲ－3）。まさしく画家はカンヴァスに自己を投影させている、というわけだ。この間、テンポのいい反復的な音楽（ジェフ・ビール作曲）がバックに流れていて、最初はヴァイオリンの音ではじまるが、すぐにピアノが加わり、さらに絵の進行とともに、カリヨン、木琴、クラリネットなどの音色が次々と重ねられていく（Berger 63）。画面と音楽がきれいに同期しているのである。

## オリジナリティと反復可能性

このシークエンスは、いわゆる「タブラ・ラサ（白紙状態）」から作品を生みだすポロック芸術の革新性と独創性を表現しようとしたのだろうが、どこか両義的な性質を帯びているようにも見える。

というのも、役者エド・ハリスがポロックになりきって、見事な筆さばきを披露しながら絵を完成させていくからである。ポロックでなくてもその絵は描ける、とでもいわんばかりに。もちろん、十年以上にわたって構想を温めつづけてきたというエド・ハリスに、そんな下心があったとは考えられないだろう。一説には、この間も長年にわたり役のために絵のトレーニングを積んだという（Cheshire 66; Kedraon 207）。「彼〔ポロック〕は自分に忠実であろうと奮闘した。彼は、彼の芸術から分離していなかった」、とはまたハリス本人の発言だが（Berger 88）、まさにそのことを演じようとしたに違いない。だが、面白いことに、ハリスがポロックになりきればなりきるほど、ポロックの「オリジナリティ」なるものは逆に反復可能なものに転じてしまう、という逆説が浮上してくるように思われるのである。それゆえ、ある批評家がいうような「芸術家の天才が、ビオピックの監督の才能を代理するものになる」（Codell 171）、といった単純な話ではないのだ。

一般に映画のなかで絵画が描かれるシーンでは、実際の画家の手の動きが撮影されることが少なくない。バルザックの『知られざる傑作』を原作にしたジャック・リヴェットの『美しき諍い女』（一九九一年）でも、主人公フレンホーフェルがデッサンする手のクロースアップは、主役のミシェル・ピコリに代わって、フランスの画家ベルナール・デュフールを撮ったものである。ところが、『ポロック』では、すべてエド・ハリス本人が引き受けているのである。

同様のことは、ドリッピング絵画の発見と制作をめぐる一連のシークエンスについても当てはまる。リーと結婚しロングアイランドに新しいアトリエを構えてからのポロックは、さながら自然と一体化するかのように大地に寝転ぶ様子や（図Ⅲ-4）、種をまき土を耕す姿でとらえられる。水平性が強調されるこれらのショットは、明らかに周到にも、彼が床に水平にカンヴァスを置いてその上から塗料を垂れ流すドリッピング（ポーリング）の着想へといたる前触れとして挿入されている。

そこにはまるで、「自然」の化身たる画家が大地に残す自己の身体の痕跡こそがポーリングに他ならない、というメッセージが隠されているかのようだ。実際にも、ハリスのポロックは「自分こそ自然だ」というセリフを口にする。

そしてついに一九四七年、画家は独自の手法を編みだすことになるのだが、そのきっかけを映画は、偶然に絵筆から床に滴り落ちた絵具に触発されたものとして描いている（それが事実だったかどうかはわからない）。床に垂れた絵具を見たポロックは、ためしに、その上からさらに絵筆を振って故意に滴らせる。床に落ちた絵具の跡がフレームいっぱいにクロースアップされる。これにヒントを得て、「突破口を開いた」（リーのセリフ）ポロックは、次々とポーリングの作品を制作していくのだが、これもまたエド・ハリスがその制作行為をほぼ完璧なまでに模倣してみせるために（図Ⅲ-5）、観客は、前衛芸術の大スターの独創性を目の当たりにしつつも、同時に、それを反復するハリウッドの大スターの演技力に魅了されてもいる。つまり、ポロックのオリジナリティは反復可能なものでもある、というわけだ。

**図Ⅲ-4（上）Ⅲ-5（下）**
『ポロック 2人だけのアトリエ』より

## エディプス的葛藤——絵画に挑戦する映画

もちろん、先述のようにエド・ハリスにその意図はなかったと思われるのだが、結果的に映像はそういう効果をもたらしている。二〇〇〇年という映画の製作年に鑑みるなら、ポストモダンや脱構築の潮流によって、アヴァンギャルドの芸術（理念）のイデオロギー性——男性中心主義、人種主義、マッカーシズム下における「冷戦の武器」（Stonar）、フェティッシュとしての「独創性」など——が暴かれてすでに久しいから、たとえ製作側に明確な意図はなかったとしても、観客には両義的に受け取られる、ということなのかもしれない。

『ライフ』の記事以後、一躍時の人となったポロックは、ラジオのインタヴューを受けることになるが、画家がそれに応えているあいだも、映像は、白いカンヴァスにドリッピングをはじめるポロック＝ハリスを真上からとらえている。その動きには確かなコントロールが効いていて、ポロックを模倣するエド・ハリスは、まるで体を張って本家本元に挑戦しているかのようにさえ見えるのである（図Ⅲ－6）。

しかも、画家はインタヴューで「偶然を利用しない。偶然を否定する」と応えているのだが、その直前に、偶然の絵具の滴りからインスピレーションを得たことをはっきりと見せられている観客には、画家が自分を偽っているようにも映るのだ。エド・ハリスの表向きの意図はどうであれ、このハリウッドの大スターが、半世紀も前の抽象表現主義の大スターに並々ならぬ関心を示し、長らく映画化を望んできたとするなら、そこには、画家への一方的なオマージュだけでは片付けられない、エド・ハリスのポロックにたいする（無意識の）複雑なエディプス的感情が投影されているように、わたしには思われる。子（ハリス）は父（ポロック）を敬愛すると同時に、格闘することで乗り越えたいと望んでもいるのだ。それはまた、映画が絵画を踏み台にして乗り越える、ということでもあるだろう。

## 「俺はエセではない」

このことはさらに、つづくシークエンスによっても裏づけられる。すなわち、一九五一年に実際にあったことだが、写真家のハンス・ネイムスが絵を制作するポロックをフィルムに収めるというエピソードである。現存する十分間余りのそのドキュメンタリー映像に基づいて、このシークエンスは組み立てられている。ネイムスから「カメラを見ないで」とか「何か考えているか、悩んでいる風に」などと演出上の注文をつけられて、ポロックは必ずしも撮影に乗り気ではない。一ヶ月がたったころ、妻のリーに思わず「俺はエセって感じがする」と不平を漏らすと、逆に「あなたは偉大な画家よ」と励まされる。友人の批評家クレム、つまりクレメント・グリーンバーグにもまた、「殻《クラム》をむかれた貝みたいだ」とシャレ混じりに愚痴をいうと、相手は「やめちまえ。君の得にならん」、と助言する。

それでもポロックはネイムスの注文に応え、ついにはガラス板に描いているところを、真下から撮られることになる(図Ⅲ-7)。ネイムスとしては、それによって画家の生の創造行為が文字どおり透明にカメラに記録される、と期待してのことである(同様の演出は、序章で触れたクルーゾーの一九五六年のドキュメンタリー、『ミステリアス・ピカソ』でもなされていた)。そのドキュメンタリー・フィルムがやっと完成した夜、パーティーの席上で、しばらく絶っていた酒をあおったポロックは、ネイムスに向かって「俺はエセじゃない、お前だ」と何度も詰め寄って、その場をぶち壊してしまうのである(美術史家のロザリンド・クラウスがすでにこれに近い実際のエピソードを伝えていた[Krauss 302])。

このシークエンスもまた幾通りもの解釈が可能だろう。ストレートにとるなら、ポロックはネイムスのドキュメンタリーに作為性を感じとっていて、自分が演じさせられていることに不満と後ろめたさ——ある研究者の言い方では「自己疎外」(Alikavazovic 239)——を感じている、と解することができる。だからこそ、「エセ」という言葉も出てくる。

とはいえ、話はそれほど単純ではないように、わたしには思われる。先の《壁画》の制作シークエンスで見たように、「何か考えているか、悩んでいる風に」と似た演出を施していたのは、他でもなくエド・ハリス自身であった。ポロックの制作行為を、かつてネイムスが「忠実に」フィルムに収めようとしたとするなら、ハリスは、「忠実に」模倣し反復しようとする。そのネイムスをハリスのポロックは「エセ」と罵倒する。そればかりか、たとえ否定しているとはいえ（「俺はエセじゃない」）、自分自身のこともまた「エセ」呼ばわりしている（フロイトによれば「否認」はまた肯定のしるしでもある）。ハリスはポロックを完璧に演じつつ、自虐的ともとれる単語「エセ」を連発するのだ。

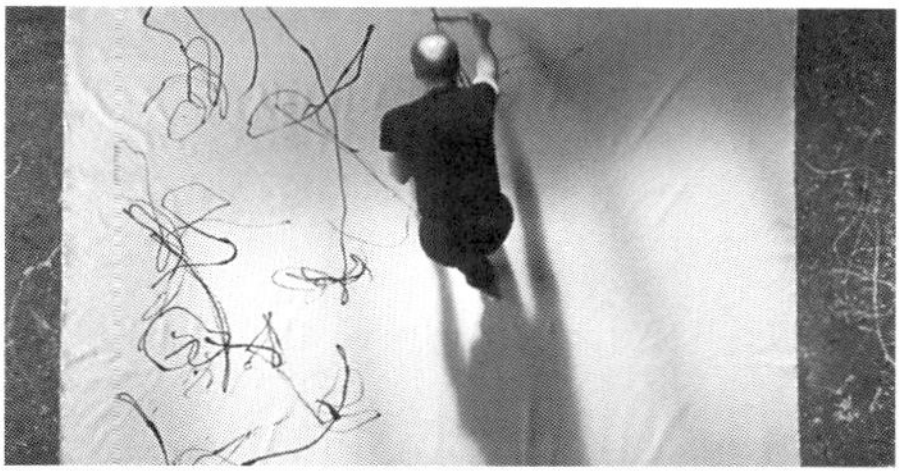

**図Ⅲ-6（上） Ⅲ-7（下）**『ポロック 2人だけのアトリエ』より

実のところ、誰が誰に向かってその語を発しているのだろうか。整理してみよう。表向きには、役中のポロックが役中のネイムスにたいして、である。が、監督エド・ハリスがネイムス（のフィルム）にたいして、ととることもできる。また役中のポロックは、自分にたいしても「エセ」とつぶやく。このセリフは、エド・ハリスが自分にたいして向けているようにも聞こえる。さらにうがった見方をするなら、エド・ハリスがポロックその人に向けて「エセ」と呼んでいる、ととることすらできるのではないだろうか。同じ語「エセ phony」ながら、微妙に調子の異なる複数の声が、この語にはポリフォニーのように響いている。ハリスのポロックにたいする複雑なエディプス的葛藤がここにもまた投影されているように思われる。

## モダニズムのパロディと脱構築――スコセッシとの比較

しかしながら、そこには、たとえばマーティン・スコセッシが快作「ライフ・レッスン」(オムニバス作品『ニューヨーク・ストーリー』の第一話、一九八九年)で表現していたような、モダニズムの芸術神話にたいするアイロニーとパロディの意図は微塵も感じられない(2015, 岡田 282–285)。スコセッシ作品はフィクションだが、明らかにポロックを意識したようなマッチョな画家ドビーが主人公で、全四十五分ほどのあいだに彼が絵筆を執るシーンが八回も挿入されている。しかも、最初のタイトルクレジットは、ポロックのポーリングを想起させないではいない。

ドビーもまた、スクリーン大の横長のカンヴァスと全身で格闘し、絵具を激しく画面にぶつける。その痛快なシークエンスを、エド・ハリスも知らなかったはずはない。とはいえドビーが創作意欲を掻き立てられるとすれば、それは、フロイトの「昇華」の理論よろしく、若い美人の助手とのセックスが禁じられているからである。つまり彼は、彼女に振り回され、彼女から屈辱を受けることで、巨大な抽象絵画を完成させるエネルギーを得て、性的衝動を芸術創造に転換させている、というわけだ。ここでスコセッシは、画家(男)の卑屈さを創造の源泉にすることで、自由で自律した(男の)主体の独創性というモダニズムの神話を、ユーモラスでかつアイロニカルに転倒させるのである。

一方、エド・ハリスはあくまでもモダニズム的理念に忠実であろうとするのだが、これまで見てきたように、忠実であろうとすればするほど、つまりポロックの創作を完璧に模倣しようとすればするほど、図らずも、当の理念を脱構築するような結果を招いてしまうのである。ここにこそ、この映画のきわめて興味深い逆説があり、見所もある、とわたしは考える。

ハリスはまた、ポロックの名声にマスメディアが大きく貢献していること、批評家グリーンバーグの存在がそれを後押ししていることも忘れてはいない。『ライフ』誌の取材からラジオ番組出演へとつづくシークエンスが、そのことを示している。ハリスのポロックは、心待ちにしていた『ライフ』誌が郵便で届くや、早速に自分の記事のページを開いてみる（そのページがクローズアップになる）。さらに、ラストの自動車事故は、アメリカの観客なら誰もがジェームス・ディーンのそれと重ねるであろうことも、計算済みだったと思われる。画家と同じく自由と抵抗のシンボルであったこのハリウッドの寵児のことを、生前のポロックはどこかで意識していた節があるようだが（Krauss 244）、望んでか否か、ほんの一年足らず前に起きたディーンの事故と同じような最期を迎えたのだった。マスメディアを介して、芸術界にも映画スターのようなスター的存在が求められ、両者が接近していくのが戦後のアメリカであり、ポロックはまさしくその嚆矢だったのである。モダンアートの大スターを演じるハリウッドの大スターは、そうすることでアートの神話的偶像に果敢に挑戦し、しかも見事に演じきることでこの偶像と一体化し、かつそれを乗り越えようと望んだのである。とはいえ、ここまで見てきたように、エディプス的動機がそこに介入することで、その映像は複雑な逆説的性質を示すことになる。

## 先輩画家が撮る後輩画家——シュナーベルによる『バスキア』

メディアや批評を利用して画家が有名になっていくこと、さらにこれと呼応して、作品のみならず画家本人ですらもまた商品と化していくこと、それを真正面から描いているのが、ジュリアン・シュナーベルがメガホンをとった『バスキア』である。『ポロック』ではまだ周縁的な役割しか演じていなかったギャラリストや批評家たちが、ここでは、画家の運命を左右するキーパーソンとして登場する。それゆえこの作品は、一九八〇年代に活躍し短い命を燃焼させたひとりのクレオール画家のビオピックであるだけでなく、その時代の状況を鋭く反映した、アートとマネー、名声欲と金銭欲、批評とマスメディアをめぐる映画でもあるといって過言ではないほどだ。

さらにそこに、『ポロック』では表面化してこない人種をめぐるテーマが加わる。しかも、監督のシュナーベル本人が、実際に一九八〇年代のニューヨークのアートシーンで「新表現主義」の画家として活躍し、後輩のバスキアとも知己で、やはり同じくアンディ・ウォーホル後年のアトリエに出入りしていたという経歴の持ち主だから、管見では、この映画には——ある意味でエド・ハリスの『ポロック』以上に——かなり錯綜したエディプス的構図が投影されていると見ることもできるのだ。つまり、絵画と映画、「父（ウォーホル）」と「子（バスキア、シュナーベル）」、「兄にして先輩（シュナーベル）」と「弟にして後輩（バスキア）」、これらのあいだの引くに引けない葛藤である。あるインタヴューに応えたシュナーベルの言葉を引用しておこう。「いちばんいいやり方は、わたし自身の映画を作ろうとすることだと考えた。そしてそれに全責任を負うことだ」(Jancène-Jaigu 235)。

このことが深く刻印されていると思われるシークエンスがある。ウォーホルのアトリエで、バスキア（ジェフリー・ライト）が彼と共作しているシーンである。大きくて平板なペガサスの絵の上に、バスキアがまるで落書きするように刷毛で白くて太い線を引いている。それを見ているウォーホル——一九七〇年代にその影響を強く受けていたデヴィッド・ボウイが、外見から仕草、口調にいたるまで、（やや誇張を交えて）完璧にコピーしている——は、「劣等感を覚えるよ。君はもう有名人だ」と冗談めかして応じつつ、型紙の上からペイントローラーを転がして、その下にロゴマークを出現させる。すると、バスキアがもういちど乱雑な線やアルファベットを加えていく。この間も二人は、自分たちの関係をめぐる世評などについて言葉を交わしている。

## 隠された三角関係――ウォーホル、シュナーベル、バスキア

この「共作」では、転写や複写の手法を好んで応用したウォーホルと、グラフィティから出発したバスキアの手法の違いが象徴的に示されているのだが、それよりもずっと興味深いのは、二人の背後に、シルクスクリーンによる大きな全身の肖像画が立てかけられていることである。しかもほぼ同じものが三枚――ポジによるものが一枚、ネガによるものが二枚――も並んでいて、その全体や部分が幾度もフレームのなかに入ってくる。これは実は、ウォーホルが一九八二年に制作したジュリアン・シュナーベルの肖像画なのである。シュナーベルは当時ウォーホルとの共作に参加してはいなかったが、こうすることで、それとなく自己の存在を主張しているのだ。「父」を一番手前

図Ⅲ-8　『バスキア』より

図Ⅲ-9　『ウォーホル／バスキア展』のポスター

にして、その後ろに二人の「子」が同じフレームに収まるショットも用意されている（図Ⅲ－8）。

さらにその肖像画の隣には、一九八五年にニューヨークのトニー・シャフラジ画廊で開催されたウォーホルとバスキアの共作展のポスター——ボクサーの扮装をした二人の半身像（図Ⅲ－9）——が貼られていて、ごく一瞬だけさりげなくフレームのなかに入ってくる。「弟」を寵愛した「父」への愛憎入り混じる監督シュナーベルの感情がこれらのショットに反映されている、と見ることは可能だろう。

しかもシュナーベルは、この映画で使われる数々のバスキア作品を模写制作してもいる（Berger 253）。かつてバブル景気真っ盛りの一九八〇年代にニューヨークのアートシーンで活躍し、ニューペインティングの旗頭とまで評されたシュナーベルは、バブルがはじけた一九九〇年代に入ると、写真や映画の製作にウェートを移すようになる（Moos）。『バスキア』はその長編処女作で、今や神話的な存在になっているかつての後輩にオマージュを捧げるものである。だが、話はやはりそれほど単純でもない。シュナーベルもまた画家でもあること、さらにウォーホルとも親交があったことが、さまざまな仕掛けによって暗示されているのである。

実はこの映画には、シュナーベル本人をモデルにしたと思しき架空のアルバート・マイロ（ゲイリー・オールドマン）なる画家が登場する。この画家は、一九七〇年代末から新表現主義の画家たちを次々と世に送り出すのに貢献したギャラリストのメアリー・ブーン（パーカー・ポージー）と旧知であること、またシュナーベル自身の絵がその匿名画家の作品として幾つもお目見えすることなどから、監督本人の画家時代の化身であることはほぼ間違いない。当時の彼のトレードマークだったパジャマ姿でも登場する。たとえば、個展の準備をしているマイロのアトリエを訪ねたバスキアが、巨大な抽象画に目を奪われているという場面がある。マイロは死んだ友人のために描いた絵だと答えるが、実際にもその作品は、かつてバスキアの

図Ⅲ-10　『バスキア』より

死の報を聞いたシュナーベルが、ほとんど即興で描いたものである。カメラが、スクリーンいっぱいにその絵をとらえると、夭折した画家の頭文字ＪＭＢが見える。

しかもマイロは、自分（つまりシュナーベル）の絵をさらに何枚か見せて、ていねいに解説まで加えた後、豪奢な応接間へとバスキアを案内する。そこにも本人の絵がかかっているが、若い画家は、その部屋の豪華さに憧れにも似た表情を隠さない（図Ⅲ-10）。パスタを食べながら、世間の評判なんか気にすることはない、この世で絵がわかる者は十人しかいなくて、そのうちのひとりがアンディだ、自分たちは新しすぎたなどと、先輩風を吹かして、後輩を慰めてもいる。「俺はアンディのマスコットだと書かれた」と愚痴をこぼす弟分にたいして、マイロは、自分もアンディと仕事をしたり食事をしたりしたが、彼が好きなのは君で、心配してもいる、ヤクを断つように君を説得してほしいと頼まれた、などと応じて励ます。マイロにはまた小さい娘もいて、実生活でも充実している様子。こうして、麻薬に溺れているバスキアとの対比が際立たされる。つまり、シュナーベルのバスキアへの思いは、やはりどこか両義的なのである。シュナーベルは絵を捨てたが、かつての後輩画家の人気は、没後数年が経って衰えるどころか、伝説のヴェールすら帯びはじめている。その映画化は神話化に拍車をかけることになるかもしれないが、同じ時代を同じく画家として生きた自己の痕跡を、シュナーベルはその映画のなかにちりばめようとするのだ。

## 画家から映像作家へ――ウォーホルとメカスのあいだで

その意味で、ラスト近くのシークエンスもまた象徴的である。アンディの死を画商のブルーノ（デニス・ホッパー）から知らされたバスキアは、完全に精神のバランスを失ってしまい、ますます麻薬に逃げるようになる。その彼が、生前のアンディを撮ったヴィデオをじっと見ている場面。スクリーンいっぱいのヴィデオの映像と、バスキアの胸から上のクロースアップとが、ショット－切り返しショットのかたちでそれぞれ五回ずつ繰り返され、この場面がほぼ二分弱つづく。最初は笑みも浮かべていたバスキアだが、次第に涙が流れるのをこらえきれなくなってくる。この間ずっとバックには、トム・ウェイツの歌うバラード『トム・トラバーツ・ブルース』（一九七六年）の物悲しいメロディーが流れている（この曲ばかりか、本作には一九七〇年代のロックの名曲が効果的に使われていて、そのなかにはもちろんボウイのものもある）。

このヴィデオは、やはり生前にウォーホルと親交のあった映像作家ジョナス・メカスが一九六五年から八二年に撮ったものだが、よく見ると、三度目のショットに映りこんでいるのは、ボウイが演じるウォーホルである（図Ⅲ－11）。つまり、シュナーベルは、メカスのヴィデオ作品『ライフ・オブ・ウォーホル』のなかに、自分がメカス風に撮った映像――フェイクのドキュメンタリー――をそれとなく忍び込ませているのだ。こうして、今や映像作家となったシュナーベルは、「実験映画の神様」メカスにたいしてもまた、オマージュを捧げると同時に、挑戦しようともしているのである。

一方、ボウイもまたウォーホルに憧れ、そのスタイルに倣うことで、一九七〇年代にスターダムを駆け上がってきたという経歴をもつが、本作で彼は、先述したように、（わたしたちの想像する）一九八〇年代のウォーホルをほぼ完璧にコピーして見せるため、どこか上質のパロディのような味わいさえ醸しだしている。一般にすぐれた物まねの芸には、本人よりも本人らしく見せるための軽い誇張がどこかに含まれているものだが、ボウイの演技はまさにそうしたケースに当てはまるだろう。

## 「キャンプ」としての絵画制作

この映画にはまた、バスキアの制作シーンも再現されている。ギャラリストのアニーナ・ノセイ（エレナ・レーヴェンソン）から初の個展のオファーを受けたという設定で、中盤に置かれた二分足らずのシークエンスがそれに当たる。形も大きさもスクリーンに似たカンヴァスが床に置かれている。刷毛と塗料の缶を手にした画家は、その上を裸足で踏んで描きはじめる。ここでも絵画と映像がアナロジーに置かれる。この絵が、バスキアのどの作品に対応するのか、またその制作法が事実を踏まえたものかどうかについて、わたしは不勉強で知らないのだが、そこにジャクソン・ポロックのイメージが重ねられていることは自明であろう（少なくとも、当時の実写とインタヴューなどを編集して二〇一〇年にタムラ・デイヴィスによって制作されたドキュメンタリー映画『バスキアのすべて』には、画家が水平のカンヴァスに描いている場面は見られない）。

さらに先に進むと、画家はスプレーや大きなペイントローラーに持ち替えて、素早く絵を完成させていく（**図Ⅲ－12**）。ただしこれらの進行は、連

**図Ⅲ－11**　『バスキア』より

**図Ⅲ−12**　『バスキア』より

続する映像によってではなくて、幾度ものジャンプカットによって構成されているため、先述したエド・ハリス演じるポロックの制作シーンで見たときのような緊張感や臨場感はむしろ希薄で、ごく軽やかに――あるいはスーザン・ソンタグが一九六〇年代に考案した用語を借りると、「キャンプ」に――制作が進行しているように見える（ちなみに、この映画にたいしては、クレオールの画家としての視点に欠けているという批判が寄せられているが、それも当たっていなくはない［Berger 231］）。

　その絵がほぼ完成に近づく頃、バスキアは、別のカンヴァスをさらに床に並べて、同時に複数の絵に手を付けはじめる。数秒ごとにジャンプカットが入るたびに、床の上と背後の壁には完成された絵の数がどんどん増えていき、優に十点は超えるほどになる。この間、マイルス・デイヴィスの静かなトランペットではじまったバックの音楽は、メリー・メルの『ホワイト・ラインズ』（一九八三年）へと次第にテンポを加速していく（制作シーンと音楽とのこのような同期は、エド・ハリスにも影響を与えていると考えられる）。

　さて、このシークエンスは、先述したエド・ハリスによるポロックの制作場面とはまた異なる印象を、わたしたち観客に与える。というのも、バスキアを演じるジェフリー・ライトは、エド・ハリスとは違って、画家の制作プロセスを忠実に再現しようとしているわけではないし、監督のシュナーベルにもその意図はなかったと思われるからだ。もちろん、直感的で即興的、自由で開放的、自発的で独創的という、モダニズム譲りの芸術観がそこに投影されていることは疑いない。だが、こんなにストレートでスピーディー——ジャンプカットがその効果を盛り上げている——に描いた絵（なぐり描き）が、ニューヨークの現代アートの画廊に並び、しかも高値で取引されるとなると、それは本当にアートなのか、そもそもアートとはいったい何なのか、という素朴な疑問の念を観客に抱かせずにはいないのも、また事実なのである。監督のシュナーベルは、このことにたしかに自覚的であったように思われる。というのも、もはやアートは美や価値とはおよそ無縁で、むしろ商業主義やマスメディアの戦略と結びつくことが、この映画のいたるところでさまざまなかたちで示唆されるからである。

## 時流に乗る——「商品」としての画家と絵画

何十枚もの絵をほぼ完成させた後、バスキアは椅子に腰かけて、いつものヘロインで一息ついている。するとそこに、彼を「スター」——そのセリフによると「第二のファン・ゴッホ」——にしようと躍起になっている批評家ルネ・リカード（マイケル・ウィンコット）がやってきて、「アート史上、君ほどの黒人画家はいなかった」と煽《おだ》て励ます。芸術界《アートワールド》では、画家も批評家も名声欲に飢えているのだ。すると今度は、突然マイロがアトリエに飛び込んできて、一通り見渡して「いい作品だ」、「もう少しピンクを」などと感想と助言を残して立ち去っていく。つまり、マイロがシュナーベルの化身であり、映画のなかの絵はシュナーベル本人がバスキア風に描いたものであるとするなら、ここでシュナーベルはいわばそれとなく自画自賛していることになる。しかも先輩は後輩に助言することも忘れてはいない。

　ルネとマイロがその場から立ち去ると、今度はギャラリストのノセイが、顧客の裕福な夫婦を連れてやってきて、個展がオープンする前に絵を売り込もうとする。映画の随所に何度もサーフィンの映像が挿入され、それはハワイに憧れるバスキアの願望を代弁しているのだが、同時に、流行の「波に乗る」ことを象徴してもいる。有名になることに飢えているバスキアは、今まさに波に乗ろうとしているのだ。個展が大盛況のうちに幕を開けた夜の会食の席上、バスキアは、尽力してくれたノセイとルネのいるテーブルではなくて、ウォーホルやマイロ＝シュナーベル、メアリー・ブーンやブルーノのいるテーブルの方につく。それというのも、個展の会場でウォーホルから新たに画廊主メアリー・ブーンを紹介され、またブルーノからは、チューリヒでの個展を提案されたうえに、世界中に名前を売り込んでやろうと誘われていたからである。

実際、チューリヒの画商ブルーノ・ビショフベルガーは、アメリカの新しい芸術、つまり一九六〇年代のポップアート、一九七〇年代のコンセプチャル・アート、さらに一九八〇年代の新表現主義を、次々とヨーロッパに紹介したことで知られる人物である。ウォーホルとバスキアとの「共作」をプロモートしたのも彼であった。早くにシュナーベルを売りだしたメアリー・ブーンもまた、一九八〇年代に新表現主義の画家たちを世に送りだすことになり、「アートシーンの新女王」という異名をとった。つまり、最初のチャンスをくれたイタリア出身の画廊主アニーナ・ノセイから、ウォーホルらとのつながりの強いメアリー・ブーンにいわば鞍替えすることで、バスキアはさらにスターダムを駆け上がることになるのだ。

名声欲と金銭欲がアートの世界に渦巻いていること、みずからもそのなかを生きてきたシュナーベルは、それを隠そうとはしない。バブル経済の一九八〇年代には、アートがますます投機の対象となり、いわゆるヤッピーたちのあいだで株にも近しいものになるが、そのことを痛快に描いているのが、オリバー・ストーンの『ウォール街』（一九八七年）であった。そこでは、貪欲にして無情な投資家は、同時にコンテンポラリー・アートの熱烈な蒐集家でもある。いずれにしてもシュナーベルは、バスキア（とウォーホル）の映画を撮ることによって、彼らの絵画や映像を乗り越えようと試みる。たしかに、一時の流行に左右されたやや大味でストレートなその絵画よりも、寡作とはいえ、『潜水服は蝶の夢を見る』（二〇〇七年）も証明しているように、繊細で屈折した映画の方にこそ、シュナーベルの才能はいっそう発揮されているように、わたしには思われる。

## ウォーホルの「シルヴァー・ファクトリー」神話

商業主義やマスメディアをアートが意識して積極的に利用するようになるのは、周知のように、一九六〇年代のポップアートをもってであり、それを牽引したのがアンディ・ウォーホルであるとされる。彼によって、高級芸術と大衆文化との垣根が取り払われた、とも評される。『バスキア』では、後年のウォーホルが、クレオールの画家にとってのカリスマとして登場し、ボウイがそれを怪演していたのだが、以下で取り上げるのは、一九六〇年代のその名高い「シルヴァー・ファクトリー」を舞台にした二本の異色作、最初に述べた『アンディ・ウォーホルを撃った女』と『ファクトリー・ガール』である。前者は、一九六八年にこのメディアの寵児に銃を向けて重傷を負わせた戦闘的フェミニストのヴァレリー・ソラナス（一九三六―八八）が、後者は、「ファクトリー」で製作された数々の映画に出演したもののその後決別し、麻薬の過剰摂取で二十八歳の短い生涯を閉じたファッション・モデル、イーディ・セジウィック（一九四三―七一）が主人公で、彼女たちの目を通して、全盛期のウォーホルが描かれていく。

『男性根絶協会宣言（*SCUM Manifest*）』の著者として知られる過激なヴァレリーと、名門の出身で一九六〇年代のファッション・アイコンでもあったイーディとは、きわめて対照的な女性だが、どちらも自分の成功のためにアンディ・ウォーホルを利用しようとして自滅していくという点では共通している。しかも、これら二本の映画で繰り返し登場してくるのが、ウォーホル最初のアトリエ、いわゆる「シルヴァー・ファクトリー」での映画や絵画の制作風景や、そこで頻繁に催されたパーティーの様子である。その意味で二作は、ファクトリーの「肖像」であるといっても過言でないほどだ。銀一色の壁と扉、銀色のヘリウム風船、赤いカウチ、一九六四年の《花》や《ブリロ・ボックス》などはその必須のアイテムであり、ドラッグとフリーセックス、金とコネクション、気取りと退廃、興奮と倦怠、欲望と打算がそこに渦巻いている。

イーディがウォーホルの映画に多数出演していることはよく知られているが、ヴァレリーも『アイ・ア・マン』（一九六七年）に出演していて、ハロンの映画のなかでその製作の模様が再現されている。ヒッケンルーパーもまた、イーディのデビュー作となった一九六五年の『馬』や『ヴィニール』――原作はアンソニー・バージェスの『時計じかけのオレンジ』で、スタンリー・キューブリックの同名の映画（一九七一年）に先駆ける――の製作風景を作中に盛り込んでいる。二人の監督とも、ウォーホルのアンダーグラウンド映画に独特のスタイル――静止したカメラ、ロングテイク、裸の照明、アマチュアの役者など――に大きな関心を寄せているのである。さらに、アトリエにしてサロンでもあるファクトリーの常連や有名人たちの無言の表情のクロースアップを、ひとり百フィートの十六ミリ・フィルムに収めた『スクリーンテスト』（一九六四―六六年）の製作や上映の様子を再現する点でもまた、二つの映画は共通している。ハリウッドのスター・システムや警察の取り調べをパロディにしたような、合計四七二本のショートフィルムからなるこの作品もまた、当時のウォーホルを映画で表現するうえで欠かせないものだろう（ちなみに日本人では、アーティストのオノ・ヨウコや女優の岸田今日子が登場する）。

## アンディ・ウォーホルVSボブ・ディラン

一方、『ファクトリー・ガール』では、ボブ・ディランがモデルとおぼしき歌手ビリーなる人物が登場していて、『スクリーンテスト』のための被写体になる（たしかに、ボブ・ディランを撮った一本が存在する）。撮影中、ビリーはウォーホル（ガイ・ピアース）にたいして容赦ない皮肉を連発するが（図Ⅲ－13）、それは現存するショートフィルムのなかの、しばしばうつむき加減になる無言で無表情のボブ・ディランとも、あるいは、互いに一目置き合っているような当時の写真とも（図Ⅲ－14）、かなり印象を異にする（もちろん写真にはイーディの姿はない）。しかも、ウォーホルを「俗物」と言い切るビリーは、いまや恋愛関係にあるイーディ（シエナ・ミラー）にたいして、彼は人を利用して儲けている奴だと公然と批判してはばからず、使い捨てにされないようにと助言する。辛辣なビリーを前に、アンディはたじろいで遠慮すらしている有様だ。

　自由で野性的で異性愛の「ディラン」と、金と名声に飢えた同性愛の「ウォーホル」という対比は、やや図式的に過ぎるというそしりは免れないものの、ディランをモデルにしたビリーなる人物の視点を持ち込むことで、一九六〇年代の「ファクトリー」の神話を相対化するという意図があることは事実だろう。イーディの父親――この大ブルジョワもやはり俗人ではある――はさらに画家に面と向かって、「君は芸術家というより印刷屋だ」と捨てゼリフを吐く。この映画に

図Ⅲ－13（上）　『ファクトリーガール』より

図Ⅲ－14（下）　ナット・フィンケルステイン撮影《ウォーホルとボブ・デュラン》

かかると、ポップアートの大スターも、チョコレートを食べながら些細なことを神父に告解する小心者で、四十歳近くになっても母親に頭の上がらないマザー・コンプレックスの持ち主にもなる。

## 「世界最高のアーティスト」VSフェミニストの「革命家」

これにたいして、メアリー・ハロンの映画のなかのウォーホル（ジャレッド・ハリス）は、もう少し違う顔を観客に見せてくれる。名声と金に飢えていること、同性愛的な遊戯に興じていることといった点で変わるところはないものの、本作中の彼は、あらゆる人間関係や事物にけっして深入りすることはなく、情熱や愛情とも無縁で、つねにどこか醒めていて、現実の空虚さをそれとして冷ややかに受け止め、メランコリックでさえあるような人物として描かれているように思われる（それはまたウォーホルの『日記』が垣間見せる一面でもあるだろう）。

その意味で興味深いシークエンスがある。ファクトリーでいつものパーティーが盛り上がるなか（赤茶色の薄暗い光のなかに、ウォーホルが当時プロデュースしていたヴェルヴェット・アンダーグラウンドの曲が流れている）、主催者でありながらもやはりいつものようにひとり醒めている様子のウォーホルと、もとより場の雰囲気に溶け込むことのできない戦闘的フェミニストのヴァレリー（リリ・テイラー）とが、例の赤いカウチの両端に並んで腰掛けている。すると、「みんな楽しそうだね」といってアンディの方からヴァレリーに話しかけ、カウチの右端から左端にいる彼女に近づいていく（図Ⅲ－15）。そして、何かしゃべってくれないかといって蓄音機を差し出すと、彼女は、ご自慢の『男性根絶協会宣言』の一節を読みはじめるのである。「セックスは無意味だ、云々」と。アンディも無条件で賛成。二人はこのとき意気投合したかに思われ、後に彼女が彼を襲撃することになろうとは、ほとんど予想すらできない。有名になることに飢えたヴァレリーと、それを成し遂げたアンディとは、実のところ似たもの同士でもあるのだ。ハロンの映画はそう主張しているようにも見える。

　このシークエンスにも象徴されるように、『アンディ・ウォーホルを撃った女』には、撃たれたアンディはもちろんとして、撃ったヴァレリーを告発しようという意図などもとよりない。彼女の書いた脚本をプロデュースするという口約束をアンディが果たさなかったとしても、そしてそのことで彼女が一方的に怒りを募らせていったとしても、それは彼の悪意によるわけでも怠慢によるわけでもない。イーディと違って名門の出でもなければ金もない無名の女に義理を通す必要などない、アンディはそう考えているのだろう。一方、「世界最高のアーティストが奇人の本など出版するものか」という、ファクトリーのスタッフの高飛車な罵倒にたいして、ヴァレリーは毅然と、自分は「奇人ではなくて革命家だ」と答える。女流監督のハロンは、「世界最高のアーティスト」と「革命家」とのあいだに勝敗をつけようとしているわけではない。そしてもちろん、これらの呼び名を素直に肯定しているわけでもない。そこにはどこか皮肉が込められている。男性根絶を理想に掲げる「革命家」にたいしてばかりではなく、金と名声に飢えた「世界最高のアーティスト」にたいしても。時代の寵児たちはまた時代の犠牲者でもあったのだ。

図Ⅲ-15　『アンディ・ウォーホルを撃った女』より

図Ⅲ−16（上）　『アンディ・ウォーホルを撃った女』より

図Ⅲ−17（下）　『ファクトリー・ガール』より

## 「おぞましい《アブジェクト》」画家の肖像

一方、ヒッケンルーパーの『ファクトリー・ガール』は、先述したように、ウォーホルにたいしてもっと厳しい評価を下しているように思われる。映画の終盤、アンディにとことん「利用され」、ビリーにも見放されたイーディは、仲間たちとレストランで食事をとっているアンディに、「あんたのせいだ！　何がファクトリーよ！　これが、あんたが破滅させた女よ」と、涙顔で食ってかかる（ちなみに、一九六六年にウォーホルが構想した映画『アンディ・ウォーホル・ストーリー』は、イーディ・セジウィック本人とウォーホル役を演じた批評家のルネ・リカード――先に見たように、後にバスキアを世に売り出すのに貢献することになる人物でもある――が、画家について本音で語るというものであったが、出演者の二人が画家への怒りをぶちまけることになったため完成に至らなかった、という経緯がある［Senaldi 99］）。

『ファクトリー・ガール』に戻るなら、手持ちカメラによる揺れ動く映像で構成されたこのシークエンスは、イーディの心情を代弁するものでもある（それは、メアリー・ハロンの映画で、ヴァレリーがウォーホルをピストルで撃つ場面［図Ⅲ−16］が淡々と描かれるのとは対照的である）。と同時に、夢のファクトリーの神話から一定の距離をとろうとするものでもある。カメラは、イーディの言動に困惑したアンディの表情をクローズアップでとらえるや、すぐに教会で告解する彼のクロースアップに切り替わる（図Ⅲ-17）。「僕が何をした？」、アンディはいわく言いがたい罪の意識にさいなまれながらも（だから告解している）、いったい何が彼女を破滅に追いやったのか合点がいかない様子でもある。

ラストもまた示唆的である。イーディの死を伝えるインタヴュアーにたいして、ウォーホルは、もうずいぶんと昔の話でさして親しくもなかったと応答する。このときカメラは、応答している彼の表情を、真顔とも仮面ともとれるような両義的なものとしてとらえるのである。さながら、彼の本性を映しだすかのように。メディアの寵児としての画家を、アブジェクトな（おぞましい）存在として描きだすのだ。そこには、男性中心主義のアートワールドにたいする暗黙の批判も内包されているだろう。

# Ⅳ

## よみがえる女流アーティストたち

### カミーユ、アルテミジア、フリーダ

「なぜ偉大な女性芸術家は現われてこなかったのか」、フェミニストの美術史家リンダ・ノックリンがこう怒りの声を上げたのは一九七一年のこと。これに呼応するように、一九七六年から翌年にかけて、ノックリン自身の監修によってロサンゼルスのカウンティ美術館で開かれた『女性芸術家一五五〇―一九五〇』では、十六世紀後半から二十世紀前半まで欧米中心に三十人を超える女流画家たちの作品が一堂に展示され、ニューヨークやピッツバーグなどにも巡回した。こうして、多くのすぐれた女流アーティストたちが復活するきっかけを得たことは、まだわたしたちの記憶に新しい。

映画に目を転じても、ごく限られた例外を除いて、女流アーティストがスクリーンに登場するようになるのは、一九八〇年代まで俟たなければならない。カミーユ・クローデル（一八六四―一九四三）、アルテミジア・ジェンティレスキ（一五九三―一六五二）、フリーダ・カーロ（一九〇七―五四）はその典型的存在で、本章で主に取り上げるのも、この三人に捧げられたビオピックである。

が、もちろんそれだけではない。二十一世紀に入ると、ドーラ・キャリントンやジョージア・オキーフ、ベルト・モリゾやパウラ・モーダーゾー

ン＝ベッカーといった、それぞれ英米仏独を代表するモダニズムの画家ばかりではなく、アウトサイダー・アートのセラフィーヌ・ルイ（第Ⅷ章を参照）、フリークスに執着した異色の写真家ダイアン・アーバス、ピーターラビットの生みの親ビアトリス・ポター、大きな目の子供たちのポップな絵で知られるマーガレット・キーンといった、いわゆるハイ・アートに限定されないジャンルからも主役たちが抜擢されるようになる。こうした変化はビオピック全般に見られるもので、もはやその対象は、天才や英雄や偉人たちに限定されることはない。ごく平凡な主婦が売れっ子の画家になることもあれば、特異な被写体にのめり込んで精神のバランスを崩すこともあるのだ。こうしたビオピックの傾向は、観客の好みの変化を反映すると同時に、新しいヒロインやヒーロー像を次々と世に送り込もうとするメディアの戦略の結果でもあるだろう。

## メロドラマ的クリシェ

一方、映画研究の分野において、フェミニズム的な観点が重要なファクターとして浮上してくるのも、一九七〇年代からのことで、よく知られているように、ローラ・マルヴィの論考「視覚的快楽と物語映画」（一九七五年）はその嚆矢のひとつとなった。そこにおいて暴き出されたのは、「家父長制社会の無意識がいかに映画の形式を構造化してきたか」というメカニズムであり、「見られるため to-be-looked-at-ness」のものとしての女性（の身体）である。さらに一九八〇年代に入ると、メアリ・アン・ドーンが精神分析やフェミニズム理論を駆使しながら、「見られるため」だけではない女性映画と女性の観客の「まなざし」や「主体性」について分析することになる。

女性芸術家のビオピックは、このように、美術史や映画研究の動向とも無関係ではないのだが、概してフェミニズムの批評家たちは、このジャンルの映画には批判的である。本章で取り上げることなる、ブルーノ・ニュイッテンの『カミーユ・クローデル』(一九八八年)、アニエス・メルレの『アルテミシア』(一九九八年)、そしてジュリー・テイモアの『フリーダ』(二〇〇二年)もまた例外ではない。というのも、基本的にメロドラマ仕立てのこれらの映画では、主役たちはいずれも、多かれ少なかれ男の芸術家の存在——順にロダン、アゴスティーノ・タッシ、ディエゴ・リベラ——に依存しており、「見られるため」もしくは性的対象としての存在を脱しきれておらず、母親ではなくて父親の理解のもとに守られ、それゆえ家父長的権威や制度を脅かすことのないものとして描かれているからである。

しかも、一般に女性のアーティストは、「神のごとき」という最高の形容すら充てられることのある男性の場合とは違って、常軌を逸した存在とみなされる傾向が強い。たとえば、妻や母という役割に幸福を見いだすことができないために芸術家としての道を選ぶ、といった紋切り型のバイアスがそれである(Lent 70–71)。

たしかに、程度の差こそあれ、三作ともこうした共通点をもつのは事実で、その意味では、男のパートナーに頼るよりも、相手に抵抗してまでみずから進んで運命を切り開いていこうとする姿に焦点を当てる最近の作品のヒロインたちとは、明らかに性格を異にしている。具体的には、高名な写真家アルフレッド・スティーグリッツに見いだされながらも彼から自立し彼を超えようとする、ボブ・バラバンの『ジョージア・オキーフ』(二〇〇九年)、絵の作者であると偽った夫から真実を奪還するマーガレット・キーンの奮闘を描く、ティム・バートンの『ビッグ・アイズ』(二〇一四年)、さらに、ドイツ表現主義の草分けのひとりパウラ・モーダーゾーン゠ベッカーが画家で夫のオットーをはるかに凌駕していく、クリスティアン・シュヴォホーの『パウラ』(二〇一六年)といった作品である。これらの近作にくらべると、クローデル、アルテミジア、フリーダをモデルにした三作は、あくまでも受け身の存在に甘んじている、という批判は可能かもしれない。とはいえ、ある種パッケージ化されたフェミニズム批評の観点のみに還元してしまうことは、単純化のそしりを免れないであろう。しかも、これら三人の女性芸術家たちが今日得ている人気や名声は、他でもなく映画の貢献によるところが小さくないのである。以下で、先述の三作を順に見ていくことにしよう。

## 芸術の殉教者にして愛の犠牲者――カミーユ・クローデル

『カミーユ・クローデル』は、主演のイザベル・アジャーニの熱演で日本でも公開当時大いに評判になった。また、忘れ去られていたこのフランスの女流彫刻家が、日本通として知られる文学者ポール・クローデルの姉であったことも、話題づくりに一役買った。

物語は、師であり愛人でもあったロダン（ジェラール・ドパルデュー）との関係を中心に展開し、実らぬ恋ゆえに次第に心を病んでいき、ついには精神病院へと送られるカミーユを追っていく。彼女もまた、芸術の殉教者であり、愛の犠牲者なのだ。その意味で面白いショットがある。映画の終盤、一九〇〇年のパリ万国博覧会での展示を拒絶されたことで主催者側に抗議にきたカミーユ――彼女はそれがロダンの差し金だと妄想している――の背後に、ほんの一瞬だけゴッホの《カラスのいる麦畑》が映るのだ。第Ⅰ章で述べたように、この絵は「狂気」の画家ゴッホの最期を象徴するものと見なされてきた、という経緯がある。こうしてさりげなく、しかし意図的に、カミーユの狂気がゴッホのそれに重ねられることになる。監督のニュイッテンはここで明らかに、ヴィンセント・ミネリの映画のことを意識しているのである。

さらにラスト、精神病院へと送られる直前の荒れ果てたアトリエの壁には、キリスト受難の各場面――いわゆる「留」――を表わす何枚もの色つき版画が貼られている。このアトリエはここまで何度も登場していたのだが、キリスト受難の絵を見せられるのはこのときが最初にして最後で、カメラはゆっくりと左にパンしながら磔刑へといたる「留」の絵をとらえる。芸術家の破滅や死を

「殉教」になぞらえるトポスがここにも生きているのだ。

　ロダンとの別れが決定的となり、カミーユがパラノイア的症候をはっきりと示しはじめることになるきっかけを、映画は終盤にさしかかるころ、久しぶりの二人の再会の場面として描いている。このときカミーユのアトリエを訪れたロダンは、目を閉じたまま手で愛撫するようにして、彼女の近作の感触を確かめている。その創作意欲が微塵も衰えていないことに、かつての師は安堵し満足している様子だ。ところが、ある作品に触れるや、彼の表情は一変し、目を開けて怒りをあらわにしはじめる（図Ⅳ-1）。その作品とは、《分別盛り》（第一ヴァージョン）の石膏像（図Ⅳ-2）である。老いた女が男を抱き寄せようとしているのにたいして、若い女がひざまずいて男の左手を握りしめ、懇願するように見上げている場面をとらえたこの作品には、カミーユとロダンと内縁の妻の三人の関係が投影されているといわれる。

　映画のなかでロダンは、その像で自分が侮辱され皮肉られていることを直感し、スキャンダルになるのを恐れて、カミーユに食ってかかるのである。こうして、二人は感情を剝きだしにして激しく罵倒し合うことになる。「君は三流彫刻家だ」、「わたしを妬んでいるのね」などといった具合に。それはまた、二人の名優の演技のぶつけ合いにして本作で最大の見せ場でもある。このほぼ七分あまりのあいだ、カメラはショット－切り返しショットを多用しながら、さまざまなアングルから、アトリエのなかを無造作に動きまわる二人の上半身のみをクロースアップでとらえる。カミーユはしばしば、《クロト》（図Ⅳ-3）や《懇願する女》（第二ヴァージョンの《分別盛り》の一部となるもの）の石膏像とツーショットになる。運命の女神《クロト》は、瘦せこけた老婆のような裸体をさらし、もつれた運命の長い糸を頭からすっぽりとかぶっている。こちらもまた運命にもてあそばれるカミーユの分身というわけだ（図Ⅳ-4）。

　二人が同じフレームに収まるショットでは、真ん中に《小さな女城主》の胸像がはさまれることがあるが、これも計算された演出である（図Ⅳ－5）。というのも、二人のあいだに宿った子を、カミーユは堕ろしていたからである。言い争いもひと段落ついた頃、カミーユは、「彫刻家のくせに、わたしのお腹を愛撫しながら気づかなかったの」とつぶやく。ロダンがいかに弁解しても、もう二人が元の鞘に収まることはない。こんな口論が本当にあったかどうかは別にして、たしかに、このカミーユのセリフは、触覚に敏感なはずの彫刻家のプライドを傷つけるのに効果的である。二人の関係の終わりを告げて、ロダンは静かにその場を去っていく。

図Ⅳ－1　『カミーユ・クローデル』より

図Ⅳ－2　クローデル《分別盛り》

図Ⅳ－3　同《クロト》

図Ⅳ－4　『カミーユ・クローデル』より

図Ⅳ－5　『カミーユ・クローデル』より

## 揺れるステータス——制作する主体／ポーズする客体

カミーユのほうがむしろロダンに影響を与えて

いるのではないか、映画はあえてそう主張したがってているように見える。たとえば、まだ二十歳前のカミーユがはじめてロダンのアトリエを訪ねる場面。《地獄の門》の制作が進むなか、その手伝いをすることになった彼女は、とっさにポーズをとるのだが、そのおかげでロダンは、門の頂の中央に三体のアダム像を配置することを思いつく。さらに、大理石の足の彫刻を弟ポールに見せながら、ロダンはきっとそれを気に入って、自分の名前をサインするだろうと予言すると、まさしくその通りになる。

　カミーユをモデルにしているとされる《ダナイデス》（図Ⅳ－6）についても、髪をかきあげてうなじを見せるようにしてうつ伏せになるそのポーズ（図Ⅳ－7）は、ロダンが指示したものではなくて、彼女自身が進んでとったものである。そのとき彼女の身体は、エロティックな対象へと変容する。《うずくまる女》の不自然に窮屈な姿勢も、カミーユが変更を施したためである、等々。これらが事実だったかどうかは別にして、カミーユがロダンのミューズ——幾つかの作品の霊感源——になっていたことは確かだろう。

　そのため、彫刻家としてのカミーユのステータスは、映画のなかである種の両義性を帯びることになる。彼女は、みずからアイデアを着想しそれを制作する主体であるが、それと同時に、他者に見られるためにポーズをとる客体でもある。その他者とは、ロダンでもあればまた観客でもある。それゆえ、見られるための存在に甘んじているとするフェミニズムの批判は、ある意味で一面的である。見る主体と見られる客体のあいだを、カミーユは揺れているのだ。

　とはいえ、この種の揺れは、女流芸術家を描くビオピックに大なり小なりつねに付きまとっているように思われる。それはまた、クリエーターとミューズのあいだの揺れ、と言い換えることもできるだろう。男のクリエーターと女のミューズという、芸術創造において古代から面々と受け継がれてきた伝統的なジェンダーの図式を、映画のカミーユは打破してみせ、みずからクリエーターとなるのだが、だからといってミューズであることを止めたわけではない。

本作ではまた、カミーユの制作とロダンのそれとが対照的にとらえられている。どちらも、それぞれ相手の胸像をつくっているシークエンスがそれで、映画のほぼ中盤、二人の愛がいちばん高まったときのものである。ロダンはいつものように目を閉じて両手で、カミーユの小さな頭部を首筋から額までやさしく撫でるように触れている。このショットのあいだに二度ほど差しはさまれるのは、粘土で顔の形を整えるロダンの両手のクロースアップである。それはまるで、彼の彫刻は愛撫の延長線上にある、とでもいわんばかりだ。このときカミーユは、エロティックな身体として、同時に観客のまなざしにもさらされている。こうして一夜で粘土のカミーユ像が仕上げられた翌朝、その傍らで、疲労困憊して床に倒れて寝ている二人の全身を、斜め上からカメラがとらえる（図Ⅳ−8）。あたかも、愛の行為を終えた後のカップルでもあるかのように。

つまるところ、ロダンにとって彫刻とセックスは切り離しえない、このシークエンスはそう主張しているのだろう。名高いギリシア神話によると、ピュグマリオン王はみずから

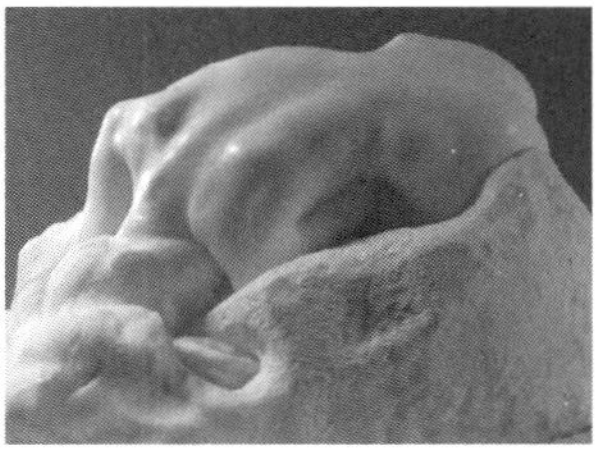

**図Ⅳ−6**　ロダン《ダナイデス》

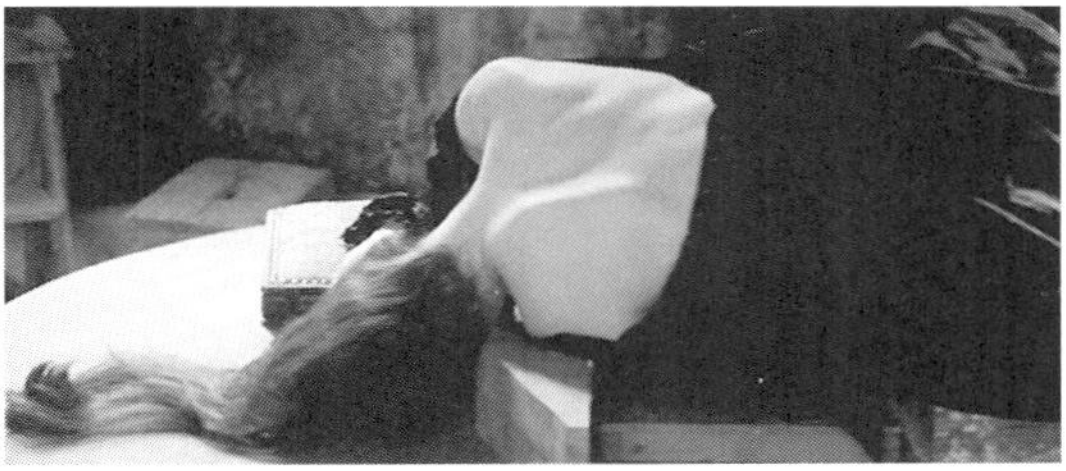

**図Ⅳ−7**　『カミーユ・クローデル』より

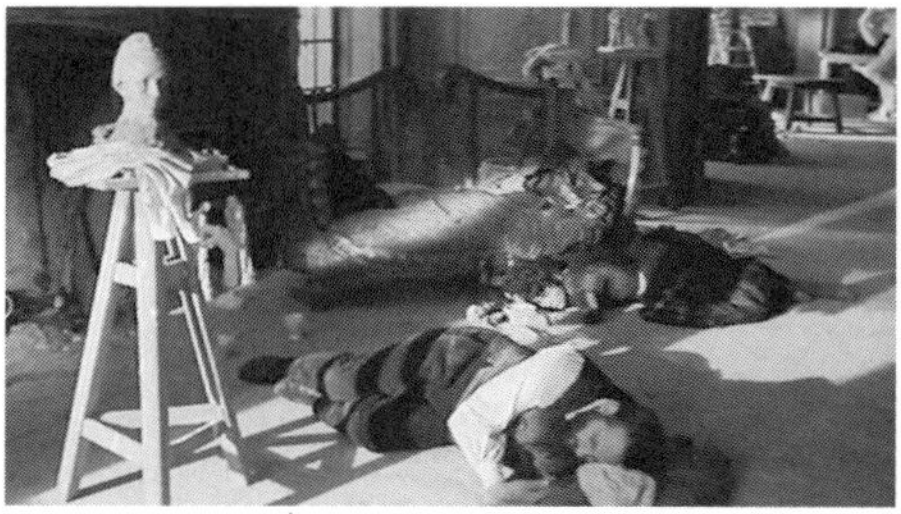

図Ⅳ–8　『カミーユ・クローデル』より

彫った象牙のガラテア像に恋をしてしまったのだった。その直後の場面で、ロダンのアトリエを訪ねたポールは、姉の粘土像と石膏像が何体もあるのを目の当たりにして、女癖が悪いと評判の彫刻家と姉との関係がのっぴきならないものであることを悟る。

## 「コプロフィリア（糞便性愛）」としてのカミーユ

一方、カミーユによるロダンの胸像の制作シークエンスは、その少し後につづくが、ここでは彼女は記憶だけを頼りに愛する人の粘土像をつくり、それを石膏の型にとっている。このとき彼女は、カレーに向かったロダンを偲んでいるのだ。彼女の創造は、ロダンのときのような性のメタファーによってではなく、想起や追憶の行為としてとらえられているのである。複数の伝説によると、西洋において肖像はもともと、愛する者との別離を埋め合わせたいという願望——ラテン語で「デシデリウム」と呼ばれるもの——から生まれたとされる（Bettini）。カミーユのロダン像はまさしく、こうした肖像の神話的根源とつながっている。カレーから戻ってきたロダンはそれを一目見て、「錬金術だ」と叫び、記憶のみで仕上げたことを絶賛する。周りからも賞賛の声が上がるが、誰が言ったか、そのなかには「魔女だ」という聞き捨てならないセリフも混じっている。その言葉に予感されるように、彼女が後に精神病院に三十年間も閉じ込められ、そこで死を迎えなければならなかったのは、まさしく二十世紀の魔女狩りだったのかもしれない。

　映画のなかでしばしば彼女は、全身を粘土や石膏にまみれる姿で登場する（図Ⅳ－9）。その意味では、本作のオープニングからすでにきわめて象徴的である。弟ポールが姉の行方を捜して奔走しているなか、姉は、下水工事の進むパリの地下からドロドロの粘土を大量に採取して、スーツケースに入れて小さなアトリエに持ち帰っているのである。友人の女流彫刻家の卵もまた彼女のことを「泥狂い（マラディ・ド・ラ・ブー）」と呼ぶ。ある研究者によると、この映画はカミーユを一種の「コプロフィリア（糞便性愛）」として描こうとしているというが（Felleman 149－150）、とはいえ、泥んこ遊びに興じたという経験は誰にもあるだろう。精神分析の一派（対象関係論）によると、泥や粘土は排泄物の代理であり、芸術のマチエールもまたその延長線上にあるとみなされる。カミーユの情緒不安定が精神病院に三十年間も閉じ込められる正当な理由にならないのと同じように、たとえ本当にコプロフィリアだったとしても、それが「魔女」呼ばわりされる口実にはならないだろう。

図Ⅳ－9　『カミーユ・クローデル』より

## 弟ポールとの近親相姦的関係

　本作はまた、弟ポールとの関係にも大きな注意を払っている。今しがた述べたように、真夜中に姉を捜して飛びまわる弟の場面からこの映画が幕を開けることは、何よりその証拠でもある。ロダンとの愛と挫折がメインプロットだとすると、弟との近親相姦的関係を匂わせるような数々の仕掛けは、サブプロットとして有効に機能している。

たとえば、前にも触れたロダンのアトリエを訪れるシークエンスで、ポールは、姉をモデルに制作された《ダナイデス》の石膏像の背中をやさしく撫でているが（図Ⅳ－10）、ロダンが来たことを察知すると、すぐに止めてしまう。カメラは、彫刻（姉）の肌に恐る恐る触れるポールの手をクロースアップするが、その手は、まるで自分をいさめるかのようにして、すぐに動かなくなってしまうのだ。ポールの欲望と禁止がそこに投影されている象徴的なショットである。

ポールは姉を愛しつつも、その犠牲になることまでは望んでいない。カトリックに帰依し文学者として成功すること、そして外交官として生活の糧を得ることを切に願っている。観客は、しかし、そのことでポールを責めることはできない。弟に文学や芸術の世界への手ほどきをしたのは姉カミーユであったことが、何度か示唆されるが、それはおそらくまんざら虚構というわけでもないだろう。

カミーユの初の個展の場面から、精神病院へ送られていく場面へとつづくラストのシークエンスは、姉と弟とのあいだの愛と葛藤の結末をくっきりと描きだす。その個展でオープニングの挨拶をするポールは、今や文学者としても外交官としても大きな名声を得ていて、姉の彫刻をロダンの「下品な」それと比較しながら賞賛している。実際には、彼女を後援していたパリの画廊主ウジェーヌ・ブロのもとでの展示は一九〇五年のこと、ポールが姉の作品についてはじめてつづる文章――「彫刻家カミーユ・クローデル」――も同じ年のものだから、映画のなかの時間は必ずしも史実と一致するわけではない。まさに姉のために開会の挨拶をしているその最中、精神のバランスを崩した姉が、奇抜な化粧をして悪趣味なドレスで会場に乗り込んでくる。それを見た瞬間、ポールの表情に嫌悪にも似た翳りが走る。「ロダンにすべてを捧げ、すべてを失った」姉を、弟は深く愛しているのだが、もはや手の施しようもないと感じてもいる。こうして、姉を精神病院に送るという苦渋の選択をすることになるのである。

今日から見ると、この映画はあまりにもメロドラマ的で、イザベル・アジャーニの熱演もやや時代がかって映るかもしれないが、カミーユ・クローデルという特異な女流彫刻家の復活に大きく貢献したことは、紛れもない事実である。つい先頃（二〇一七年）には、少女時代をおくったゆかりの地ノジャン＝シュル＝セーヌに、彼女に捧げられた美術館もオープンし、その人気は衰えるどころか、ますます高まっているように思われる。

図Ⅳ-10　『カミーユ・クローデル』より

### 精神病院のカミーユ――吐き出されるロダンへの怨念

一方、精神病院に送られる場面で幕を閉じた前作の後を受けるようにして製作されたのが、ブリュノ・デュモンの『カミーユ・クローデル』（二〇一三年）で、こちらは入院して三年目（一九一五年）、面会に訪れた弟ポールとの再会が軸となる作品である。主役を演じるのはフランスを代表する名女優ジュリエット・ビノシュ。激情型のイザベル・アジャーニとは対照的な、抑制の利いたその演技が本作の最大の見所でもある。入院してからはずっと彫刻の制作を拒みつづけていたから、この映画が焦点を当てるのは、芸術家としてのカミーユ像というよりも、心を病む姉とジレンマに立つ弟との静かな葛藤である。

終盤近く、久々の再会に心躍り、プロヴァンスの病院から出してくれることを心待ちにしている姉にたいして、弟ポールは、あえて姉から目を背けて、これ以上に打つ手はないことをややそっけなく告げる。するとその瞬間、カメラはカミーユのバストショットに切り替わり、不動のまま長回し（二分五十秒）で彼女をじっと狙っている。つづいて、無言のポールの表情を少しだけ（十五秒）とらえた後、カメラがもういちどカミーユに向けられると、今度はこちらに振り向く彼女にごくゆっくりと近づいていって、その顔をクロースアップにする。この間もまた長回し（二分五十秒）。これら二つの長回しのあいだ、カミーユは刻々と表情を変えながらただひたすらしゃべりつづける。監督のデュモンはこうして、語る機会を奪われてきた彼女に言葉を戻してやるのだ。このシークエンスは、ビノシュの迫真の演技とともに、本作でいちばんの見せ場でもある。

最初の長回しで、はじめ彼女は寂しげな笑みを浮かべて、「そうね」と相槌を打ち、「重荷を背負ってしまった」弟を気遣おうとさえする。が、その表情は徐々に深い悲しみを湛えてきて、どうしてここから出してくれないのか、母さんに面会に来てほしいなどと、弟に訴えはじめる。するとカメラはポールを一瞬とらえるが、彼は押し黙ったまま。つづく二度目の長回しでは、カミーユの表情と口調はだんだんと怒りの色に染まってきて、「悪魔のおつむの」ロダンへの、「自分の不幸を望み」、「自分から盗むことしか考えていない」ロダンへの怨念を、堰を切ったように次から次へと吐き出していく（図Ⅳ－11）。最後に、神すら呪わんばかりに、「あなたの神が病院でわたしを腐らせていく」などと言いはじめると、カトリックに帰依している弟は、すかさず反論してその姉を黙らせようとする。

こうして、振り切るようにして姉と別れてきた弟は、帰りの道すがら病院長に、「芸術ほど危険な職業はない」と、言葉を搾るようにして語りだす。「芸術の使命はとても危険なもので」、それゆえ想像力や感受性のバランスをたやすく狂わせてしまう。姉はまさしくその犠牲者である、というのだ。じっと聞いていた病院長が、それを制するように、彼女は「今は穏やかで落ち着いていて」、パリに戻ることを強く望んでいる、だから「おそらく彼女の希望をかなえてあげるときが来ている」、と応じる。が、これにはポールも返す言葉が見つからない。

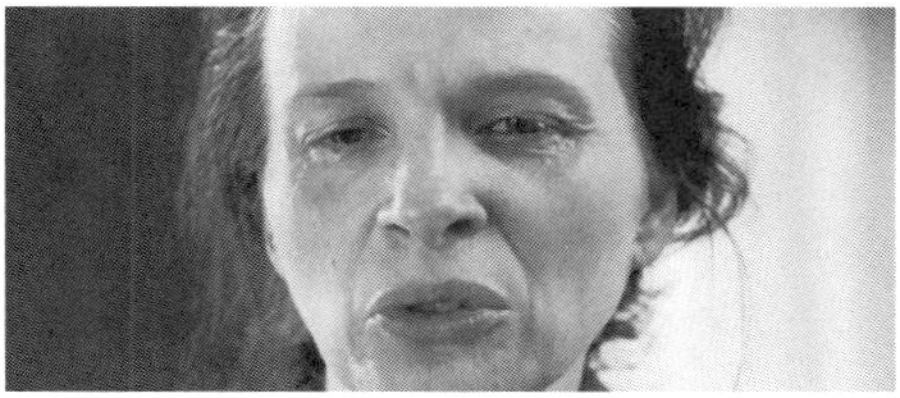

**図Ⅳ-11（上）Ⅳ-12（下）** デュモン『カミーユ・クローデル』より

かくして姉はひとり三十年ものあいだそこに留まることになるのだ。小鳥たちの心地よいさえずりが響くなか、ごく穏やかに微笑んで日向ぼっこをするカミーユのバストショットのうえに、一九四三年に病院で息を引き取ったこと、ポールはそれまで何度か姉を訪ねてきたが、葬儀には参列しなかった旨の字幕が重なって、画面は暗転していく。もちろんこの映画には、ポールを告発しようとする意図などなかったに違いなかろうが、この最後の美しいショットは、それだけに残酷でもある（**図Ⅳ−12**）。

ロダンとの恋と破綻を悲劇のメロドラマとして描くニュイッテンの作品と、ドキュメンタリーのようなタッチで精神病院の三日間を淡々と記録するデュモンの作品とは、いろんな意味できわめて対照的だが、後者は、前者を補って余りある出来栄えであるように思われる（ちなみに、ジャック・ドワイヨンの近作『ロダン　カミーユと永遠のアトリエ』〔二〇一七年〕のなかのクローデルは、口達者ではあるがロダンのアクセサリーのような存在で、映画自体もほとんどポルノグラフィーまがいのものと化している）。

## フェミニズムのヒロイン――アルテミジア

フランスの女流監督アニエス・メルレによる『アルテミシア』もまた、このバロックの女流画家の再評価に一役買った映画である。とはいえ、この画家の存在は歴史のページから消されていたというわけではない。早くは一九一六年に、イタリアの美術史家ロベルト・ロンギが「ジェンティレスキ父娘」（Longhi）という長い論文を著わし、主に文献学と様式論の観点から、「第一級の画家」と評価する父オラツィオと娘アルテミジアの現代的評価に大きく貢献していた。ちなみにロンギは、カラヴァッジョの発掘者でもあり、パゾリーニのボローニャ大学時代の恩師としても知られる。

そのロンギの妻で作家のアンナ・バンティは、一九四七年に『アルテミジア』という小説を発表するが、そこでバンティは、ナチスによるフィレンツェ占領でオリジナルの手書き原稿を失ったことで、改めてまったく新たな伝記のスタイルに挑戦しようと試みる（Banti）。アルテミジアがあたかも大戦後のイタリアによみがえったかのように、作家とともに伝記のあり方について意見を交し合う。一人称の「わたし」は、バンティなのかそれともアルテミジアなのか、読者はしばしば惑わされる。というのも、アルテミジアは物語の登場人物でもあれば語り手でもあり、しかも作家のペンを避けるかのように、時に自分を隠すからだ。作家は、父や夫から自律しようとする最初の女流画家のうちに自己の姿を追いかけ、その相手もまた、語られるべき自己のイメージを作家のうちに探している。こうしたメタ自伝的なスタイルの点で、スーザン・ソンタグがこの小説を高く評価したことは、まだわたしたちの記憶に新しい（『同じ時のなかで』）。

さらに一九八〇年代に入ると、この女流画家の草分けは、「フェミニズム美術史のイコン」(米村典子)として祀り上げられることになる。とりわけ、父親の友人で共作者でもある画家アゴスティーノ・タッシによるレイプ事件とその後ほぼ七ヶ月間にわたる裁判(一六一一・一二年、その記録も残されている)から見事に立ち直り、女流画家として大輪の花を咲かせたその生涯は、まさしく元祖フェミニズムのヒロインたるにふさわしいとみなされた。なかでも美術史家メアリー・ガラードによる一九八九年のモノグラフ研究『アルテミジア・ジェンティレスキ――イタリア・バロック美術における女性のヒーロー像』(1989, Garrard)は、この分野における優れた先駆的労作のひとつとみなされている。

## フェミニストを二分させた『アルテミシア』

そんな再評価の機運が高まるなかで製作されたのが、アニエス・メルレの件の監督作品であった。ところが、あろうことかそれが裏目に出てしまう。一九九八年のアメリカでの一般公開に先立って、配給元のミラマックスは、フェミニストの知識人たち――そのなかにはスーザン・ソンタグもいた――を招いて試写会とパネルディスカッションを開いた。すると、他でもなくメアリー・ガラードや、ラディカル・フェミニストとして知られるグロリア・スタイネムを筆頭に抗議の声が上がり、インターネットも利用した批判の一大キャンペーンが展開されたのである(1998, Garard; Scarparo 370)。

何が彼女たちをそれほどまで激高させたのか。それはなかんずく、年長者にして妻帯者タッシによる処女アルテミジアの強姦とされる事件が、タッシとの相思相愛というロマンスに化けていたからに他ならない。「真実の物語」という映画宣伝の謳い文句にもかかわらず、歴史の「真実」が捻じ曲げられている、というわけだ。だが、やはりフェミニストを自認するメルレも負けてはいない。「あなたたちは裁判の証言を一義的に取りすぎている。わたしは裁判についてのドキュメンタリーではなくて、わたし自身の解釈を撮ろうとしたのだ」、とすぐに反論する（Scarparo 371）。ここで想起されるのは、先述したアンナ・バンティもまたかつて、みずからの語りのなかの「アルテミジア」の虚構性について、努めて自覚的でかつ批判的であろうとしていたという点である。

同じくフェミニストの美術史家として知られ、ゴッホのところでも見てきたように画家のビオピックにも詳しいグリセルダ・ポロックも、アルテミジアとタッシとのあいだで実際に何が起こったのか、研究者には必ずしも見解の一致があるわけではないこと、そして、いわゆる歴史的事実なるものとフィクションとのあいだに、ガラードたちの主張するほど明快な境界線が引けるわけではないことを断ったうえで、メルレの映画をむげに却下することは控えようとする。とはいえ、「単純なラブストーリー」に変えてしまったことにたいしては苦言を呈してもいるのだが（Pollock）。

## 女性に禁じられたヌードデッサン

映画をめぐるかまびすしい論争を追うのはこれぐらいにして、実際にその作品を見てみるに越したことはないだろう。メルレの描こうとする「アルテミジア」は、批判者たちが口をそろえるように、「フェミニズムのヒロイン」という神話を裏切る存在なのだろうか、それとも、監督本人が反論するように、新たな「解釈」へと開かれた画家像を打ちだせているのだろうか。

本作は、闇のなかからかすかに浮かび上がる片目の超クロースアップを背景にしたタイトルクレジットで幕を開ける。するとすぐに、蠟燭の薄明かりのもと、まだ二十歳に満たないアルテミジア（ヴァレンティナ・チェルヴィ）が鏡を手にして、さまざまなポーズをとる自分の裸体をそこに映しだし、無言でデッサンに打ち込む様子がとらえられる（図Ⅳ－13）。この出だしの場面はすでに本作の核心をわたしたちに暗示している。たしかに、アカデミーに入ることが許されず、それゆえヌードデッサンの訓練も禁じられた時代、女流画家の卵に可能なのは、自分をモデルにして描くことぐらいだったろう。つまり、彼女は観察する主体なのだが、同時に、観察される客体でもあることを強いられる。こうしてみずからの訓練のためにさらされた裸体は、しかしまた、わたしたち観客に向けられたものともなる。それゆえ彼女の身体は、ある種の両義性を帯びることになるのだ。

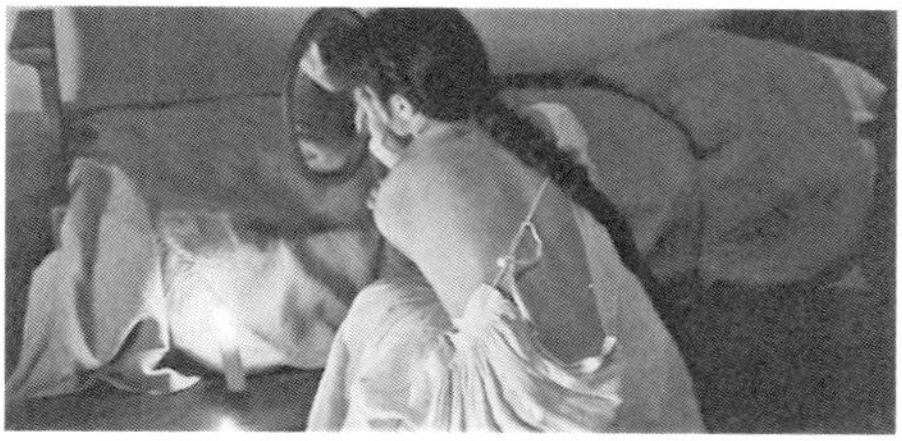

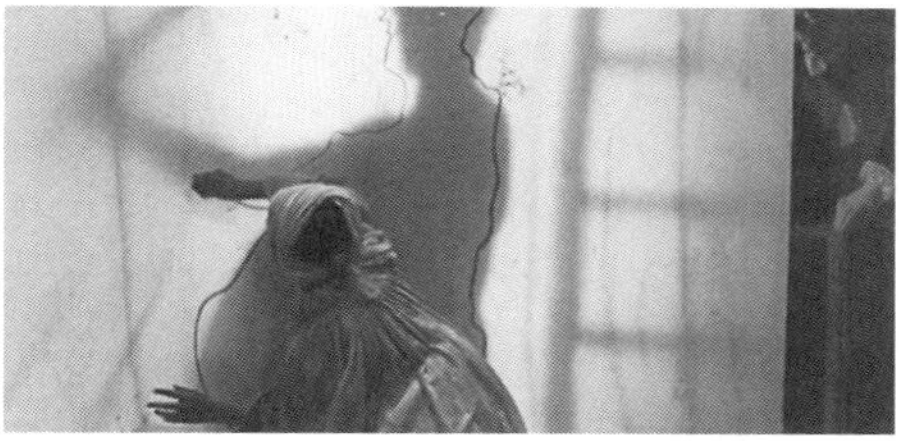

図Ⅳ-13（上）Ⅳ-14（下）『アルテミシア』より

娘の絵を見てその才能に気づいた父オラツィオ（ミシェル・セロー）は、自分の工房の手伝いをさせるが、それでも男性ヌードのデッサンは許そうとしない。そこで娘は、仕切りの幕に映りこむ影の輪郭をなぞったり（戦地に赴く恋人の影をなぞったという古代ローマの娘ブタデスにまつわる言い伝えがこだましている）（図Ⅳ-14）、幼なじみの若者を裸にしてまで、密かに人体表現を身につけようとする。ルネサンス以来、解剖学や観相学が絵画に必要不可欠の要素とみなされていた時代である。女性に禁じられてきたそれらの知と技にアルテミジアは飢えている。ちなみに、これは余談かもしれないが、素描（ディゼーニョ）と彩色（コロリート）はしばしば対立するものとみなされ、両者はまた、アリストテレスのいう形相と質量、さらに観念と物質、精神と肉体、知性と感性との対立にもたとえられてきたという長い伝統がある。ジェンダー論的に言い換えるなら、この図式化は、男性性と女性性の対立でもある。絵画と彫刻と建築とを結ぶ根本原理とされるデッサンは、基本的

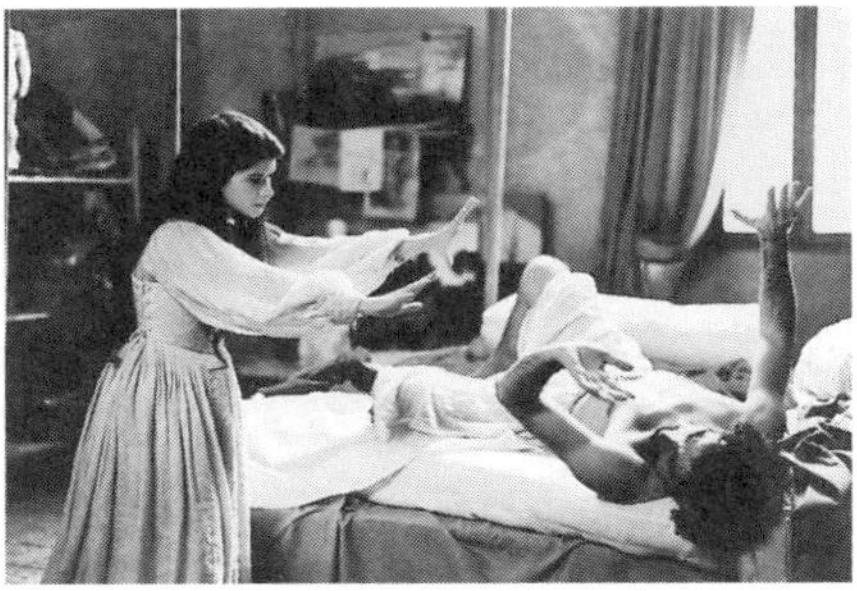

図Ⅳ-15（上）Ⅳ-16（下）『アルテミシア』より

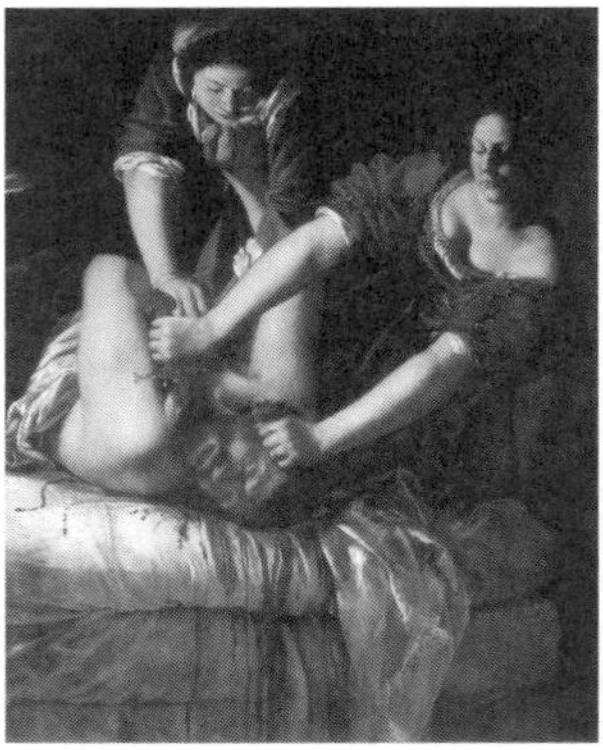

図Ⅳ-17　アルテミジア・ジェンティレスキ《ホロフェルネスの首を斬るユディト》

に女性には閉ざされたものとみなされてきたのだ。

**ジェンダーの転覆――描く女とモデルの男**

さて、父親の仕事仲間であるアゴスティーノ・タッシ（ミキ・マノイロヴィッチ）のもとでさらなる研鑽を積みたいと申し出たのも、彼女自身の意思からである（一方、裁判の記録によると、娘をタッシに引き合わせたのは父親である）。最初はオラツィオを気遣って二の足を踏んでいたタッシだが、アルテミジアの熱意にほだされて、彼女を受け入れることになる。フィレンツェ出身のこの画家は、遠近法に習熟していたことで知られていた（オラツィオが人物を、タッシが背景の建築物を描いた共作がローマに今も残っている）。

映画でもタッシは、グリッド状の枠組み――アルベルティが『絵画論』（一四三五年）で「ヴェール」と呼んだもの――を用いて、屋外の風景の前にそれを立て、アルテミジアに透視図法の手ほどきをする（図Ⅳ-15）。このグリッドは、三次元の空間を二次元上にマッピングするのにきわめて有効な装置である。見ることに貪欲な彼女は、そのからくりに目を奪われる。このとき、格子縞の「ヴェール」はゆっくりとスクリーンのフレームとぴったり重なっていく。それは、絵画と映画との密接なつながりを暗示するショットでもある。見ることに飢えているのは、女流画家でもあれば女流監督でもあるのだ。

「わたしのためにポーズをとってくれますか」、タッシにこう提案するのも彼女の方からである（図Ⅳ-16）。こうして彼女が描きはじめるのが、血のほとばしる激しい表現で有名な《ホロフェルネスの首を斬るユディト》（一六一二―一三年、ナポリ、カポディモンテ美術館）（図Ⅳ-17）――フィレンツェのウフィツィ美術館にも別ヴァージョンがある――である。一般的な解釈によると、ユダヤの賢女がアッシリアの軍人の首に剣を鋭く突き立てるこの攻撃的な作品には、タッシによる強姦の苦い記憶が投影され、いわば仕返しのような意味が込められているとされるが、映画ではその出来事以前に着手されているから、こうした見解も退けられることになる。この場面の少し前、カラヴァッジョの同主題の絵を見たアルテミジアは、「まるでパンを切るみたいに首を斬っている」と感想を漏らすのだが、このときから彼女は、パンを切るほど易々とはいかない斬首の場面を思い描いていた、というわけなのだろう。

顔をこちらに向けてベッドでポーズをとるタッシを、アルテミジアは例の「ヴェール」を用いて描いている。本当にこんなことがあったとは考えにくいが、ここで注目すべきなのは、透視図法にかかわるルネサンス以来のジェンダーの図式がきれいに転倒されていることである。名高いデューラーの版画（一五二五年頃）も示しているように、伝統的には、「ヴェール」の手前にいる男の画家が、片目をしっかりと固定させ、格子縞の助けを

図Ⅳ–18　デューラー《遠近法の装置で女性のヌードを描く画家》

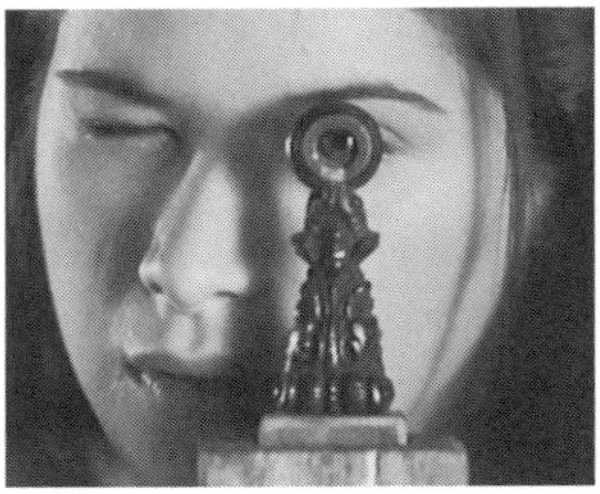
図Ⅳ–19　『アルテミシア』より

借りて、その向こうに横たわる裸の女を短縮法で描くというのが定石である（図Ⅳ–18）。ところが映画では、この関係が完全に逆転している。半裸の男の短縮を、視覚装置を用いて測って描いているのは女の画家なのだ（図Ⅳ–19）。

しかも女流画家の卵にとって、タッシは教師でありつつも、同時にいわばミューズのような存在でもある。はるかに年長の師に面と向かって、「わたしはきっとあなたを超えるでしょう」と言い放ったりもする（そして本当にそのとおりになった。今日、タッシの名前を知るのはごく一部の専門家だけであろう）。このジェンダーの転覆は、監督メルレによってはっきり意図されたものに違いない。このことは、フェミニズムの批評家たちも見落としている点で、わたしはあえて強調しておきたい。

## 家父長的な権威への抵抗

この絵の制作が進むにつれ、画家とモデルは次第に恋に落ちていく。画家とモデルのロマンスも、小説や映画でよくある話で、たいてい画家は男でモデルは女というのが一般的だから、この点でもまた本作は逆転していることになる。アルテミジアはタッシの求愛をいちどは拒絶するも、誘惑には勝てずに恐る恐る処女を捧げる。血に染まる彼女自身の指を、彼女のショックの証として、カメラはクロースアップでとらえる。こうしてタッシは、彼女の芸術と性を目覚めさせる存在となる。

そもそも二人は愛し合っているのだが、嫉妬深い父親が強引に割り込んできて裁判に訴え、彼女の愛を踏みにじり、彼女を悩ませ、その行く手を阻む。彼女は必死で父親に抵抗し反論する。メルレが告発するのは、「レイプ」とされる事件そのものであるよりもむしろ、手前勝手な父親の面子の方であるように思われる。「レイプ」そのものが家父長的な法制度の支配下にあったのだ（2013, Vidal 153）。そのために彼女は、屈辱的な身体検査と痛ましい拷問という、セカンド・レイプを受けることになる。修道女たちに股間を探られたうえに、革紐で指をきつく縛られて血の出るまで締めつけられる「シビッレ」と呼ばれる拷問を受ける（図Ⅳ-20）。映画はこれらの場面をかなり克明に記録していく。

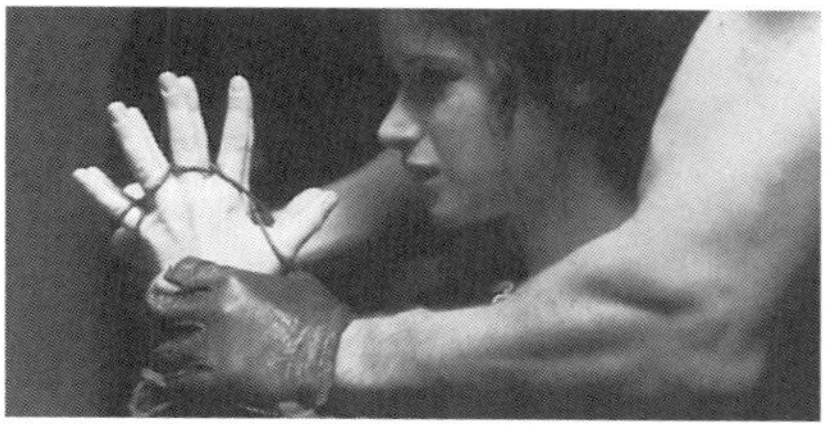

図Ⅳ-20　『アルテミシア』より

が、それをも克服するアルテミジアは、最後にはタッシにも父親にも別れを告げて画家として生きることを選択する。実際には、裁判後、父オラツィオは娘を、フィレンツェに移住させてその町の三流画家ピエル・アントニオと結婚させたというから、この点でも映画はあえて事実を曲げていることになる。

こうして、父親であれ強姦者（あるいは愛人）であれ、彼女は、自分がその犠牲者であることをきっぱりと拒絶する。あるいは、女流監督のメルレは、愛の犠牲者や芸術の殉教者という、これまでのビオピックの紋切り型を逆手に取っている、というべきであろうか。一九八〇年代のフェミニストたちがそう考えていたのとは違って、犠牲者としてのトラウマとその克服のなかから彼女の芸術が生まれてくるわけではないのだ。映画は最終的にそう主張しているように思われる。

## つくられた「メキシコ性」

同じく女流監督ジュリー・テイモアによる『フリーダ』もまた、主人公が見る主体と見られる客体のあいだを揺れ動くという点で、両義的な性格をもっている。ストーリーは、ヘイデン・エレーラの伝記小説『フリーダ・カーロ 生涯と芸術』(一九八三年)を緩やかになぞっているが、映画のフリーダ(サルマ・ハエック)は、愛人であり夫でもある画家ディエゴ・リベラ(アルフレッド・モリーナ)との関係においても、またそのバイセクシャルの戯れにおいても、原作よりはるかにエロティックな存在として登場する。それゆえ、こちらもまたフェミニズム的な観点から批判されてきたという経緯がある。

たとえば、本当のフリーダは政治的な左翼として、もっと自己啓発的で自律した画家だったにもかかわらず、映画では男を喜ばせるブルジョワ的な人物に変えられてしまった、という批判が一方である(Bartra & Mraz)。たしかに、彼女の政治的コミットへの言及は最小限に抑えられ、しかもロマンスへと解消される。亡命したレフ・トロツキーをリベラとともに迎え入れたが(一九三七年)、そのトロツキーと肉体関係まで結んでしまうのだ。このときには《レフ・トロツキーに捧げる自画像》(ワシントン、国立女性美術館)を描いていた彼女は、あろうことか後にスターリンを偶像視することになるが(一九五四年には、スターリンの「イコン」とツーショットの自画像を描いている)、この点について映画はあくまでも沈黙を守っている(代わって終盤、壁に飾られた毛沢東の写真が一瞬だけフレームに入る)。

ちなみに、本章のはじめに触れたフェミニストの映画理論家ローラ・マルヴィは、かつて一九八三年に、映像作家のピーター・ウォレンと共同で『フリーダ・カーロとティナ・モドッティ』という短編ドキュメンタリー（二十九分）を製作しているが、こちらは、二人の女流アーティストを忘却の底からよみがえらせようとする啓蒙的な意図の強い作品になっている。イタリア出身の女性写真家でコミュニストでもあったティナ・モドッティは、テイモアの映画にも登場するのだが、戦う社会派の写真家といった顔はほとんど見せることなく、フリーダとペアでラテンダンスを披露するエロティックな身体へと変貌している。アンドレ・ブルトンが企画した『メキシコ展』（一九三九年）のために滞在したパリでも、映画のフリーダは、黒人ダンサー――当時パリで芸術家たちのミューズ的存在であったジョセフィン・ベーカーをモデルにしているのだろか――とレズビアンの一夜を明かしている（実際には、パリの展覧会にもなじめず、病気で寝込みがちだったようなのだが）。

一方、二十回以上ともいわれる外科手術をめぐっては、リベラの注意を引き愛情をつなぎとめておくために繰り返していたとされるが（いわゆるミュンヒハウゼン症候群）、これについて映画では触れられていない点が指摘されている（Hollinger 184）。また、メキシコ革命以後にとりわけ知識人のあいだで広まった「メキシコ性（メキシカニダード）」というイデオロギーに関しても、リベラからの影響を無視して、彼女独自のものとして描いているという批判もある（Lent 71－73）。パリやニューヨークの公式の場でも彼女が先住民族の衣装をまとうのは、みずから進んでというよりも、リベラの好みに合わせようとしていたからだった。「死者の日」の祭りや古代遺跡テオティワカンの描写などメキシコの表象も、アメリカの観客を意識した観光的で紋切り型のもの――エスニックな他者の商品化――にとどまっている。「トランスナショナルな文化イコン」としてのフリーダを使って、メキシコを観光のまなざしに合致させようとしている、というわけだ（Shaw 304）。とはいえ

図Ⅳ−21　『フリーダ』より

これは、いわゆる他者の表象においてよく起こることではある。映画のラスト、はじめてのメキシコでの個展（一九五三年）の会場にベッドに寝たまま駆けつけたフリーダが、「音楽はどうしたの」と催促すると、彼女を祝福するように、たちまち『ラ・ヨローナ（泣き女）』のメロディーが流れてきて、欧米でも人気の高い歌手リラ・ダウンズ本人が男装の民族衣装に身を包み、ベッドの傍らでその曲を熱唱する。これもまた、観客への気の利いたサービスである。

## 「女性版ゴッホ」としてのフリーダ

さらにこの映画は、大筋において「殉教」や「犠牲」というビオピックの伝統的なパターンをなぞるものでもある。十八歳のときに通学の乗合バスで遭遇した交通事故は、その後の彼女の人生に深い影を落とすことになるが、序盤にスローモーションで描かれるそのシーンの最後の俯瞰ショットは、長い鉄棒が太股を貫通する痛ましい体の上から、（乗客の職人のもっていた）金箔が雨のように降りかかる様子をとらえる（図Ⅳ－21）。その瞬間はまるで、聖セバスチャンの女性版のようでもある。このときから映画のなかの彼女は、身体の苦痛と愛の苦悩、障がいの身体とセクシャルな身体のあいだを揺れ動くことになる。

とはいえ、本作は、こうしたビオピックのコードをむしろあえて自覚的に使うことによって、新参のフリーダを、ゴッホやミケランジェロといった男の芸術家に比肩させようとしたという、少々うがったポストフェミニズム的解釈もある（Polaschek 103）。たしかに、ほぼ同時期に製作されたエド・ハリスの『ポロック』におけるジェンダー関係——主役のポロックと脇役のリー・クラズナー——をちょうど裏返したかのように、ここでは、リベラがフリーダの引き立て役に回っている。

あるいは、作家シルヴィア・プラスの半生を描いた伝記映画『シルヴィア』（クリスティン・ジェフズ監督、二〇〇三年）などと並んで、ポストモダンの「シックな映画」への回帰のなかに位置づける研究者もいる（Garrett 148）。こうした解釈はおそらくまんざら的外れではないだろう。監督のテイモアも、そして、映画化を温めてきたメキシコ出身の女優サルマ・ハエック——プロデューサーのひとりとしてもクレジットされている——も、たしかに古典的なハリウッドの伝記映画のコードを意識的に借用することで、フリーダを「女のゴッホ」や「女のロートレック」にまで引き上げようとした、ということは大いに考えられる。そして、その後の女流画家の広い人気にかんがみるなら、それはある程度まで功を奏したのだ。

## 芸術としての人生、人生としての芸術

それを後押ししているのが、伝記と絵画とをストレートに結びつける手法である。これはエレーラの原作においてすでに予見されていたものではあるが、映画においては、わたしたち観客の目の前で、人生のシーンが絵画へとそっくりと変わっていくから（あるいはその逆もある）、彼女の人生こそが芸術であり、芸術こそが人生であるという印象が強められる。実際にもその絵画は、描き手自身の祈りや願いや痛みと強く結びついた「奉納画《エクス・ヴォート》」といった性格が強い。絵と出来事の年代が一致しないとして、これを批判的にとらえる向きもあるが（Lent 74）、ポストモダンとポストフェミニズムの時代にあって、映画は確信犯的

図Ⅳ-22　『フリーダ』より

にそれをやっているのである。

たとえば、リベラとの結婚の場面、《フリーダとリベラ》（サンフランシスコ近代美術館）の絵のなかの二人がそっくりと現実の姿になって、仲間たちと宴に興じている。結婚は一九二九年のことで、絵は一九三一年に描かれたものだから時間のつじつまが合わない、と批判するのは野暮なことである。《髪を切る自画像》（一九四〇年、ニューヨーク近代美術館）も、フリーダの実妹にまで手を出した女癖の悪い夫に愛想をつかして、絶望のなかで自慢の長い黒髪をばっさりと切りとるシーンと重ねられる。絵のなかの彼女は、ハサミをもったままぐったりとうなだれていく（図Ⅳ-22）。この出来事も一九三五年のことで、同年の《ちょっとした刺し傷》（メキシコ・シティ、ドローレス・オルメド美術館）にこのときの痛手が投影されているといわれるが、映画では、あえて五年も後の作品が選ばれているのである。それというのも、裸の女が血まみれでベッドに横たわる画面よりも、男装のヒロインが感情に任せて美しい黒髪を切り落とし床にまき散らかす場面の方が、映像としての効果が高いと判断されたからであろう。

ヴィンセント・ミネリの『炎の人ゴッホ』でも、現実と絵とが行き来することはあったが、それは風景や静物の場面に限られていた。が、CGの発達した今や、絵のなかの人物を自在に動かして現実の映像へと転換させることも不可能ではなくなった。痛みと衰弱が進行していくなか、医師から足の切断を宣告されると、《ひび割れた背骨》（一九四四年、メキシコ・シティ、ドローレス・オルメド美術館）のイオニア式円柱はもろくも崩れ落ちていく（図IV－23）。ラストに登場する《夢あるいはベッド》（一九四〇年、ニューヨーク、セルマ&ネスビ・アーティガン・コレクション）は、画家の死の床とみなされ（こちらもまた一九五四年という没年と一致しない）、上のユダ人形に取り付けられたダイナマイトが爆発すると（図IV－24）、彼女のベッドにも引火して炎を上げるところで画面がフリーズする（おそらく火葬されたことを暗示するのだろう）。あえて年代の不一致を無視してイメージの類似に重きを置いた、このような絵画と映像との双交通は、数え上げるときりがないほどだ。

図IV－23（上）IV－24（下）『フリーダ』より

## 映像の実験――アニメーションとフォトモンタージュ

さらに本作は、これら以外にもさまざまな手法による映像が試みられていて、それが見所にもなっている。たとえば、先述した交通事故のショットの直後、画面は突然、数体の骸骨――メキシコの祭り「死の日」に登場するような骸骨――の医者が病院で手術を施している場面へとディゾルヴで転換するが、この約三十秒のシーンは、ストップモーション・アニメーションの第一人者クエイ兄弟によって製作されている（Cheshire 70）。そのコミカルでスピード感のある映像は、この映画を通俗的なメロドラマから救いだすのに重要な役割

図Ⅳ－25　『フリーダ』より

を果たしている（図Ⅳ－25）。この場面はまた、麻酔のなかにあるフリーダの脳裏に去来している夢のイメージのようにも見える。というのも、このアニメーションにすぐつづいて、フリーダの閉じた両目が大きくクロースアップになり、まぶたを開くと、二つの瞳に先ほどの骸骨がくっきり映りこんでいるからである。

　一方、映画の中盤、フリーダとディエゴの二人が「グリゴランディア（ヤンキーの国）」に到着する場面では、二十世紀の初頭に生まれたフォトモンタージュの手法が巧みに応用されている。撮影当初の予定では、二人がニューヨークの五番街を闊歩するというものだったらしいが、それでは平凡に過ぎると監督テイモアは判断した結果である（Cheshire 68）。もちろん、製作費を軽減するという経済的な理由もあったと思われるが、フリーダ自身もアメリカで制作した《わたしの衣装が掛かっている》（一九三三年、ＦＥＭＳＡコレクション）において、画面の下部、その国の資本主義を象徴する労働者たちの集団に、この手法を利用していた。ちなみに、フォトモンタージュの創始者のひとりとされるのは、フリーダよりも二十歳近く年長のドイツの女流ダダイスト、ハンナ・ヘッヒ（一八八九―一九七八）であるが、このことをメキシコの女流画家（そして監督のテイモア）が意識していたかどうかは定かではない。

　さて、その場面は、ニューヨークやアメリカを象徴するさまざまな白黒写真と映像のモンタージュのなかを、二人が左から右に動いていくというものだが（三十数秒）、その写真は次のようなラインナップである。最初は、自由の女神やエンパイアステートビルやブルックリン橋といった観光名所がくるが、次第にフォードの自動車工場、労働者たちの集団、中華街や貧民街などが現われてくる（時はまさに大恐慌時代の真っ只中）。社会派の写真家ルイス・ハインが発電所で働く若者をとらえた有名な写真（一九二〇年）もあれば、労働組合が発行していた雑誌の表紙もある（図Ⅳ-26）。

図Ⅳ-26（上）Ⅳ-27（下）『フリーダ』より

このパンショットの最後近く、リベラとフリーダの大きな顔写真がモンタージュされていて、二人が真反対の方角——彼が左、彼女が右——を向いているのも象徴的である。つまり、リベラはアメリカでの成功に野心を燃やしているのだが、フリーダは早くも違和感を抱きはじめているのである（実際にも、《メキシコと合衆国の境界に立つ自画像》［一九三二年］のような作品を残している）。つづくショットで、『キングコング』（一九三三年）を映画館で見ているフリーダの脳裏をかすめるのは、エンパイアステートビルの外壁をよじ登る怪獣ならぬディエゴの姿である。アメリカを驚嘆させ征服するという野望にディエゴは燃えている、というわけだ。実際にも、ロックフェラーセンターの壁画は、労働者たちのあいだにレーニンの肖像を描き込んだために取り壊しにはなったものの、アメリカ中に彼の名前を知らしめることになる。

　一方、彼女の方はというと、流産や母親の死などが重なって、メキシコへの郷愁の念をますます募らせている。そのことでディエゴと言い争いになって、ふと窓の外に目を向けると、ニューヨークの空に雪が舞っていて、彼女の民族衣装がその雪にさらされている（図Ⅳ－27）。そのショットは、先述した《わたしの衣装が掛かっている》からヒントを得たもので、フォトモンタージュの使われたこの絵は実際に、アメリカの資本主義や商業主義にたいする批判と、故郷メキシコへのノスタルジーとが重ね合わされていると評される。すると今度はディゾルヴで、もういちどメキシコの青い空に舞台が戻ってきて後半へとつながっていく。

このように本作は、ビオピックの伝統的な手法や筋書きを意識的に用いながら、随所に新しい映像表現を織り交ぜたポストモダン的な作品に仕上がっている。フリーダ・カーロというメキシコの女流画家の名前が、今日、世界的にも広く知られるようになったとするなら、その功績の一端はたしかに、「女のゴッホ」として彼女をプロモートしようとしたこの映画に求められるだろう。

# V

## ベル・エポックの画家たち
### ロートレック、モディリアーニ、ゴーガン

もし仮に一瞬でも、古き良き時代のパリに、芸術家たちが夜ごとカフェに集っては酒を酌み交わし議論を戦わせていたベル・エポックのパリにタイムスリップできるとしたら……。そんな夢のような話を、お得意の軽妙なユーモアとペーソスを交えて描いているのが、ウディ・アレンによる大人のファンタジー『ミッドナイト・イン・パリ』（二〇一一年）である。ビオピックというジャンルからは外れるかもしれないが、あえてこの作品から本章をはじめることにしよう。

#### ベル・エポックへのタイムスリップ

ハリウッドの売れっ子脚本家であるにもかかわらずそれに飽きたらず、小説家になることを夢見る主人公ギル（オーウェン・ウィルソン）が、婚約者と実業家のその両親とともに憧れのパリに婚前旅行に来ている。フィアンセのご機嫌をとって観光やパーティーに付き合うことにそろそろ嫌気がさしてきたギルは、ある夜ひとりパリの街を徘徊していていると、モンパルナス界隈で道に迷ってしまい、やや途方にくれる。するとそこに、レトロな黄色いプジョーがおもむろに停まって、夜のパ

ーティーへ誘われる。屋敷には正装した多くの客がいて、女たちはみんな一九二〇年代に流行したアールデコ調のスリムなファッションに身を包んでいる。若き日のコール・ポーターが自作の『レッツ・ドゥー・イット』をピアノで弾き語りしている。ひとりの女がゼルダと名乗ると、夫の作家フィッツジェラルドも姿を現わし、ジャン・コクトー主催の夜会であることをギルに告げる。戸惑いながらも好奇心を隠し切れない主人公。さらに彼らがそろってポリドールに場を移すと、このカフェ・レストランがいたくお気に入りのヘミングウェイがひとりで酒を飲んでいる。憧れの大作家に小説を書いていることを打ち明けると、彼から励まされ、おまけに有名な美術収集家で作家でもあるガートルード・スタイン（キャシー・ベイツ）に紹介してくれるという。思わず興奮したギルは、ホテルに自分の小説の原稿を取りに帰ろうとポリドールを出て歩きはじめるが、少しして引き返してみると、つい先ほどまでレストランのあったと思しき場所には、コインランドリーの明かりが煌々とともっている。まるで狐につままれたかのようだ。さて、この夜ここで、いったい何が起こったのだろうか……。

翌夜、今度はフィアンセを誘い、原稿をしっかりと携えて期待とともに同じ場所にやってくる主人公。だが、待てども待てども、いっこうに例のプジョーが姿を見せる気配はない。業を煮やした彼女が、彼を残してタクシーを拾った矢先、昨夜と同じ鐘の音が真夜中の零時を告げると、黄色いプジョーに乗ったヘミングウェイがやっと到着。今度は、昨夜の約束のとおり、ガートルード・スタインのもとに案内される。すると、そこでは彼女が、ピカソの描いた愛人「アドリアーナの肖像」について、画家本人と論争の真っ最中である。性欲を爆発させた娼婦のようだ、本当の彼女はもっと繊細な官能美だと皮肉るガートルードにたいして、これこそ彼女の動きそのものだと自己弁護するピカソ。部屋の壁には、同じくピカソが描いた有名な《ガートルードの肖像》（一九〇五―〇六年、ニューヨーク、メトロポリタン美術館）や、ポール・

**図V–1**　『ミッドナイト・イン・パリ』より

セザンヌの水浴図、ジョルジュ・ブラックの静物画などが、所狭しと並べられている（**図V－1**）。実在するその絵の本当のタイトルは《水浴する女》（一九二八年、パリ、ピカソ美術館）で、「アドリアーナの肖像」というのは映画の創作である。ピカソの愛人という魅力的なアドリアーナ（マリオン・コティヤール）は、ココ・シャネルに憧れてファッションを学ぶためにパリに出てきて、かつてはモディリアーニと半年をともに暮らし、ブラックとも付き合っていたという。そのアドリアーナにギルも強く惹かれていく。

女性遍歴の派手なピカソだが、この当時アドリアーナという名の愛人がいたという記録はないし、またモディリアーニにもその証拠はないから、こちらもやはり本当のような嘘の話である。ただ、ヘミングウェイにはアドリアーナ・イヴァンチックという若いミューズがいて老作家は大いに刺激を受けたというが、これはずっと先の第二次大戦後のヴェネツィアでの話である。とはいえ、名前は彼女から借りているのだろう。多くの画家や作家たちと浮名を流すという設定には、藤田嗣治のモデルとしても名高い「モンパルナスのキキ」（本名アリス・プラン）のイメージも重なっている。

## 「パリがいちばん輝いていた時代」

いずれにしても、「黄金時代」へのタイムスリップを繰り返すうちに、いつの間にかその目的はアドリアーナとのランデヴーに変わるが、芸術家

**図V-2**　『ミッドナイト・イン・パリ』より

たちとの新たな出会いも待ち受けている。『アンダルシアの犬』（一九二九年）を準備していたころの画家ダリと映画監督ルイス・ブニュエル、そして写真家のマン・レイの登場はそのひとつで、このシュルレアリストたちと語り合った後、ホテルに帰った主人公は殊勝にもフィアンセに、自分の小説は論理的すぎて、シュールな想像力に欠けるなどと自己分析したりする。

そのシュルレアリストたちの奇抜なパーティーでアドリアーナと再開したギルが愛を語り合っていると、突然どこからともなく古めかしい馬車がやってきて、二人を今度は一八九〇年代のパリへと誘う。アドリアーナが憧れてやまない「パリがいちばん輝いていた時代」である。すでにタイムスリップしているギルにとっては、この体験は二重の時空の飛び越えになる。その時代を象徴するのは、モンマルトルのキャバレー、ムーラン・ルージュであり、そこで人気の出し物フレンチ・カンカンである。もちろん、店の常連で有名なポスターを描いた画家ロートレックもちゃんとテーブルについていて、ひとり酒を飲みながら踊り子や客たちをデッサンしている（**図V-2**）。そこにゴーガンとドガが現われて、自分たちはルネサンスに生まれたかったなどとつぶやく。彼らにとっての「黄金時代」はダ・ヴィンチやミケランジェロの時代なのだ。「黄金時代」の神話的ルーツは、古代ギリシアのヘシオドスにさかのぼるが、ルネサンス、とりわけメディチ家の頭首ロレンツォ・

イル・マニーフィコ支配下のフィレンツェの芸術文化の繁栄に「黄金時代」の呼び名を与えたのは、『芸術家列伝』を著わしたジョルジュ・ヴァザーリであった（「ボッティチェッリ伝」の冒頭）。もちろん、ゴーガンやドガがその時代にタイムトリップすることはできないが、アドリアーナはこのチャンスに乗じて「いちばん輝いていた時代」のパリにそのまま留まる決心をする。

## 時空を超える――映画のメタファー

たしかに、わたしたちにも身に覚えがあるように、パリの街を「遊歩者《フラヌール》」（ベンヤミン）のように彷徨うとき、あるいはフィレンツェの厳かな教会堂や宮殿の数々に足を踏み入れるとき、まるでベル・エポックやルネサンスの時代にタイムスリップしたかのように感じられることがある。ある意味では映画というものそれ自体が時空を飛び越えるための装置でもあるが、ウディ・アレンの本作は、それを、いささかロマンチックに過ぎるきらいがなくはないといえ、芸術家の夢と郷愁に重ね合わせる。

最終的に、現実主義者のフィアンセとアメリカを捨てて、パリに残ることを選択する主人公ギルは、監督ウディ・アレンの願望を投影するアルターエゴでもあるだろう。八十歳を迎えようとする監督が、もういちど青春の夢を見ようとしたのかもしれない。その夢のなかに登場する作家や画家、映画監督たちには、まるで動く蠟人形のような奇妙な存在感が与えられ、ほのかに偶像化のヴェールに包まれてもいるのだが、同時にややカリカチュア化され、アイロニーが込められたところもなくはない。たとえば、ルイス・ブニュエルに向かってギルは、新しい映画のアイデアを思いついたといって、ある夜会が終わってもなぜか客たちは屋敷から抜けだせなくなってしまうという粗筋を提案するのだが、そしてそれはもちろん、このスペイン人監督が後に撮ることになる『皆殺しの天使』（一九六二年）を踏まえているのだが、このときのブニュエルは、どうして出て行かないのか理解できない、という理屈っぽい返事をするだけである。またダリには、彼の性的オブセッションとして知られるサイについて何度も語らせているが、それが幾つかの作品となって表面化するのは、わたしの知るかぎり、一九五〇年代になってからのことである。

「失われた世代」の名付け親でもあるガートルード・スタインのサロンに象徴される二十世紀はじめのパリと、ムーラン・ルージュに彩られた十九世紀末のパリ、美術史でもおなじみのこれら「黄金時代」は、たしかにスクリーンにもしばしば登場してきた。セザンヌやマティスやモディリアーニの贋作をテーマに、「失われた世代」の有名無名の画家、画廊主、コレクターたちのもつれ合いを想像力旺盛に描いた、アラン・ルドルフ監督のコメディー『モダーンズ』（一九八八年）もそのひとつである。

ちなみに、この映画によると、ニューヨークの近代美術館が所有している（とされる）彼らの作品――セザンヌの水浴画、モディリアーニの裸婦、マティスのオダリスク――は、架空の画家ニック（キース・キャラダイン）の模写ということになり、強烈なアイロニーが利いている。一九二九年のこの美術館のオープニングに、まるで凱旋でもするかのように、ニックたち一行がパリから訪れている。目利きとおぼしき男が、これらの絵を前に仰々しく講釈をたれ、「コピーは不可能だ」と言い切るのを、そばで得意顔に聞いているニック。美術館を出るや否や、彼らが真っ先に向かう先は映画の都（となりつつある）ハリウッドである。かくして、花形の芸術は、絵画から映画へ、パリからハリウッドへ移るというわけだ。『モダーンズ』にもまた、『ミッドナイト・イン・パリ』と同じように、どこかポストモダン的な郷愁と皮肉が漂っている。

## 三十六・三十七歳で逝った芸術家たち

ところで、この時代の画家でゴッホにつづいてビオピックに好んで取り上げられるのは、ロートレックとモディリアーニではないだろうか。というのも、酒に溺れて短い生涯を遂げる二人は「ボヘミアン」の典型で、各々の時代を短いけれども激烈かつ劇的に駆け抜けていった、とされるからである。偶然にもどちらも同じ三十六・三十七歳という若さでこの世を去っているのだ。

あるイタリアの美術史家によると、同年代で世を去った芸術家たちは、ゴッホをはじめとして、ルネサンスのラファエッロ、マニエリスムのパルミジャニーノ、バロックのカラヴァッジョ、そしてロココのアントワーヌ・ヴァトーと、不思議と各時代に点在していて、これら「若き天才」たちは、その「永遠の若さ」とともにわたしたちの記憶に刻まれているという。この年代はまた、しばしば（とりわけ男の）人生の絶頂期とみなされてきた（Caroli）。さらに音楽家でも、モーツァルト、メンデルスゾーン、ショパンらがやはり同じく三十代の後半で生涯を閉じている。フロイト流の言い方をするなら、この絶頂期に、エロス（生の本能）とタナトス（死の本能）とが激しくぶつかり合って、後者が前者を打ち負かしてしまったということだろうか。「恐るべき子供たち」エゴン・シーレやバスキア（いずれも二十八歳で他界）のように、あまりにも若すぎる死というわけではなくて、むしろ壮年期のとば口で逝ってしまったからこそ、その後に期待される成熟や円熟の姿を見られなかったことが、なおさらのように惜しまれるのかもしれない。

ティツィアーノやミケランジェロといった大芸術家は、十六世紀という時代にほとんど奇跡的にも九十歳近くまで生きて、しかも老いてなお創作意欲の衰えることなく、年齢にも負けない充実した傑作の数々を残すことができた。一方、ラファエッロやパルミジャニーノ、カラヴァッジョやヴァトーは、それぞれ順に、永遠に老いることのない洗練された宮廷人として、やや神経質でナルシシスティックでもある虚像として、激しくも劇的に生と芸術を駆け抜けた時代の反逆児として、メランコリックだがきわめて繊細な典雅の創造者として、後世に伝えられてきた（彼らの自画像とされる作品もまたそうした印象に貢献している)。それらはしかし、いまだ若かりしころの彼らのイメージであって、その後どう変わっていくのかは、残念ながら知る由もないのだ。

## 二人の「ロートレック」と二人の「モディリアーニ」

さて、ここでロートレックとモディリアーニに戻るなら、どちらも二度ずつスクリーンに上がっているのは、偶然の一致であろうか。ロートレックは、ジョン・ヒューストンの『ムーラン・ルージュ 赤い風車』(一九五二年)と、ロジェ・プランションの『ロートレック 葡萄酒色の人生』(一九九八年)として。モディリアーニは、ジャック・ベッケルの『モンパルナスの灯』(一九五八年、原題「モンパルナスの恋人たち」)と、ミック・デイヴィスの『モディリアーニ 真実の愛』(二〇〇四年)として。いずれも、最初は一九五〇年代に、そして二〇〇〇年前後にふたたび映画化された、という点でも共通している。さらに、アメリカとフランスという違いはあるにしても、それぞれ前作がヒューストンとベッケルという名高い監督によるものであるのにたいして、第二作はまだ若手の監督がメガホンをとっている。ヒューストンはまた、ロートレックやパウル・クレー、シャイム・スーティンやフアン・グリスなど、モダンアートの収集家でもあった(Walker 29)。

一方、ベッケル作品は、もともと名匠マックス・オフュルスが晩年に温めていた計画を引き継いだというういわくつきのものである(Delmas 84–86)。それゆえ、どちらの画家のビオピックの場合にも、新作は旧作を強く意識せざるをえなかったはずである。ジョン・ヒューストンとジャック・ベッケルのものは見たけれど、後の二作は知らない、という往年の映画ファンも少なくないだろう。実のところ、かくいうわたしもそのひとりであった。

## 対照的なロートレック像——ハリウッド映画とフランス映画

たしかに、ロートレックの場合もモディリアー二の場合も、前作と後作とでは画家のイメージががらりと変わっているといっても過言ではない。ヒューストンのロートレック（ホセ・フェラー）が、未練がましくて陰鬱で孤独な男であるのにたいして、プランションの画家（レジス・ロワイエ）は、ユーモアと遊び心があって周りからも慕われる男である。酒に溺れるという点では共通しているものの、前者はほとんど笑顔を見せることはないが、後者はたいてい悪戯好きの表情をしていて、おどけた写真でおなじみの、日本の着物をまとって烏帽子を被った姿でも登場し、片言の日本語を披露したりもする（図V－3）。名優ホセ・フェラー演じる画家が、ルーヴル美術館の《ミロのヴィーナス》を前にして、その美をほめたたえ、「偉大な芸術は単純ではない」とコメントするのに反して、駆け出しの役者レジス・ロワイエが演じる画家は、仲間たちとルーヴル美術館に入っては、過去の傑作の前で冒瀆的な行為もいとわない。

　その身体的ハンディキャップから、前者はセックスにたいして抑圧的だが、後者ははるかに開放的である。たったひとりの娼婦マリーに振り回され愚弄され捨てられる前者とは裏腹に、後者は多くの娼婦たちの「アイドル」でもある（図V－4）。実際のロートレックがどうであったかは別にして、第一作が、あくまでも画家を悲運の天才にして悲劇のヒーローとして、いささか感傷的に描こうとするのにたいして、第二作は、ハンディキャッ

**図V–3（上）V–4（下）**『ロートレック 葡萄酒色の人生』より

プにもかかわらず表向きは明るく開放的な主人公が、画家にしてモデルのシュザンヌ・ヴァラドン（エルザ・ジルベルスタイン）――数々の芸術家たちと浮名を流して誰の子かもわからないモーリス・ユトリロを産んだ女性――への思慕を貫く姿を悲喜劇調に表現する。

一方、ハリウッド映画のなかのヒューストンのロートレックは、同時代の画家や文学者たちとの交流をつとめて避け、ジョルジュ・スーラからアンデパンダン展への参加を誘われても、「落ちこぼれの集まりだ」と一笑に付して断っているが、それらは必ずしも事実と一致するわけではない。これもまた、画家の孤独を強調するための脚色である。娼婦マリーとは対照的な、自立した知的な女性ミリアム（シュザンヌ・フロン）――映画が製作された一九五〇年代においても新しい女性像だったと想像される――との恋にも破れた画家は、まるでゆっくりとした自殺を選ぶかのように、ますますアルコールに溺れていく。

これにたいして、フランス映画のなかの画家は、フェルナン・コルモンの画塾でともに学んで以来、エミール・ベルナールとは親友のような関係にあり、敬愛するゴッホとは意気投合して抱き合うこともある。さらに、「画家が神を裁く、ゴッホはそれをやった」、「絵画史のなかで僕は補足だ」と、うがったセリフも吐いている。

## 踊り子と娼婦たち

第一作のメロドラマにおいて、画家の運命はまた、ムーラン・ルージュのそれとも対応している。このモンマルトルにあるキャバレーは、ロートレックの描いたポスター《ムーラン・ルージュのラ・グーリュ》（一八九一年）（**図V-5**）によって一躍人気となり繁盛するのだが、支配人によると、そのために上流階級が押しかけるようになり、気取った客ばかりで上品になりすぎてしまった。「昔はよかった」というわけである。それを証言するかのように、少し後で、キャバレーや踊り子や娼婦たちを描いた画家の数々の絵の小刻みなモ

## 好評の既刊
＊印は11月の新刊

**三ノ池植物園標本室（上）**
ほしおさなえ　●眠る草原
植物の刺繍に長けた風里が越してきた古い一軒家。その庭の井戸には芸術家たちの悲恋の記憶が眠っていた――。『恩寵』完全版を改題、待望の文庫化！
43566-8　680円

**三ノ池植物園標本室（下）**
ほしおさなえ　●睡蓮の椅子
井戸に眠る因縁に閉じ込められた陶芸家の日下さんを、彼に心を寄せる風里は光さす世界へと取り戻せるか。感動の大団円。（東直子）
43567-5　760円

**味見したい本**
木村衣有子
読むだけで目の前に料理や酒が現れるかのような食の本についてのエッセイ。古川緑波や武田百合子の食卓。居酒屋やコーヒーの本も。帯文＝高野秀行
43556-9　740円

**あるフィルムの背景**　●ミステリ短篇傑作選
結城昌治　日下三蔵 編　昭和に書かれた極上イヤミス
43476-0　840円

**夜の終る時／熱い死角**　●警察小説傑作選
結城昌治　日下三蔵 編　警察小説不朽の名作、増補復刊
43514-9　840円

**赤い猫**　●ミステリ短篇傑作選
仁木悦子　日下三蔵 編　日本のクリスティの名作が復活
43518-7　880円

**落ちる／黒い木の葉**　●ミステリ短篇傑作選
多岐川恭　日下三蔵 編　直木賞受賞の昭和の名作ミステリ復活
43530-9　950円

**決定版 天ぷらにソースをかけますか？**
野瀬泰申　少数派はどっちだ　●ニッポン食文化の境界線?!
43528-6　880円

**飛田ホテル**
黒岩重吾　「人間の性」を痛切に描く昭和の名作短篇集
43497-5　820円

**西成山王ホテル**
黒岩重吾　「魂の観察者」が描く大阪西成の男と女
43537-8　820円

**本が好き、悪口言うのはもっと好き**
高島俊男　読む歓びを味わいつくす名著、復活！
43532-3　880円

**座右の古典**　●今すぐ使える50冊
鎌田浩毅　古今東西の名著を全50冊、一気読み！
43540-8　840円

**アンソロジー カレーライス!! 大盛り**
杉田淳子 編　読めばカレーが食べたくなる！
43542-2　800円

**談志 最後の落語論**
立川談志　人生を賭けた落語への愛！
43544-6　740円

**柴田元幸ベスト・エッセイ**
柴田元幸 編著　名翻訳家による言葉をめぐる冒険！
43545-3　840円

＊**アニマル・ファーム**
石ノ森章太郎　ジョージ・オーウェル 原作　幻の名作コミック
43559-0　740円

＊**無敵のハンディキャップ**　●障害者が「プロレスラー」になった日
北島行徳　固定観念を打ち破る感動のノンフィクション
43550-7　950円

6桁の数字はISBNコードです。頭に978-4-480をつけてご利用下さい。

ンタージュによる一分余りのシークエンス（バックの音楽のリズムに呼応する、緩急のついたほぼ九十ものカットからなる）も用意されている。ポスターのモデルとなった踊り子ラ・グーリュも落ちぶれて酒に逃げ、乞食のような生活をしている。彼女もまた、「ポスターがムーランを変えてしまった」と嘆く。

ちなみに、展覧会で酷評された画家がひとり娼館に向かう場面でも、その扉口をまたいだと思いきや、画面が唐突に、ロートレック描く絵のなかの娼婦たちのモンタージュ（十八のカットからなる約一分余り）に、ディゾルヴで移っていく。検閲制度（ヘイズ・コード）への配慮であろうが、同時にこの画家の作品の特徴を観客にアピールする機会でもある。生前のロートレックは、望んで娼館で生活しそこでも絵を描いたのだが、一九五二年のこの映画は、いわば自己検閲ゆえにその姿を表現することができないため絵で代用している、という言い方もできるだろう（Walker 37）。

図Ⅴ-5　ロートレック《ムーラン・ルージュのラ・グーリュ》

一方、一九九八年の『ロートレック』は、先述したように、世紀末パリの娼婦たちと画家との絡みを遠慮なく描く。画家が描いたポスターによって不死の命をもらったモンマルトルの伝説の歌手、アリスティード・ブリュアンとも親しい関係である。さらに、ムーラン・ルージュの踊り子たちと気まぐれに戯れ、ハンディキャップなど何のその、床を這うようにしてその踊りの輪のなかに進んで入っていくところを、カメラは背後からしっかりとらえている（図Ⅴ－6）。踊り子たちの前でもいつもどこか暗い表情のハリウッドのロートレックとは、やはり好対照である。ほぼ中盤に置かれた三分間余りのこのフレンチ・カンカンのシークエ

図Ｖ–６　『ロートレック 葡萄酒色の人生』より

ンスは、本作の見せ場のひとつで、ジャン・ルノワールの偉大な先例『フレンチ・カンカン』（一九五四年）に範をとるものだが、迫力の点でやや見劣りがするのは否めない。

## ロートレックが愛したパリを再現する

ヒューストンの場合にもやはり最大の見せ場はこのカンカンの場面で、これはジャン・ルノワールよりも二年早いものになる。「ロートレックに絵筆を戻して、しばし彼が愛したパリの町や時代を再現してみよう」、というサブタイトルとともに幕を開ける本作は、滑らかに流れるようなカメラの動きによって観客を最初からいきなりムーラン・ルージュへと誘い、その華やかなダンスショー（約三分半）に立ち会わせる。画家が描いた有名なポスターのモデルとなった「ラ・グーリュ」と「骨なしヴァランタン」も、当時を髣髴させるように踊りを競い合う（図Ｖ－７）。音楽は、エリック・サティやジャン・コクトーとも交友のあった「フランス六人組」のひとり、ジョルジュ・オーリック。互いに競い合うようにして踊るダンサーたちを、カメラはおよそあらゆるアングルからとらえる。その間、踊り子たちをスケッチしている画家の手だけが二度短くさしはさまれる。たとえば、前年のヴィンセント・ミネリによる『巴里のアメリカ人』の有名なラストのダンス・シークエンスが、ジョージ・ガーシュウィンの同タイトルのジャズ風シンフォニーをバックに、タップダンスを取り入れたアメリカ風のパリだったとすれば（カンカンの場面ではロートレックもテーブルについている）、ヒューストンはフランスの作曲家を起用することで、そのサブタイトルどおり、十九世紀末のパリの雰囲気を再現しようと試みるのだ。

**図V–7**　『ムーラン・ルージュ 赤い風車』より

　この最初の場面につづいて、カメラがキャバレーの客たちを移動撮影で追っていくと、最後に、強い酒をあおりながらスケッチしている画家の背中がフレームに入ってくる。次にその顔が映るが、彼は決してその場の陽気な雰囲気を楽しんでいるようには見えない。この序盤のおよそ十五分間余り、映画の観客はムーラン・ルージュの客とひとつになるようにして、踊りと歌をたっぷりと堪能するのだが、肝心のロートレックだけはたいてい浮かない表情で、その場から疎外されているようにさえ見える（図V－8）。あれほどたくさんの踊り子たちの絵を残しているにもかかわらず、である。踊り子や客たちから離れて画面奥でひとり横を向いている画家を描いた《ムーラン・ルージュにて》（一八九二―九三年、シカゴ美術館）などが、そうしたショットの原点なのだろうが、そこにいささかの違和感がなくはない。祭りの後の静けさのなか、彼はひとりぎこちない足取りで真夜中のパリの街へと出ていく（図V－9）。先述したように、本作では、画家はいつも孤独に沈む表情をしていて、コンプレックスや劣等感にじっと耐えている。ミネリによるゴッホの場合がまたそうであったように、一九五〇年代のハリウッド映画のなかの画家たちは、あくまでも悲劇のヒーローにして時代の犠牲者なのだ。

図V-8（上） V-9（下）『ムーラン・ルージュ 赤い風車』より

## 「芸術は苦悩から生まれる」

とはいえこのことは、モディリアーニの最晩年の二年間を描くジャック・ベッケルの『モンパルナスの灯』の場合にもまた当てはまらなくはない。もう半世紀も前、この映画を（テレビ放映で）最初に見たときのラストの強烈な印象は今も記憶に残っている。いつものようにモディリアーニ（ジェラール・フィリップ）は、カフェの客を目当てに一枚五フランでデッサンを売ろうとするが相手にされず、おぼつかない足取りで夜の街を当てもなくさまよう。酒と病気ですでに意識は朦朧としかけているように見える。すると、その様子をじっとカフェでうかがっていたある画商（リノ・ヴァンチュラ）が、あたかも獲物を狙うかのように、やや離れて画家の後をつけていく（図V-10）。しばらくして画家が道に倒れ崩れると、場面はディゾルヴで病院へ

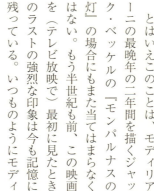

と切り替わる。おそらくは画家の「友人」だと自称するその画商がここに運んだのだろう。医者が、瀕死の患者の住所や家族のことを尋ねても、彼は無言のまま。まるで、かの衝撃的な報道写真にあるハゲワシさながらに、相手が息を引き取るのをじっと待っているのだ。

　臨終が告げられるや、画商はそそくさと病院を出て、死んだ画家のアパートに馬車を走らせる。

**図V-10**　『モンパルナスの灯』より

そこには画家の愛人のジャンヌ（アヌーク・エメ）が、事情も知らずただひとり画家の帰りを待ちわびているのだが、画商はその粗末な部屋に入ってきて、慇懃にして冷酷にも、売れないまま残る数々のタブローを、ほとんどただ同然で手に入れるのである。悲劇のうちに（ゴッホとほぼ同い年で）夭折した画家の作品の値がつり上がることを当て込んでいるのだ。その原型は、たとえば、エミール・ゾラの小説『制作』（一八八六年）に登場する「骨の髄まで投機師であり、相場師」である画商ノーデに求めることができるかもしれない。この人物は、株を買うのと同じように値上がりを見込んで絵を買う金持ち連中だけを取引の相手にしているのだ。

　もちろん、これも本当のような嘘の話だが、生前の不遇と死後の評価という対比は、ゴッホの神話、あるいは「ファン・ゴッホ現象」（エニック）に沿うものである。芸術の犠牲者という意味ではまた、『制作』の主人公クロード・ランティエの子孫でもあろう。「絵は苦悩から生まれる」、ゴッホに傾倒するモディリアーニが本作中で吐くセリフである。

画家が生きているあいだ絵は売れないと確信し、その死が遠くないことを見越している商魂たくましい架空の画商とは対照的に、詩人でやはり画商でもある友人レオポルド・ズボロフスキー（ジェラール・セティ）は、画家を世に送り出そうと献身をいとわない。にもかかわらず画家は、かろうじて売れた絵の代金をセーヌ川に放り投げてしまい、さらに、自分の絵を商標に使うためにアメリカの大富豪が買おうとしていることがわかると、プライドを傷つけられたことに絶望する（モディリアーニの今日的な人気が商業主義とも結びついていることに鑑みると、これはいささか皮肉なことではある）。

## 芸術は競合から生まれる——パブロとモディ

芸術は苦悩から生まれる、これがベッケル作品のひとつのメッセージだったとすると、ミック・デイヴィス作品のそれは、芸術は競合から生まれる、であると言っていいように思われる。「模倣（イミタティオ）」と並んで「競合（アエムラティオ）」は、古代ローマやルネサンス以来の詩学にとって、重要な概念となってきた。もちろんジャンヌ（エルザ・ジルベルスタイン）とのロマンスを欠かすことはできないが、ここでは、カイム・スーティンやモイーズ・キスリング、モーリス・ユトリロらとの交友、そしてピカソとのライヴァル関係が、やはり本当のような嘘のエピソードをふんだんに盛り込んで——やや食傷気味の感がなくはない——描かれる。スーティンとキスリングは、ロシアとポーランドと出身地は異なるものの、どちらもモディリアーニと同じユダヤ系で、その意味でも意気投合していたのである。もちろん、やはりポーランド出身のユダヤ人画商ズボロフスキーも、モディリアーニ（アンディ・ガルシア）のよき理解者にして援護者である。時は、画家の死の一年前の一九一九年、まさしくユダヤ人が冤罪になったドレフュス事件（一八九四—一九〇六年）の記憶もまだ生々しいころである。

なかでも観客を楽しませるエピソードは、ガートルード・スタインらの発案で、モディリアーニとピカソを筆頭に、スーティン、ディエゴ・リベラ、キスリング、ユトリロがそれぞれの自信作を引っさげてコンペをおこなう、といういかにも本当らしい作り話である。その起源は、今日まで語り継がれてきたピカソとモディリアーニのライヴァル関係をめぐる虚実こもごもの伝説にある。本作でも、カフェ・レストランでモディが、「どうやれば立方体とセックスできる」などと、ピカソ（オミッド・ジャリリ）をからかう場面から幕を開ける。野暮な小男パブロは、イタリアの伊達男モディからいつもバカにされていると感じている。「どうしてそんなに自分のことを嫌うのか」と問うパブロに、すかさずモディは、「愛しているよ、パブロ。ぼくが嫌いなのは自分自身だ」と切り返す（図V-11）。それはまた偽らざる本音でもある。

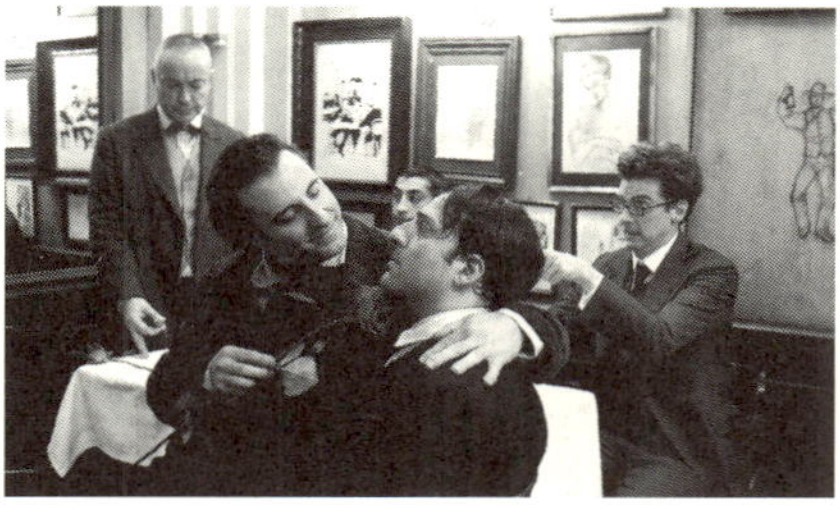

図V-11 『モディリアーニ 真実の愛』より

映画の中盤、二人連れ立って絵画の「神様」ルノアールを田舎に訪ねた帰り道、ここぞとばかりピカソは、絵で手にできるのは快適さと富と安定であること、金と長生きとたくさんの女こそが肝心で酒はほどほどに、と相手に諭すようにみずからの信条を口にする。「ピカソ様のモットーか」と一笑に付されると、パブロは、冗談めかしてピストルをモディに突きつけ、「お前と俺で違うのは、成功だ」と意気がる。痛いところを突かれて、これにはさすがのモディも返す言葉がない。いずれにせよ、ハリウッドのアクションスター、アンディ・ガルシアが演じるモディリアーニは、かつてフランスの二枚目大スター、ジェラール・フィリップが演じたあまりに繊細で傷つきやすいモディリアーニとは打って変わって、怖いもの知らずのふてぶてしい側面も見せる。スーティンやキスリングらユダヤ系の仲間たちと盗人まがいのこともしでかす。老ルノワールは、売れないイタリア人画家を一目見るなり、慧眼を発揮して、「この男は狂犬のようだ」と喝破する。

一方、ピカソのサークルには、詩人で画家のジャン・コクトーやマックス・ジャコブたちが集っていて、日本風の豪華な仮装パーティーが催されているのだが、その雰囲気に馴染めない風情のモディはやはりパブロをからかって退散する。パブロ派とモディ派との対立・競合を際立たせる演出が、本作の狙いのひとつでもあるのだ。

## モンパルナスの六人の画家による架空のコンペ

さて、待望のコンペのために、モンパルナスに集った六人の画家たちがそれぞれの出品作を準備するときがやってくる。約五分間のこのシークエンスの中心は、セリフ抜きで、ガイ・ファーリーによるオリジナル曲がポップなリズムを刻むなか、それぞれの画家がそれぞれのカンヴァスに向かって絵筆を振るう短いショット（およそ一二〇秒）の連続で構成されている。画家の顔や絵筆を握る手、あるいはパレットがクロースアップになることもあれば、画家とイーゼルとモデルの全体を回り込むようにカメラがとらえることもある。モディだけはこのときもワイングラスを離すことはない。最後はひとりひとりが作品に入れる署名のクロースアップである。

モディのモデルはもちろんジャンヌ。スーティンは、天井から吊るされた大きな生肉の塊を、キスリングは、機関銃を手に軍服の胸をはだけた二人の女を、リベラは、メキシコの国旗と思しき布を素肌にまとった女を描いている。どれも架空の作品なのだが、スーティンのものを筆頭に、たしかにありそうだと思わせるテーマと様式である。

ピカソは最初、妻オルガにギターをもたせたポーズで制作をはじめるが、すぐに別の秘密のテーマに変更してしまう。モデルを使っていないユトリロもまた、何を描いているのか、この時点ではわからないまま。

それがお披露目されるのは、映画の終盤、展覧会の会場においてである。スーティンは「わが赤」、リベラは「メキシコ」、キスリングは「恐れ」というタイトルの架空の作品で、それぞれの様式までできるだけ忠実に再現されている（とはいえ、美術愛好家の観客にはややキッチュな印象を与えるかもしれない）。ユトリロの絵は「狂気」と題されていて、意外なことにも、精神病院か留置所の暗い独房に繋がれた自画像。この画家にはそんな絵を描いたという形跡はないが（この架空の絵は、モディがユトリロを見舞うショットを再現している）、精神病やアルコール依存の症状はたしかにあった。途中でテーマを変更したピカソの絵のタイトルは「モディリアーニ」（図V－12）。分析的キュビズムの様式で描かれた画家の肖像画である。この様式はピカソの一九一〇年前後を特徴づけるもので、架空のコンペの時点（一九一九年）にはすでにそれを脱して、いわゆる新古典主義の時期に移行していたから、その意味でもありえない設定である。いちばんピカソらしい手法でモディに対抗すると同時に、オマージュを捧げてもいるということだろう（映画に登場するすべての絵は二人のルーマニア人画家によることがクレジットされている。また、屋外ロケもすべ

図V–12 『モディリアーニ 真実の愛』より

てルーマニアでおこなわれている)。ガートルード・スタインとともに会場にやってきたピカソはすこぶる得意顔である。

最後にヴェールを取られるのは、モディの「ジャンヌ」。彼女をモデルにした肖像画はたしかに存在するが、映画のなかの絵はやはり架空のものである。この画家は、瞳のない顔の肖像画を数多く描いたことで知られているが、その絵にはちゃんと瞳が入っている。「君の魂が見えたら、瞳を描くよ」、画家のささやきがヴォイスオーヴァーで流れる(実際、残されたジャンヌの肖像画のいくつかには瞳がある)。歯の浮くようなキザなセリフだが、たしかに古今東西を問わず、目は心の鏡(あるいは窓)とみなされてきたのだ。

ところが、肝心のモディはいつになっても会場に現われない。いつものように酒場で飲んだくれているのである。ジャンヌの肖像を前に、拍手喝采の渦のなかにある展覧会と、雪の舞う路傍で泥酔して、ならず者たちにコテンパンに打ち負かされる画家の映像とが、クロスカッティングになる。

このシークエンスは演出過剰の印象を禁じえないが、栄光と挫折の二面性によってモディリアーニの最期を彩ろうとしたのだろう。

## パリのユダヤ系画家たち

ともあれ本作は、黄金期のパリの芸術を、ユダヤ人たちの結びつきを通して描こうとする点でも興味深い。モディリアーニのみならず、スーティンやキスリングもまた、ピカソにくらべるとはるかにお粗末なアトリエ――「蜂の巣」――に住んでいる。けっして潤沢であったわけではないにもかかわらず、画商ズボロフスキーが彼らを援助しようとするのは、同じユダヤ人だったからだろう。娘を奪われたことでモディリアーニを嫌悪しているジャンヌの父親は、あからさまにユダヤ人差別を口にしている。

ちなみに、小栗康平が藤田嗣治をモデルにメガホンをとった『FOUJITA』(二〇一五年)は、すでにモディリアーニが世を去って三年が経つ一九二三年から幕を開けるが、ここでもスーティンやキスリング、さらにロシア出身のユダヤ系画家オシップ・ザッキンらが登場し、今は亡きユダヤ系イタリア人の画家のことを懐かしく回想している。フジタ(オダギリ・ジョー)らが集うカフェ・ロトンドのオリジナルだというカクテル、その名も「モンパルナスの芸術」は、ポーランドのキスリング、ロシアのザッキン、ベラルーシのスーティン、フランスの孤児ユトリロ、そして極東の国のフジタ、それぞれの故郷の酒を混ぜたもので、お世辞にも美味そうな代物ではないが、パリのよそ者たちのエッセンスが詰まっている。「パリはすばらしい。どんな異国の人々であっても受け入れてくれる」、フジタが吐くセリフだが、そこには自負とともにほのかな皮肉もある。貧しいねぐら「蜂の巣」のほうを見ながら、パリにあこがれて日本からやってきた画家の卵たちにフジタは、キュービスム、フォーヴ、シュール、いろんな蜂がそこに巣をつくってきたが、「でもね、そんなもの追いかけていってはダメです」、ときっぱり釘を刺す。

ベル・エポックのパリは、食うか食われるか生き残り勝負のパリでもある。

## 新たなる楽園を目指して——ゴーガンの場合

そんなパリをむしろ捨てることを選択した画家もいる。もちろんポール・ゴーガンである。まるで芸術の都を避けるかのように、妻の故国デンマークにはじまって、ブルターニュの田舎町ポン゠タヴァン、ゴッホとの共同生活の地アルル、カリブ海のパナマとマルティニーク島、二度のタヒチ滞在、そして最後にマルキーズ諸島と、生涯を旅とともに生きた画家である。それはまた西洋文明とブルジョワ社会のしがらみから解放される旅でもあった。それゆえこの画家は映画にとっても格好の材料となる。パリだけが良き時代の理想郷というわけではないのだ。サマセット・モームの小説『月と六ペンス』(一九一九年)がゴーガンをモデルにしていることはよく知られているが、これは一九四二年にアルバート・リューインによって

**図V-13**　『シークレット・パラダイス』より

映画化されている。フランスとデンマークの合作、ヘニング・カールセンの『黄金の肉体 ゴーギャンの夢』（一九八六年、原題は破産や貧困の脅威を意味する「狼は玄関にいる」）では、最初のタヒチ滞在からパリに戻った画家の困窮振りやデンマーク人の妻との確執が描かれる。

　一方、タヒチでの画家を中心に描いているのが最近の二作、マリオ・アンドレアッキオの『シークレット・パラダイス』（二〇〇三年）と、エドゥアルド・デルックの『ゴーギャン タヒチ、楽園への旅』（二〇一七年）、これらもまたある意味できわめて対照的である。前者は、はっきりとエコロジーとポストコロニアルの思想を打ち出した作品で、ゴーガン（キーファー・サザーランド）は、現地の神々（の彫像）を偶像崇拝として厳しく断罪するキリスト教宣教師の神父とことごとく対立する。フランス統治下、「島の浄化」という大義名分のもと、偶像が次々と破壊されていくなか（**図V-13**）、画家はこれに果敢に立ち向かう。「楽園をぶち壊した」といって神父に銃を向けるフランス人商人にたいしても、ゴーガンは、「君も侵略者のひとりだ」とやり返す。画家は、みずからもまた「侵略者」の側にいることを自覚しているのだ。その著『ノア・ノア――タヒチ紀行』（一九〇一年）には、たしかに、現地のヨーロッパ化への嫌悪感とともに、失われつつあるプリミティヴな世界への郷愁がつづられている。

　残されたわずかの偶像を求めて画家は、現地妻のテフラとともに深い森のなかへと分け入り、スケッチしようとするが、そこにまで神父とフランス軍は追いかけてきて、粉砕してしまう。テフラは、「あなたのせいよ」といってゴーガンに小石を投げつける。「黄金時代」のパリをあえて捨てて、新たな「楽園」を求めてタヒチに渡ってきた画家は、いかにその土地と住人を愛しているとしても、もちろん、宗主国のフランス人であって現地人ではないのだ。キリスト教には、他者（他宗教）にとっての聖像を、忌まわしい偶像だと卑しめて禁止し破壊してきたという長い歴史がある。他者の宗教を邪教としてさげすむのと同じ不寛容の論理がそこに働いている。映画のなかのゴーガンは、いささか理想化されすぎの嫌いはあるものの、「いかなる宗教にも神秘があり、いろんな形がある。芸術と同じだ」と、盟友のピサロに語る。たしかにその通りだろう。

## ベル・エポックの裏側

一方、『ゴーギャン タヒチ、楽園への旅』は、基本的に、画家（ヴァンサン・カッセル）と現地の妻テフラとのラブロマンスであり、「タヒチのヴィーナス」がいかに画家を魅了してインスピレーションを与えたかを、美しい自然のなかで描きだす。だが、前作とは打って変わって、本作には、ポストコロニアルの批判的精神は微塵も感じられない。まるで植民地主義をそのままなぞっているかのようだ。もちろん、その時代の話だから当然だ、といってしまえばそれまでだが、監督のデルックはどこまで自覚しているのだろうか。

たとえば、当時テフラは十三歳だったというから、四十歳をゆうに超えたゴーガンは、ほとんどペドフィリアにも近いことをやっていたわけだが、それを映画では、十七歳の素人の少女に演じさせている。つまり、この映画そのものがペドフィリアに限りなく近づいているともいえるのだ。熱帯の楽園ではそれも許される、といわんばかりに(Pajon)。さらに、本作のゴーガンは、彼女が現地の若い青年と会えないようにするために、強引に少女を閉じ込めてしまい、一歩も外出させない。結局テフラは、その青年によって救い出されるのだが、カメラはあろうことか、沈み込む画家の方に同情のまなざしを向ける。

ゴーガンがこの青年とともに木彫を制作しているシーンでは、自分の作品をコピーしたとして相手を執拗に攻撃してはばからない。タヒチの民芸品をぱくっているのは、他でもなくフランスの芸術家の方であるにもかかわらず。現地の人たちはさらに、みんなこぞって教会へと足を運び、現地の言葉で賛美歌を合唱する。まるで、誰もが従順にキリスト教を受け入れたかのごとくに。テフラの心も離れ、生活にも困窮した画家は、失意のまま本国へと帰っていく。

ことほど然り。しかも、皮肉や風刺としてならまだしも、生真面目な監督にはそんな下心などまったくないどころか、ゴーガンの視点からすべてが肯定されているように見える。その証拠に、最後の字幕には次のようにある。「一八九三年、力尽きたポール・ゴーギャンは、苦境にある芸術家として、内務省によってパリに送還される。デュラン＝リュエル画廊にて、タヒチでの四十一点の作品を展示するも、冷ややかな評価を受けることになるだろう」、と。つまるところ、ゴーガンもまた犠牲者であり悲劇の人とみなされるのだ。

監督のデルックは、苦悩する画家の姿に観客の注意を引こうとしたのかもしれないが、わたしたちはもはやそこに感情移入することはできない。現地人にしても画家にしても、なぜ、今さらながらこんな差別的な描き方が可能となったのか。かつての宗主国根性が、意識するとしないとにかかわらず、根強く残っていることの証なのか。近年とみに台頭しつつある無邪気だが深刻でもある排他的な自国中心主義のなせる業なのか。あるいは、いわゆるフランス流の文化帝国主義であろうか。いずれにしても、ベル・エポックの裏の顔を垣間見させてくれるという点では、無視できない映画ではあるだろう。

# VI 性と暴力

## カラヴァッジョ、ベーコン

二〇〇九年、ローマのボルゲーゼ美術館で、バロックを牽引したイタリアの画家と、二十世紀後半のイギリスを代表する画家の二人に捧げられた展覧会、『カラヴァッジョ ベーコン』が開かれた。フランシス・ベーコン（一九〇九―九二）が、バロックの画家レンブラントやベラスケスを参照したことはよく知られているから、そのどちらかとの組み合わせならいざ知らず、カラヴァッジョ（一五七一―一六一〇）とのコンビというのはある意味で意表を突かれた。

が、たしかにこの画家とベーコンのあいだには似たところがなくはない。両者において、欲望と暴力、苦痛と攻撃性は、生と芸術のどちらの特徴でもある。人体（とりわけ男性の裸体）への関心、もだえと叫び、暗闇の背景と深い影は、二人の絵画に共通する重要な要素である。そこにおいて、美は苦痛と、快楽は恐怖と密接に結びついている。また、カラヴァッジョもベーコンも決していい信者ではなかっただろうが、繰り返し描かれたそのテーマから察するに、「受難」に生涯取り憑かれていたように思われる。それゆえ、聖と俗のあいだの境界線も揺らいでいる。鏡（鏡像）への執着、そして偽装されたり歪められたりした数々の自画像においても、二人には似たところがある。しかも何より二人は、基本的に独学者であり、かつ芸術の革命児であった。十七世紀にあってイタリアの画家は、歴史画を頂点とする絵画の伝統的なヒエラルキーを激しく攪乱させる。一方、二十世紀のイギリスの画家にとって、モダンアートには、前提となるいかなる理念もドグマもあってはならない。

もちろん、二人のあいだに違いがあるのも事実である。カラヴァッジョのアトリエについてはほとんど何も知られていないが、ベーコンのアトリエのカオス状態については、多くの写真が証言している。前者が、生身のモデルからじかに描いていたのにたいして（流布していた版画類がお手本となることはあったとしても）、後者は、過去の名画の複製写真の数々から大きなインスピレーションを得ていた。とはいえ、何よりもまず、鑑賞者の五感と身体そのものとを激しく揺さぶるようなイメージ自体の強烈な存在感において、二人は時空を超えてつながっている。

しかも、この二人の画家が、同じイギリスの二人の監督によって映画化されているのだ。ひとつは、デレク・ジャーマンによる『カラヴァッジオ』（一九八六年）、そしてもうひとつが、ジョン・メイブリーによる『愛の悪魔』（一九九八年、「フランシス・ベイコンの歪んだ肖像」という副題がついている）、である。二人の映画監督のあいだにも因縁があって、メイブリーは一時期、ジャーマン――数々の前衛的な映像作品を残して一九九四年にエイズで逝った――のもとで学んだという経歴がある。ボルゲーゼ美術館で二人に捧げられた展覧会も、これらの映画がひとつのきっかけではなかったかと、わたしは想像している。

## ジャーマンとカラヴァッジョ――それぞれのアナクロニズム

ジャーマンのカラヴァッジョにおいて、画家が同性愛者として描かれているということ以上に、わたしたち観客がまず驚かされるのは、そのあからさまなアナクロニズムである。主人公（ナイジェル・テリー）の衣装は二十世紀後半のもの、パトロンであるデル・モンテ枢機卿（マイケル・ガフ）

の執事たちもタキシードをまとっている。誰もが平気で紙巻きタバコをふかす。画家の欲望の対象であるならず者ラヌッチョ（ショーン・ビーン）は自転車を修理する。画家と彼との果し合いは、まるでボクシングの試合をしているかのよう。コレクターで大銀行家のジュスティニアーニ侯は電卓を使いこなし、カラヴァッジョのライヴァル画家で伝記作者でもあるジョヴァンニ・バリオーネは、バスタブにつかりながらタイプライターを打つ（そのショットはさながらジャック＝ルイ・ダヴィッドの《マラーの死》を髣髴させる）（図Ⅵ－1）。また彼は、一九八〇年代の欧米でよく読まれた美術雑誌『ＦＭＲ』のカラヴァッジョの記事を苦々しくめくっているなど、数え上げるときりがない。映像ばかりか、バックにはしばしば列車やバイクの通過する音が響いている。

**図Ⅵ－1**　『カラヴァッジオ』より

　もちろんこれらはすべて、正統的なビオピックや史劇のスペクタクル的コードを破ろうとするジャーマン自身によって意図され計算された演出である。それと同時に、低予算での製作という制約を、美的な次元へと昇華させるための有効な手段でもある。イタリア・ロケなどは一切なくて、ほぼすべての場面は室内の設定で、ロンドンのスタジオで撮影されている。デル・モンテ枢機卿が奏でるスピネットの傍らで、光に映えながら静かに揺れる半透明の白いカーテン、仮装パーティーが開かれるジュスティニアーニ邸でのさまざまな「ヴァニタス」――埃をかぶる骸骨や腐りかけの屍体など――のあしらい、大掛かりなセットに頼ることなく十七世紀と二十世紀とをあえて合体させようとするこれらの美しい場面には、舞台デザイナーや庭園家としても知られる監督ジャーマンの創意があふれている。彼はまた、型破りの伝記映画を数多く手がけてきたイギリスの奇才ケン・ラッセルのもとで、セットデザイナーを務めてきたという経歴の持ち主でもある（たとえば、夭折の天才彫刻家アンリ・ゴーディエ＝ブルゼスカ［一八九一―一九一五］の半生を描いた一九七二年の『狂えるメサイア』など）。

とはいえ、ここで忘れてならないのは、他でもなく当のカラヴァッジョその人が偉大なアナクロニストであったという事実である。その絵のなかで、聖書の人物たちはたいてい画家と同時代の衣装をまとっている。死の床の聖母マリアは、ローマの娼婦をモデルにして描かれたと非難の声を浴びた。古代ギリシアの狩人ナルキッソスもまたバロックの優男風の装束に身を固めて、水面の反射像に恍惚とする。が、これは何もひとりこの画家だけに限った話ではない。ルネサンスでもバロックでも、歴史画はたいてい過去形というよりも現在形あるいは現在完了形で展開する。いみじくもジャーマン本人も指摘しているように、啓蒙主義の時代より前の表象において「過去はつねに同時代である」（Wymer 97）。時代考証などという意識は近代になって芽生えたものなのだ。歴史のうちに合理性や法則性を見いだそうとする啓蒙主義の歴史観とともに、「過去」のうちから「現在」が悪魔祓いされていく。

ジャーマンはまた、カラヴァッジョが現代に生きていたとするなら、絵筆をテヴェレ川に投げ捨てて、ヴィデオカメラに持ち替えただろうとも述べるが、それは、「エドゥアール・マネとともに近代絵画が、すなわちシネマトグラフがはじまる」と語るゴダールともくらべられる（Cloarec 203）。それゆえ、ジャーマン自身がここでバロックの画家に成り代わってカメラを回している、という言い方もできるだろう。「わたしは過去の解釈に取り憑かれている」、「いかにして現在の過去を提示するか」、そして「カラヴァッジョがそうしたように、古い神話を生きた現実として示すこと」(Jarman 44, 92)、とはまた監督本人の言葉である。

## フォトグラムとルミニスム

この意味において、オープニングのクレジットの画面はきわめて示唆的である。映画のタイトルにして画家の名前*CARAVAGGIO*の文字とともに、微妙な光にてかっている黒一色のカンヴァスがスクリーンいっぱいに映しだされる。すると、黒い絵具をたっぷり含んだ筆をもつ右手が現われて、画面左上から水平に線を引きはじめると、この光沢が徐々に消えていき、マットな画面に変わる。次に、ふたたび同じ筆をもつ手が、今後は左上から順に垂直の線を引きはじめると、もういちどカンヴァス(同時にスクリーンでもある)は、微細な光の粒で白くてかりだしていく。およそ一分余りのあいだに、これが交互にそれぞれ二回ずつ繰り返される。実に見事なすべり出しである。まさしくカラヴァッジョの絵がそうであるように、黒い闇もまた微妙なニュアンスに富む光を宿しているのである。このとき、光の吸収と反射を交互にくりかえす黒い絵具の粒子によって、絵画のテクスチャーと映画のテクスチャーとがぴったりと重なりあう。ジャーマンよりもおよそ半世紀も早く、カラヴァッジョの絵をいみじくもフォトグラムになぞらえ、さらに「ルミニスム」という形容を与えたのは、この画家を二十世紀によみがえらせた不世出のイタリアの美術史家ロベルト・ロンギであったことを、ここで思い出しておきたい。

本作の屋内ショットの多くは、画家のほとんどの絵と同じく、主たる照明が左上から強弱をつけて当てられ、薄暗い背景のなかから登場人物たちを浮かび上がらせる仕掛けになっている。もちろん、《聖マタイの召命》(一五九九―一六〇〇年、ローマ、サン・ルイージ・デイ・フランチェージ聖堂)の場合のように、右上から当たることもある。やはり画家の作品と同様、ロングショットはきわめて稀で、フルショットからクロースアップまでの多様なヴァリエーションによって演出されている。カメラはたいてい正面に構えられていて、極端な俯瞰や仰視、大がかりな移動撮影やクレーンショットなどはない。とはいえ、緩と急、静と動のコントラストがうまくつくように各シーンがつながれていて、単調に流れないような工夫がなされている。たとえば、果し合いや殺害の場面が、画家の瞑想や制作の場面と交互になる、といった具合に。それはまた、肉体性と精神性、エロスとタナトスとのあいだのコントラストにしてバランスである、と言い換えることができるかもしれない。

### 再演される活人画

一方、全編を通じてふんだんに取り入れられているのは、活人画である。他でもなくカラヴァッジョ本人が生身のモデルを使って描いたとするなら、ジャーマンは、活人画を組み立てることで、画家の身振りそのものを映像によって反復していることになるだろう。

《聖マタイの殉教》（一五九九―一六〇〇年、ローマ、サン・ルイージ・デイ・フランチェージ聖堂）では、周到にも、X線によって明らかとなった変更前の下層の構図まで活人画で再現されている。画家は、比較的平板なこの最初の構想で絵を描きはじめるものの、すぐに納得がいかなくなり、ローマのいかがわしい酒場で見かけた悪漢ラヌッチョに一目惚れし、アトリエに連れ込んで、新しい構図の処刑人のモデルにする、というのがジャーマンの想像的な筋書きである。実際の絵のなかには、殉教の様子をうかがっているカラヴァッジョ自身の姿が、処刑人の背後に小さく描かれている（図Ⅵ－２）。ジャーマンはこれを、ラヌッチョの裸を盗み見る画家のホモエロティックなまなざしとして読み替えるのである（図Ⅵ－３）（画家の同性愛については美術史家のあいだでも見解が分かれている。ちなみに、アンジェロ・ロンゴーニがメガホンをとり、名匠ヴィットリオ・ストラーロが撮影を担当した二〇〇七年の歴史活劇『カラヴァッジョ 天才画家の光と影』では、異性愛者として描かれている）。「映画の物語は絵画から組み立てられている。物語がフィクションだとしたら、それは絵画のフィクションである」、とはまた監督その人の言である（Jarman 75）。ことによるとジャーマンは、ある研究者も述べるように、性的なエネルギーを美に「昇華」できる能力にカラヴァッジョは長けていたという、フロイト的な解釈を施しているのかもしれない（Wymer 104）。

一方、《アモルの勝利》（一六〇二年頃、ベルリン、絵画館）については、ジャーマン自身、「ジュスティニアーニ侯爵のために描かれたホモエロティックなピンアップ」（Murray 140）とか、「カラヴァッジョによるペドフィリアへの挑戦」（Jarman 75）とかとコメントしているのだが、同年代の少年をモデルにこの絵のポーズを取らせることは、さすがにはばかられたようだ。代わって、中性的な若い女優が着衣のまま、大きな天使の翼を前に

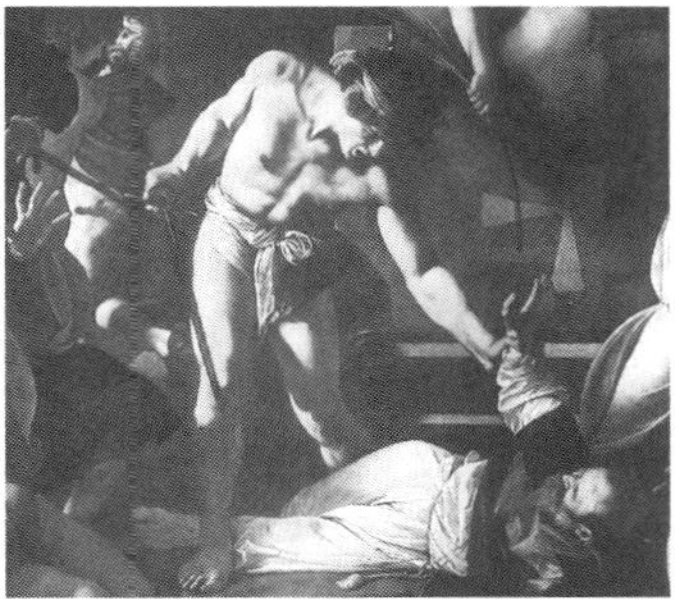

**図VI-2**　カラヴァッジョ《聖マタイの殉教》（部分）

**図VI-3**　『カラヴァッジオ』より

**図VI-4**　『カラヴァッジオ』より

して、その絵の隣でコンテンポラリー・ダンスとも曲芸ともとれるような奇妙な振り付けを披露する（図Ⅵ－4）。画家はそれをかすかに微笑みながら黙って見つめている。この間に流れているのは、現代のラテン音楽で、この何ともクィアなアンバランスも本作の大きな特徴のひとつである。

## 新表現主義者のようなカラヴァッジョ

ところで、こうした活人画とは裏腹に、映画のなかに登場するカラヴァッジョの絵は、どれもほとんど本物とは似ても似つかない代物である。このギャップはどんな観客の目にも明らかである。それらはどちらかというと、この映画が撮られた一九八〇年代当時に一世を風靡していた美術動向、新表現主義もしくはトランス・アヴァンギャルドに近い様式を示している。エンツォ・クッキやサンドロ・キーアらの絵画を髣髴させるような荒々しいタッチで描かれているのである。このギャップもまた、確信犯的におこなわれたものであろう。

あるいは、カラヴァッジョの《果物籠を持つ少年》（一五九三年、ローマ、ボルゲーゼ美術館）をあからさまに引用して即興で描いたジュリアン・シュナーベルの《エグザイル》（一九八〇年）のような作品を連想させるかもしれない。

映画のなかのカラヴァッジョの筆の運びも、まるで現代の画家のようにすばやい。いくらこの画家が下絵なしに仕上げていたからとはいえ、バロックの時代にそれはありえないことだろう。パレット上の絵具もまた、チューブから搾り出されたままのような生々しい光沢を放っている（先述したように、シャルル・マトンによるレンブラントのパレットもまた同じ特徴を見せるが、それはおそらくジャーマンのこの表現から影響を受けたものだろう）。カンヴァスに置かれた生の絵具を指でこする様子も何度かクロースアップになる。

いずれにしても、この映画では、本物であれ忠実な模写であれ、カラヴァッジョ自身の作品からの映像は一切なく、現代風にアレンジされた自由なコピーが使われている（美術監督には、一九七六年の『セバスチャン』や一九九一年の『エドワードII』などでもジャーマンとコンビを組んだ、クリストファー・ホッブスの名前がクレジットされている)。

さて、《聖マタイの殉教》を描くカラヴァッジョの場面に戻るなら、一筆ごとに画家は次々と、窮屈なポーズをとるラヌッチョの手に金貨を投げつけ、ついには口移しでそれを相手に与える(図VI-5)。画家の筆はここで、語源的にも近いペニスの代理である。同時に、パレットのうえには、生々しい絵具のすぐそばに金貨が何枚も置かれていて、それがクローズアップになる(図VI-6)。カラヴァッジョの芸術は、性のみならず貨幣ともまた切り離すことができない、というわけだ。そもそも本作において、故郷のミラノ近郊の町からローマに出てきたばかりのときからすでに、若き日の画家は、パトロンたちに絵ばかりではなくて自分の体も売っていたのである。

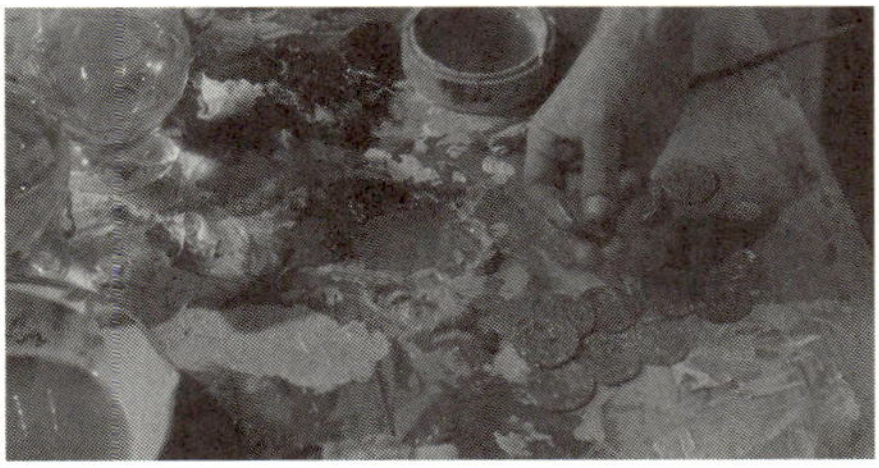

図VI-5(上) VI-6(下) 『カラヴァッジオ』より

## セックスと金

さて、ラヌッチョとの「恋」のその後の経緯であるが、この男にはレーナ——この役が、その後ジャーマン作品の常連となる女優ティルダ・スウィントンのデビューとなった——という娼婦の愛人がいて、カラヴァッジョとともに奇妙な三角関係が生まれることになる(二人の名前は画家の伝記に実際に登場するが、映画ではかなり自由に脚色されている)。「欲望の三角形」——欲望のシーンは主体と対象の二つの項ではなくて、もうひとつ媒介的な項を加えた三つの項のあいだで展開される——というのは、フランスの哲学者ルネ・ジラールが唱える名高い理論だが、それをここで当てはめることも可能かもしれない。レーナの嫉妬が、実は「愛していない」にもかかわらずラヌッチョを画家へと向かわせることになり、ひるがえってレーナは、金や宝石に目がくらんで、画家のパトロンでもあるシピオーネ・ボルゲーゼ枢機卿(ロビー・コルトレーン)の情婦となり子供も宿す。そのことを画家の口から聞かされたラヌッチョは、「あなたにはミケーレ〔カラヴァッジョ〕がいるでしょ」と冷たく言い放つレーナをあやめ、テヴェレ川に投げ捨てる。画家はその遺体を見つけてアトリエに運び、赤い衣を着せてやり、長い金髪をやさしくくしけずる。レーナの死顔と素足が何度かクロースアップになる。

こうして、彼女(の遺体)を中心につくられるのが、《聖母の死》(一六〇六年頃、パリ、ルーヴル美術館)の活人画である。その絵は、実際にローマの娼婦をモデルにしたことで非難され、絵の腹部がやや膨らんでいることから、彼女は妊娠しているのではないかとも詮索されてきたという経緯がある。ジャーマンの想像的な筋書きは、そうした言い伝えに基づいて脚色されたものである。こうして画家はその絵の制作に取りかかる。ここでも粗くて素早いタッチと、たっぷりとした絵具は、とても十七世紀当時のもののようには見えない。「俺は物体のなかに魂を息づかせた」、絵筆を動かしながら、画家は心のなかでこうつぶやいている。それはもちろん、ジャーマン自身の声でもあるだろう。そして突然、カメラに向かって睨みつけながら、「地獄に墜ちろ、貴様ら」と叫ぶ。観客にたいして向けられたその声の主もまた、画家でもあれば監督でもある(図VI-7)。

ところが、この終盤にさしかかる頃から、わたしたちは煙に巻かれたようになってくる。カラヴァッジョが本当に愛しているのは、ラヌッチョなのか、それともレーナなのか。まるで屍体愛好者でもあるかのように、画家は裸で彼女の冷たい体を強く抱きしめる（図VI－8）。このショットが、《聖母の死》を描いている場面で二度さしはさまれる。教皇に嘆願してまでラヌッチョを釈放させたものの、やはり彼が真犯人だとわかると、その求愛を拒絶し、挙句にレーナの仇を討とうとばかり、この男の首にナイフを突き立てると、そこから勢いよく血がほとばしり出る。

図VI-7（上）VI-8（下）『カラヴァッジオ』より

## ジャーマンの初恋、カラヴァッジョの初恋

これにつづいて場面は突然、聖金曜日の行列へと切り替わるが、それは幼いときに画家が故郷で見た受難の祭りの回想シーンである。死の床にいるカラヴァッジョの心の声がヴォイスオーヴァーで流れている（そもそもこの死の床の場面から映画ははじまっていて、いわば断片的な記憶のフラッシュバックというかたちで進行してきたことを、遅ればせながら付言しておきたい）。青年パスクアローネの隣に、天使の翼をつけた幼いミケーレがいる。瀕死の画家は、幼い頃からずっと愛しつづけてきたというパスクアローネ（この名は、実はレーナを競い合った相手として画家の伝記に登場する）の思い出に憑かれているのだ。

ここにはジャーマン自身の幼少期の記憶が重ねられているようだ。ジャーマン四歳の頃、一家は、ミラノの北マッジョーレ湖の近くに住んでいて、そのときに知り合った十八歳のダヴィデなる青年について、後に監督本人が、「わたしの最初の恋人」と語ったことがある(Wymer 106)。また別のところでは、本作について、「この物語は、進むにつれて、わたしの人生の多くのディテールを再創造し、時間と文化のギャップを橋渡しすることで、絵筆をカメラに持ち替えることを可能にした」(Jarman 132)とも述べていて、バロックの画家にみずからを重ねようとしていることがわかる。

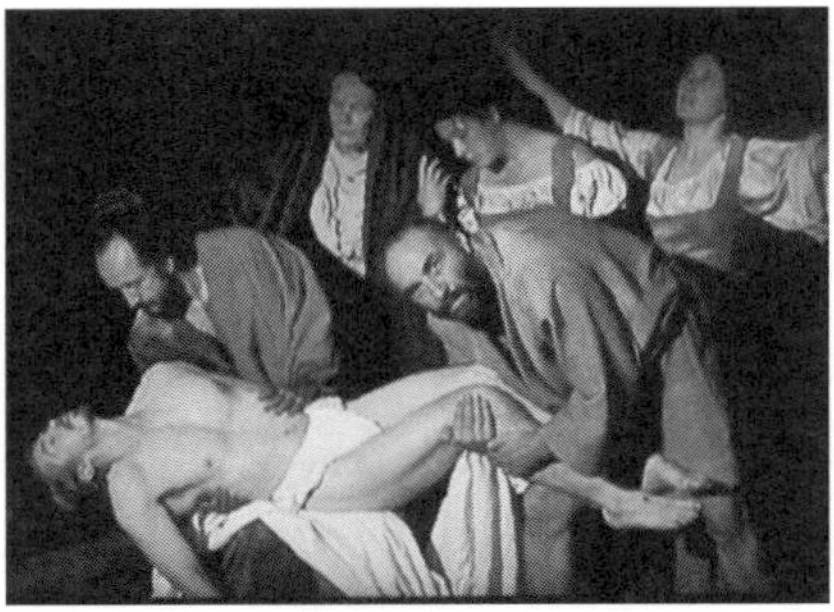

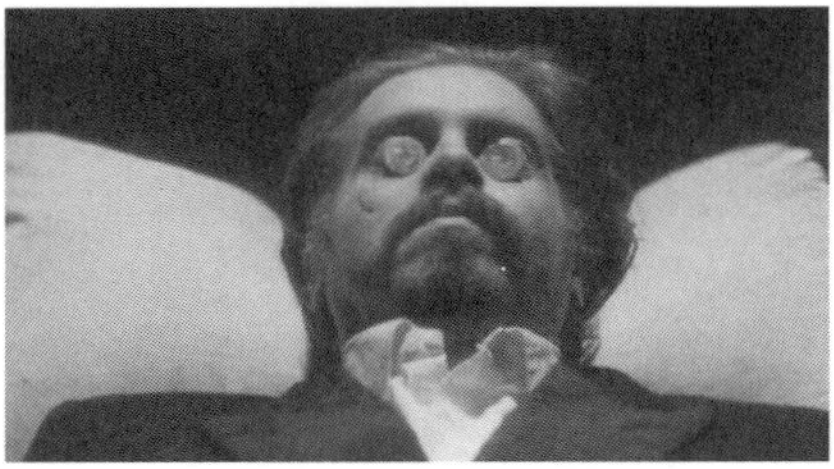

図Ⅵ-9(上) Ⅵ-10(下) 『カラヴァッジオ』より

聖金曜日の行列の回想シーンに戻るなら、ミケーレ少年が扉口にかかるヴェールの向こう側に行って、パスクアローネを誘うと、彼らの視線の先にあるのは、《キリストの埋葬》(一六〇二年、ヴァチカン美術館)の活人画である。カメラはその全体と部分とを幾つものカットをつないで克明に追っていく(図Ⅵ-9)。このシークエンスは、ポントルモによる同主題の絵を活人画に仕立てたパゾリーニの短編「ラ・リコッタ」(一九六三年、オムニバス『ロゴパグ』の第三話)を連想させるところがある(同じ同性愛者としてイギリスの監督はイタリアの詩人監督のことを意識していたはずだ)。そもそもこのテーマは、キリストの遺体を抱えて運ぶという設定だから、活人画にするのはきわめて困難で、役者たちに長時間静止を強いるのもまた酷である。微妙に動いてしまい、最後には全員が崩れ落ちる様子をパゾリーニはドタバタ喜劇風に演出していたが、ジャーマンの役者たちは、ひたすらじっと耐え忍んでいるように見える。

しかも、カメラがキリストの顔をクロースアップにするとき、わたしたち観客は、カラヴァッジョを演じているのと同じ役者がキリストになり代っていることに気づかされる。この画家が好んで聖書や神話の人物たち——酒の神バッカス、ダヴィデやゴリアテ、洗礼者聖ヨハネなど——を自画像で描いたことはよく知られているが、《埋葬》のキリストのうちに自分を重ねている、という説は聞いたことがない。これもまたジャーマンの創作だろうが、そうするとこの監督は、カラヴァッジョの「受難」とキリストの受難いずれにも自分を投影させていることになるだろう。その後一九九〇年の『ザ・ガーデン』では、ゲイのカップルによってイエスの受難劇の各シーン——いわゆる「留」——が演じられることになるが（これについては拙著『映画とキリスト』のなかで論じたことがある）、その萌芽は、カラヴァッジョの絵のこの活人画にあったのだ。

## クィア・ヒーローとしてのジャーマン＝カラヴァッジョ

このキリスト＝カラヴァッジョの活人画の顔が最後にもういちどクロースアップになった直後、今度は、きれいにスーツを着せられ、両目の上にコインをのせられてベッドに横たわる、カラヴァッジョの遺体のバストショットがとらえられる。その奇妙な顔がさらに何度かクロースアップになる（図Ⅵ−10）。いったい、この両目の上のコインは何を意味しているのか。実際にこの画家がこうして葬られた、という話は聞いたことはないから、これもまた、ジャーマンの自由な創意のなせる業である。

芸術とて金や権力と無縁でないことがこの映画で暗示されていることは、すでに前に述べた。あるいはまた、もっと広く文化人類学的に、「冥銭」と呼ばれる副葬品の一種で、いわゆる「地獄の沙汰も金次第」という古くからの普遍的な知恵が暗示されていると読むことも可能だろう。三途の川を渡るにも金が必要なのだ。さらに、カラヴァッジョの芸術をジャーマンは、いわば錬金術のごときものになぞらえているのではないか、といううやうがった解釈もある（Pencak 77）。もちろんそれは、その絵が金銭と結びついているという意味においてだけではなくて、野卑なものを高貴なものへ、俗を聖へと変貌させる術、という意味での錬金術である。いずれかの解釈に限定することは困難で、またその必要もないだろう。おそらくは、それらが重なっていると考えるのが妥当だろう。

ところで、この哀悼の場面で際立っているのは、画家の死を誰よりも嘆き悲しんでいる聾唖者の助手ジェルサレムの存在である。この男は、その少年のころから画家にかわいがられ、成長してからも弟子のように画家に仕えてきた存在で、わたしの知る限り、伝記の上で名前の対応する人物はいないから、完全に映画の創作である。しかも彼は、画家の欲望の対象であるというよりも、キリストにたいする使徒ヨハネがそうであるように、師弟間のプラトニックな愛の対象であるようにも見える（Rorato 152–153）。《洗礼者聖ヨハネ》（一六〇四年、カンザスシティ、ネルソン・アトキンス美術館）のモデルがいつの間にかラヌッチョからこのジェルサレムに変わっている、という場面もある。

このように、映画の進行とともに、欲望の主体と客体が入り混じり、いったい誰が誰を欲望しているのかが容易には見分けられなくなっていく。しかも、過去のカラヴァッジョの愛と欲望が、現在のジャーマンのそれと複雑に折り重なる。カラヴァッジョにも詳しいあるクィア研究者によれば、「ひとつの身体から別の身体へのアイデンティティのこうした横滑り、存在のこの交換可能性は、わたしたちが同性愛を再定義するのに助けとなる。すなわち、同性愛とは、もはや（単に）ある特殊な性的傾向というよりも、受け入れられうる存在との結束にもっとも適したセクシャリティであるとみなすことができるのである」（Bersani & Dutoit 79–80）。いずれにしても、この映画において、社会に抵抗するクィア・ヒーローとしてのジャーマンは、バロック芸術の革命児のうちに他者としての同一―性を見いだそうとするのだ。

## ベーコンの落とし穴にはまるジョージ・ダイアー

さて、そのジャーマンのもとで一時期学んだことのある監督、ジョン・メイブリーがメガホンをとったのが、フランシス・ベーコンをモデルにした『愛の悪魔』である。坂本龍一が音楽を担当したことでも話題になった。とはいえ、その製作をめぐっては一部で抵抗があったようだ。たとえば、ベーコンをいち早く評価し、そのインタヴューや回想録を出版していた美術評論家デイヴィッド・シルヴェスターは、この映画が製作された時点で存命だったが、協力することはおろか、かかわり合いになることすらきっぱり拒否し、しかも画家の言葉をそのままセリフに使うことさえ認めなかったという（Maybury）。さらに、ベーコンの絵画も一切スクリーンに映されることはない。

一方、映画のすべりだしからまず観客の目を引くのは、混沌とした画家のアトリエのなかに忽然と滑り落ちてくる強盗の男（ダニエル・クレイグ）であり（図Ⅵ―11、Ⅵ―12）、その怪しいマッチョな闖入者を見つけるなり、有無を言わせずいきなりベッドに誘う画家ベーコン（デレク・ジャコビ）の大胆不敵さである。クレジットタイトルをともなうこの落下の画面は、まるで悪夢のなかで起こっているかのように、スローモーションでおよそ一分半もつづく。この泥棒が男盛りの三十歳代、ベーコンはすでに五十歳代半ばを超えている。こうして、画家のモデルにして愛人として知られるジョージ・ダイアーとの関係がはじまることになるのだが、この幕開きは、あたかもダイアーが深くて暗い落とし穴にはまってしまったかのようである。

二人が出会ったのはソーホーのパブとされるから、この演出は映画の創作であるが、それだけにきわめて象徴的で暗示的である。たしかにベーコンは、その絵のなかでしばしば、檻か箱のような空間に人物を閉じ込めているのである。しかも面白いのは、ある研究者も指摘するように、一般に文学でも映画でも伝統的に芸術家に結びついてきたイメージ——苦悩、自殺願望、アルコール依存など——が、ここでは画家のベーコンではなくて、モデルのダイアーに託されている点である（Morrissey 30）。この映画は他でもなく、ベーコンとダイアーがこうして出会う一九六三年から、ダイアーが自殺する一九七一年までを描いている。

図Ⅵ-11（上） Ⅵ—12（下） 『愛の悪魔』より

映画のなかのベーコンは二面性をもっている。みずからを「根っからの楽天家」と称しているが、自己のうちに「破壊的な悪魔」が潜んでいると感じてもいる。ダイアーとの関係において、プライベートではマゾヒストだが、パブリックな場ではサディストを演じる。「ミス」ベーコンは、ダイアーのことをまるで「男娼」のように扱うのだ。

## 歪んだ人体と閉所恐怖症的な空間

映像はしばしば、ベーコンの絵がそうであるように、大きく歪みぼやけ溶け合う。たとえば、ソーホーのクラブ（コロニー・ルーム）に集う仲間のボヘミアンたちにダイアーを紹介しにやってくる場面がそうであるように（図Ⅵ－13）。そこには、クラブの女主人ミュリエル・ベルチャー（女優ティルダ・スウィントンがまるで自分の美しさを否定するかのように特殊メークで役に挑んでいる）をはじめとして、写真家のジョン・デイーキンや女流画家イザベル・ニコラスら、ベーコンが描いた肖像画でも知られる面々が顔をそろえている（ルシアン・フロイドやアルベルト・ジャコメッティもこのクラブに出入りしていたが、映画では彼らとおぼしき姿は見当たらない）。

いちばん多いショットの舞台は、背後の壁に大きな円い鏡がかかり、おびただしい数の画材類と描きかけのカンヴァス、そして雑誌の切り抜きなどで散らかった画家のアトリエである。これにさらに、バスルームも兼ねた台所、コロニー・ルームをはじめとするクラブやパブ、カジノやホテルの部屋などが加わる。これらはどれも、ベーコンが描く四角い枠や扉のなかの人物たちのように、閉所恐怖症的な場の雰囲気を醸し出している。見通しが利いて奥行きのある屋外のシーンはきわめて稀。ちなみに、近年のＳＦ作品『ジャケット』（二〇〇五年）でも、監督のメイブリーは、同じような効果をフルに利用している（主人公が妄想のなかで過去と未来を旅するのは、死体置き場の狭い引き出しのなかにおいてである）。三面鏡もまた欠かせない小道具で、外出の前にはいつもきまって、画家はその前で入念な化粧を施す（図Ⅵ－14）。この鏡はもちろん、ベーコンの好んだ三連画《トリプティック》の形式に緩やかに対応するものでもある。

図Ⅵ－13（上） Ⅵ－14（下） 『愛の悪魔』より

画家の作品には、口を大きく開けて絶叫するような顔がよく登場し、そのインスピレーション源のひとつは、エイゼンシュテインの『戦艦ポチョムキン』（一九二五年）の有名なショット――金切り声を上げる眼鏡の女のクロースアップ――にあるが、このことも映画は見逃していない。そのショットのスチル写真を引っ張りだして絵を描きはじめたり、名画座でまさにそのオデッサの階段の場面に興奮したりする。絡み合う二つの裸体が多重露光になるショットも用意されている。エドワード・マイブリッジの連続写真に触発されたというベーコンの主要モチーフのひとつである。このように、実際のベーコンの絵をスクリーン上に載せることを禁じられたこの映画は、映像や小道具の数々によって、その絵の特徴を暗示的に再現しようと試みている。

## 「わたしのなかには破壊的な悪魔が潜んでいるのか」

さて、ダイアーとの関係に戻るなら、彼を破滅に追い込んでいくのは、他でもなく画家ベーコンその人であるように思われる。ならず者のダイアーの方がむしろ傷つきやすく繊細ですらある。彼はまたかなりの潔癖症らしく、硬いブラシで強くこするようにして丹念に手を洗うが、それでもまだ納得がいかなくて、もういちど洗い直している。その様子を背後からベーコンが、憐れみとも嫌悪ともとれるような表情でじっと眺めている。

スーツを脱いでSMプレイに入るときも、ベーコンは床に脱ぎ散らかしているが、ダイアーは反対に折り目できちんとたたんで椅子の上に置いている。映画はこれらのさりげないショットによって、二人のすれ違いをアピールする。このすれ違いには、二人の階級、教養、貧富の差もまたかかわっていることが、やはりそれとなく示唆される。昔の仲間にたいしてダイアーは、金や酒をちらつかせて「ベーコン」を演じようとするのだが、所詮はうまくいかないから、ますます自分を追い詰めることになる。

画家の名声が世界的なものとなると、ダイアーは次第に見放されていくように感じはじめる。それを画家は逆に疎ましく思うようになる。「いるだけでむさ苦しい……」、というのだ。ニューヨークの個展に同行したダイアーが、ホテルのビルの屋上から飛び降りようとするときも、「死ぬ気もないのに、わたしの気を引きたいだけだ」と言い放つ。ＳＭプレイと実生活とでは、二人の役割が完全に転倒しているのである。

悲劇が近づいていることを直感したベーコンは、かつての「恋人」ピーター・レイシーが自殺したときのことを、ひとり密かに思い出している。「少々欲張りだった」レイシーは、「自己の影を追いかけていた」のだ、と。それはまさにダイアーにも当てはまるというわけだろう。画家は恐ろしいぐらい冷静にしてシニカルである。

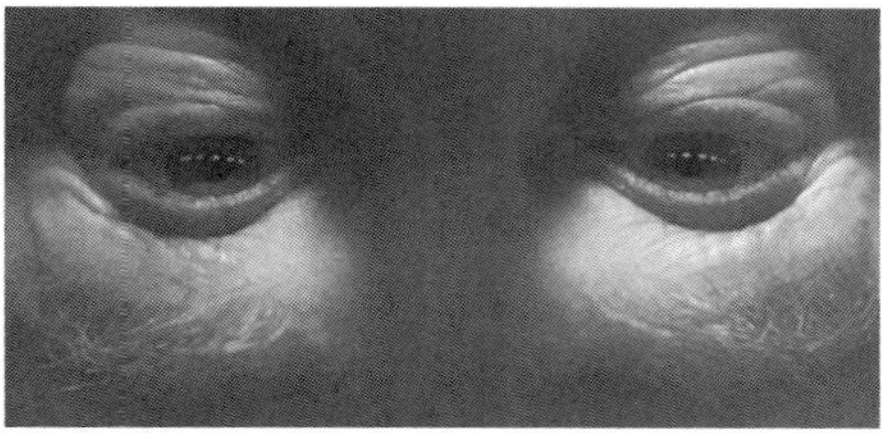

**図Ⅵ－15**　『愛の悪魔』より

この場面の少し前、画家の両眼の超クロースアップのショットが置かれている。天地が逆で、眼窩の部分にだけ光が当たり、周囲は影に沈んだその長回しの映像（およそ四十秒）は、まるで夜行性の動物――たとえばフクロウ――がじっと獲物を狙っているようにも見える（**図Ⅵ－15**）。「わたしのなかには破壊的な悪魔が潜んでいるのか」と、画家の心の声が聞こえるのはこのときである。

## トリプティックの映像化

そして、予感が的中する瞬間がついにやってくる。パリのグランパレで開かれる回顧展のオープニング・セレモニー（一九七一年十月二十四日）が進行しているまさにそのとき、ダイアーはホテルの一室で睡眠薬と強い酒を大量にあおるのである。出席を許されているにもかかわらず、あえて参加しようとしなかったのだ。実際に自殺を図ったのは開幕の前々夜だったらしいが、映画では、華やかなセレモニー会場と暗いホテルの部屋とをクロスカッティングでつないで対照を際立たせるために、並行する二つの出来事として描かれている。ベーコンの芸術は「美と苦痛の結晶」であるという、展覧会の主催者側の挨拶が、ヴォイスオーヴァーで流れている。画家が生涯でいちばん輝かしい瞬間にあるまさにそのとき、ダイアーは死へと突き進む苦痛のど真ん中にいる。片や拍手喝采を浴びる画家、片や苦しみ悶えるその「恋人」。

ホテルでの自殺の場面は、もちろんベーコンの絵画からインスピレーションを得ている。死んだ恋人に捧げられた三つの三連画、《トリプティック ジョージ・ダイアーの思い出に》(一九七一年、リーエン、バイエラー財団美術館)、《トリプティック八月》(一九七二年、ロンドン、テート・モダン)、そして《トリプティック 五・六月》(一九七三年、個人蔵)のうち、とりわけ、喪失感と罪悪感を払拭するために描かれたといわれる三番目の作品がそれである。三連画という形式は、もともと宗教美術に由来し、その主題はたいていイエス・キリストの生涯にまつわるものだが(たとえば、中央の磔刑をはさんで、左に誕生、右に復活という具合に)、ベーコンはそこにおそらく罪滅ぼしの意味も込めて、ダイアーを重ね合わせたのだろう。

メイブリーは自殺の場面を、ベーコンのそのトリプティックのひそみに倣って、メロドラマ的というよりもむしろ、瞑想的で暗示的、神秘的で不気味でもある雰囲気のなかで再現しようと試みる(図VI-16)。立方体状の骨組みだけの抽象的な空間のなかに、ビデと便器が並んでいる。ブリーフ一枚のダイアーは、そこにうずくまって思わず嘔吐するが(三連画の左翼に対応する)、それでも飽き足らずに催眠剤をあおろうとする。薬のビンが鋭い音を立てて床に転がり落ちる。酩酊し意識も朦朧として便器の上に座り込むと、ついにうなだれていく(三連画の右翼に対応する)。そのダイアーの肉体の全身と部分を、カメラは、あらゆる角度から容赦なくとらえる(八つの長短のショットからなるおよそ二分間のシーン)。この枠組みの内部にはまた大きな鏡が取り付けられていて、それによって彼の身体はしばしば二重化される。おそらく、鏡を使うことで三連画に近い効果を狙おうとしたのだろう。また、三連画の中央画面には、まるでコウモリのようなダイアーの影が大きく手前に伸びているが、映像でも暗い空間に彼の不気味な影が投影されている。

**図Ⅵ-16**　『愛の悪魔』より

最後のシーンで、恋人の死を知らされた画家は、このトイレの空間のなかにみずからを置き、幻のダイアーの背中を愛撫する。そして、すべては朽ち果てるのだと、自分に言い聞かせる。その姿は、かつての恋人をいとおしんでいるようにも、あるいは、すべては時の流れるままと諦観しているようにも見える。おそらくその何れでもあるのだろう。どちらにせよ、この映画は、ベーコンをことさら持ち上げるのでも、あるいは逆に、不当に貶めようとするのでもない。芸術家を格別に理想化したり神聖視したりしてきたかつてのビオピックにたいして、むしろその「おぞましさ」に目を向けようとする点で、この映画は、先に触れたメアリー・ハロンの『アンディ・ウォーホルを撃った女』や、ミロス・フォアマンの『アマデウス』などとも通じるところがある。ベーコンとダイヤーは、それぞれ互いの分身のような存在だが、それはまた、「アブジェクトな（おぞましい）男性性のスキゾ的な分裂」でもあるのだ（2014, Codell 169）。

# VII

## 政治と色事

### ゴヤの場合

スペインの画家フランシスコ・デ・ゴヤ（一七四六―一八二八）の生涯もまたさまざまなエピソードに彩られている。宮廷お抱えの画家でありながら、国王一族を風刺しているように見える肖像画をわざわざ公表したり、全裸の女性像《裸のマハ》に陰毛まで描きそえて世間をアッと言わせたり、そのマハのモデルとされるアルバ女公爵とのロマンスに浮名を流したり、厳しい異端審問を何とか切り抜けたり、スペインに侵攻したナポレオン軍の暴挙を版画集『戦争の惨禍』（一八一〇―二〇年）で告発したり、と。その波瀾曲折の生涯が、激動期のスペインの歴史ともあいまって、文学のテーマとしても好まれてきたことは、堀田善衛の大作『ゴヤ』（一九七四―七七年）がいみじくも証言している。

映画の世界でも、かの有名なスペインの巨匠ルイス・ブニュエルが早くも一九二六年に構想を温めていて、「アルバ公爵夫人とゴヤ」というシナリオを残している。この題名が示しているとおり、メインとなるのは半ば神話に包まれた画家のロマンスである。少なくともそのシナリオを見るかぎり、三年後にダリとの合作で公開することになるシュルレアリスムの実験作『アンダルシアの犬』を予感させるところはほとんどない。後にハリウッドがヘンリー・コスターのメガホンで映画化した『裸のマヤ』（一九五八年）でも、エヴァ・ガードナー演じる女公爵が後見のない田舎者ゴヤを立派な画家に成長させていくという筋書きになっている。

というわけで、本章ではこのスペイン画家のビオピックに登場願うことにしよう。具体的に取り上げるのは最近の次の三作である。すなわち、名匠カルロス・サウラの『ゴヤ』（一九九九年、原題「ボルドーのゴヤ」）、ビガス・ルナの『裸のマハ』（同じく一九九九年、原題はゴヤの版画のタイトルからとられた「彼女たちは飛び去った（ヴォラヴェルント）」）、そしてミロス・フォアマンの『宮廷画家ゴヤは見た』（二〇〇六年、原題「ゴヤの亡霊」）である。後ろの二作は、厳密にいうと、伝記映画というジャンルからは少し外れるかもしれないが、いずれにしても、政治と色事の二つがゴヤの芸術と密接にかかわっていることが、それらの作品の中心テーマとなっていることに変わりはない。

## 「人物像についての個人的エッセー」

サウラの『ゴヤ』は、フランスのボルドーにみずから望んで亡命した画家の晩年（一八二四―二八年）と、そのフラッシュバックによって構成される。この監督らしく、フラメンコやスペイン民謡が随所にちりばめられていて、老いたゴヤ（フランシスコ・ラバル）も渋い踊りを披露したりしている。サウラ自身が「人物像についての個人的エッセー」（Marti）と呼んでいるように、連続したメロドラマ的な展開は避けられ、現在と過去、現実と幻想とが織りなす映像の実験といった様相を呈している。

全編のほとんどの場面が屋内のセットで撮影されていて（カメラマンは大家ヴィットリオ・ストラーロ）、たとえば亡命先ボルドーの画家のアトリエは、幾何学的に抽象化された赤褐色の空間によって非現実的な雰囲気を盛り上げている。ゴヤの絵の世界が映像によって再現される場面も少なくない。民衆のありのままの姿を宗教画のなかに

図Ⅶ−1（上）Ⅶ−2（下）『ゴヤ』より

も盛り込みたいと望む若いゴヤ（ホセ・コロナード）は、マドリードの守護聖人である聖イシドロの祭りに足を運んで彼らを観察するが、その場面は、同じ祭りを描いたゴヤ自身の絵（一八〇八年）からとられている。それはまるで、画家が自分の絵の世界のなかに入っていくかのようである。ここでは画家も民衆たちも動いているから、厳密には活人画とは呼べないかもしれないが、そのヴァリエーションであることに変わりはない。

極めつけは、フランス軍の侵攻の犠牲になるスペインの民衆の惨状を、晩年の画家が回想するラストのシークエンスである（あいだに数秒のゴヤのバストアップを二回はさんで、四十近いショットからなる七分半）。折り重なる死体の山、逃げ惑う老若男女、頭部だけが見える生き埋めの体、鉄砲を向けるナポレオン軍、木にだらりとぶら下がる処刑者たち、民衆のむなしい抵抗、母親を捜す少女、おびただしい数の死体に振りかけられる消石灰、等々。これらは大方、版画集『戦争の惨禍』（一八一〇〜一四年）や《マドリード、一八〇八年五月三日》（一八一四年、マドリード、プラド美術館）が下敷きになっているが、そのすさまじい場面の数々をダイナミックに再現しているのは、スペインの前衛パフォーマンス集団ラ・フラ・デルス・バウスの面々である（Gómez 110）。一九七九年にバルセロナで旗揚げされたこの劇団については、一九九二年のバルセロナ・オリンピックの開会式の演出で世界的に有名になったから、聞き覚えのある読者も少なくないだろう。

版画集のなかでも名高い三十九番《立派なお手柄！　死人を相手に！》（一八一〇―二〇年頃）、すなわち、腕や首や男根を切りとられて枝につながれた三つの引き裂かれた人体――彼らはスペイン人なのだろうか、それともフランス兵なのだろうか――も再現されていて、真ん中の男はまだ生きてかすかに動いているように見える（図Ⅶ－1）。銃に撃たれる民衆たちはまるでスローモーションのようにゆっくりと地面に倒れていくが、そこはパフォーマーたちの腕の見せどころでもある（図Ⅶ－2）。というのも、フランス兵たちが通常の動きを見せているところから、これはスローモーション撮影でないとわかるからである。

## 「ただゴヤのみ（ソロ・ゴヤ）」

悲惨な現実を目の当たりにしてきた、時代の目撃者にして告発者でもある反骨の老画家は、祖国の改革を望む「自由主義者《リベラル》」を自認し、同じ境遇の亡命者たちと「自由のために」、そして圧制と戦争のない祖国の再建を願って杯を交わす。が、同時に画家は二つの影にいつも付きまとわれてもいる。ひとつは「狂気」をもかすめる想像力の跳梁であり、もうひとつはアルバ女公爵カイエターナ（マリベル・ベルドゥ）の亡霊である。昔を思い出しながら記憶で彼女のヌード・デッサンをすることもある。ボルドーのアトリエには何度もその亡霊が出没し、ついに最後には、ベッドに眠る画家に彼女の大きな黒い影が近づいてきてすっぽりと呑み込んでしまう。残っているのは、もぬけの殻のベッドだけ。

「恋と政治を手玉にとる」危険な女、カイエターナと若き日の画家とがしばし蜜月の関係にあったこと、そして権謀術策うずまく宮廷で王妃マリア・ルイサと宰相ゴドイの策略によって彼女が毒殺されたこと、長く人口に膾炙してきた――しかし実証されているわけではない――これらのエピソードを、この映画も否定はしていない。それどころか、画家本人に語らせ回想させる。内縁の妻の連れ子――後に女流画家となるロサーリオ――

に、《黒衣のアルバ女公爵》（一七九七年、ニューヨーク、アメリカ・ヒスパニック協会）を見せながら、老画家は、彼女が右手で指している画面下に刻まれた銘「ただゴヤのみ（ソロ・ゴヤ）」について、それも愛の告白だったと語って聞かせる。ただし、《着衣のマハ》（一八〇〇―〇五年頃）と《裸のマハ》（一七九七―一八〇〇年頃、いずれもマドリード、プラド美術館）のモデルが彼女であるかどうかについての判断は保留されている。

さらに興味深いのは、この絵のお披露目の場面である。ゴヤも含めた客人たちの見守るなか、宰相ゴドイが、金属の反射板を使って間接的に光を当てると、まずはアルバ女公爵から手に入れたというベラスケスの《鏡のヴィーナス》（一六四八年頃、ロンドン、ナショナル・ギャラリー）が暗闇のなかから浮かび上がってくる。ゴドイから感想を求められたゴヤは「傑作です」と即答。次に同じ反射板の光を当てると、ヨルダーンスの《ヴィーナス》が現われる。こうした光の反射板の仕掛けがかつて存在したことを、わたしは不勉強で知らなかったのだが、異端審問に引っかかりそうなエロティックな絵画は、薄暗い部屋に密かに飾られていて、特別の客人が訪ねてくると、この種の間接照明を当てて目を楽しませていたのだろう。

そして最後に登場するのが、ゴヤの描いた二枚のマハである。「いちばんお気に入りの絵をご覧にいれよう」、もったいぶってゴドイが、例の反射板を動かすと（図Ⅶ－3）、まず《着衣のマハ》が見えてくるが、さらに光の当て具合を変えると、ディゾルヴで徐々に服が消えていき（図Ⅶ－4）、薄明りのなか、ついには一糸まとわぬ《裸のマハ》が出現してくるのである。まるで一枚の絵が、光の調子によって二つの顔を見せる、とでも云わんばかりに。実際にはこれは不可能な話だから、監督のサウラと、光の魔術師ストラーロが編み出した幻想的な演出である。

とはいえ、もともと二枚は並べられていたのではなくて、着衣像の裏側に裸体像が隠されていたということは、大いにありうる話だろう（ちょうどレコードのA面とB面のように）。実際にも、まったく同じサイズ（97×190cm）の二枚は、着衣の絵のほうが裸の絵よりも後に完成されているが、それというのも裸の絵をすっぽり覆い隠すためではなかったかと推測されるのである。モデルは誰かと問われて、画家は思わず「想像で描いた」とその場をとりつくろう。誰からともなく、ゴドイの愛人ペピータ・トゥドーではないか、という声も上がる。「宗教裁判に用心しろ」と客人から忠告されたりもする（本当に異端審問に担ぎ出されることになるが、幸いお咎めはなかったようだ）。

図Ⅶ-3（上） Ⅶ-4（下） 『ゴヤ』より

## 想像力と「理性の眠り」

老いた画家のもとにはまた、若き日の自分が姿を現わすことがある。野心に燃え、「腐敗と中傷」のうずまく宮廷の荒波のなかを生き抜いてきた若き頃。そして、人間の狂気がもたらす数々の惨劇を目の当たりにしてきた現在。自分には「ベラスケス、レンブラント、そして自然」という三人の師がいるという若いゴヤにたいして、老いたゴヤは、「レンブラント、ベラスケス、そして想像力」と応じる。今やゴヤは、ベラスケスよりもレンブラントをいちばんに置き、想像力を自然に取って換える。その意味で象徴的なのが映画の幕開きである。レンブラントの絵のモチーフ、屠殺された牛にカメラが接近していくと、その生々しい肉の塊が（CGによって）見る見るしわだらけのゴヤの顔に変わっていくのである。もちろんこれもまた、監督とカメラマンの「想像力」のなせる業である。レンブラントはここで、先のシャルル・マトンの映画と同じように、わたしたちをはねつけるが惹きつけもするおぞましい肉体の画家とみなされ、ゴヤの先駆ともみなされている。この間、背後には、スペインの宮廷に仕えたバロックの作曲家ルイジ・ボッケリーニのギター五重奏曲第四番『ファンダンゴ』（一七九八年）が流れていて、カスタネットが激しくリズムを刻んでいる。スペインの伝統舞踊に基づくこの曲は、フラッシュバックの場面でもよく使われるばかりか、老いたゴヤがさりげなく口ずさんだりしていて、本作全体の基調をなしている。

「理性と想像がひとつになれば、芸術の母になる。驚異の源だ」、それが画家の信条であるが、また同時に、想像力がなければ人間は動物と同じだとも考えている。想像のなかでは、罪を犯しても罰せられることはなく、天国へも地獄へも行け、何者にでもなることができる、という。「理性の眠り」のなかで「ロス・カプリチョス（気まぐれ）」に想像力を遊ばせてきたゴヤならではのセリフである。だが、想像力には落とし穴があって、深入りしすぎると暗黒の狂気に呑み込まれてしまうのだ、と画家は「娘」のロサーリオに説いて聞かせる。まさしくその版画のタイトルにもあるとおり、「理性の眠りは怪物を生む」のだ。想像力の魅力に取り憑かれつつも、その危険性にも気づいている画家は、理性と狂気のあいだで引き裂かれている。

すると場面は嵐の音とともに一転し、彼がボルドーに移る直前に手がけていた、マドリード郊外の別荘「聾者の家」を飾る壁画連作、「黒い絵」（一八二〇—二三年、マドリード、プラド美術館）を描いている場面に変わる。ここでも画家は「娘」に、完成半ばの連作を見せながら、人間こそがどんな動物よりもいちばん恐ろしい怪物だ、と諭す。というのも、動物はいかに獰猛でも本能に忠実なだけだが、人間は悪と知っていて悪を実行することができるからである。なるほど、と思わず相槌を打ちたくなるセリフである。

真夜中、家族が寝静まったころ、この画家のトレードマークでもある、ひさしに何本も蠟燭を立てた山高帽をかぶってその連作を描いている（この出で立ちは実際には一七九一年の自画像に現われるのみだが）（図Ⅶ－5）。すると突然、その絵の怪奇な世界が現実となって彼に襲いかかってくる。《わが子を喰らうサトゥルヌス》の口からは深紅の生血がしたたり落ち、《魔女の夜宴》や《異端審問》のなかからは、おぞましい形相の男と女が飛び出してきて、集団で襲いかかるようにしてゴヤの周りを取り囲む。画家の妄想は頂点に達する。まるで十九世紀にもゾンビがいたかのようなその不気味な姿を、カメラは三六〇度回転しながらとらえる（図Ⅶ－6）。おそらくサウラはここで、ジョージ・ロメロの古典的なゾンビ映画『ナイト・オブ・ザ・リビングデッド』（一九六八年）などの映像を意識していたのではないだろうか。

図Ⅶ－5（上）Ⅶ－6（下）　『ゴヤ』より

「近代絵画はゴヤからはじまった」、名高いアンドレ・マルローのこの言葉で映画は幕を閉じる。「近代の予言者ゴヤ」、こちらは二〇〇五年のベルリン国立美術館での展覧会のタイトルである。が、これよりもさらに早く画家の「現代的な精神」を評価したのは、シャルル・ボードレールであった（シモンズ 320－321）。このように、ゴヤはしばしば最初の近代人とみなされてきたのだが、まさしくサウラの映画は、理性と想像力のあいだで引き裂かれたゴヤを近代のとば口に位置づけようとしているように思われる。

## エロスと官能のサスペンス——マハのモデルは誰か

一方、ビガス・ルナの『裸のマハ』は、その絵のモデルではないかと詮索されてきた二人の女性、アルバ女公爵カイエターナと宰相ゴドイの愛人ペピータに焦点を当て、この監督お得意のエロティックで官能的なコスチューム・プレイに仕上げている（一九九九年に本国で最大のヒット作となった、というのもうなずける）。それゆえ、それぞれを演じる二人のスペイン女優、アイタナ・サンチェス＝ヒホンとペネロペ・クルスの競演が見所の作品でもある。

名高い絵のモデルは、ゴヤとのロマンスが噂されてきたカイエターナなのか、はたまた、その絵を注文した権力者ゴドイの愛人ペピータなのか。そして、カイエターナはいったい誰の手によって毒を盛られたのか。この積年の伝説的論争にたいして、本作は実に巧みな解決策——ある意味では折衷案——を提示する。モデルの肉体はペピータ、心はカイエターナ、だというのだ。そして、そのことに嫉妬したペピータがカイエターナを密かに毒殺しようとするが、思いとどまって未遂に終わったため、（長く語り継がれてきたように）彼女の富を狙う宰相ゴドイとその美貌を妬む王妃マリア・ルイサの策略によって暗殺され、病死として処理されることになる、というわけだ。何が起こっているのか。もう少し詳しく見ておこう。

サスペンスの形式をとる本作は、時間軸に沿って進行するというよりも、同じ出来事が、登場人物たちのそれぞれの視点から繰り返して描かれるため、筋道がつかみにくいところもあるが、スペインの観客にとっては、アルバ女公爵と彼女にまつわるスキャンダルは、さしずめ日本人にとっての阿部定や川上貞奴のそれと同じくらい、広く知られたものなのだろう。それゆえ、先述のように、ゴヤとの蜜月についても、陰謀による毒殺についても、歴史的に証明されているわけではないにもかかわらず、映画がそれらを好んで取り上げるのは、何より観客の期待を裏切らないためである。

さて、裸と着衣の二枚のマハの謎をめぐる経緯はこうだ。仕上がったばかりの二枚を見るため、カイエターナが画家のアトリエにやってくる（前にも述べたように、実際には、二枚は同時にではなくて、裸が先で着衣が後に仕上げられているから、これは映画の創作である。また、メインプロット上では、彼女はすでに謎の死を遂げている）。そこにはすでにゴドイ——彼女は彼とも関係がある——がいて、彼女は彼に、絵を譲ってほしいと申し出る。そこに描かれているのが自分だと信じているからである。絵のなかの陰部に手を当てながら、「ヴォラヴェルント（彼女たちは飛び去った）」とささやくカイエターナ。まさにその瞬間、書架の隙間から瞳のようなものが光るのをゴヤは見逃していない。

その後でわたしたち観客は（時計の針を少し戻して）、薄暗い蠟燭の明かりのもと、ペピータにポーズをとらせて描いている画家を目撃することになるから（ただしカンヴァスの表面は映されない）、モデルは実は彼女だったことを知らされる（図VII－7）。若いペネロペ・クルスが大胆なヌードを披露する場面でもある。

さらに、誰が何のためにアルバ女公爵を亡き者にしたのか、その犯人と理由について議論するゴヤとゴドイの会話を盗み聞きしていたペピータは、自分も疑われていることを知って、猛毒の顔料を酒に混ぜて殺害を謀ろうとしたが踏みとどまったことを画家に告白する。先に書架の隙間からこっそり盗み見ていたのは、実はこのペピータだったのだ。すると場面は、彼女の視点へと変わり、彼女の体を使ってゴヤが女公爵への愛を描いたことに、彼女が強い屈辱と嫉妬を感じたことが明かされる。俗っぽい三面記事まがいの筋書き、というう恨みがなくはないものの、ここがこの映画のミソではある。本国スペインには実際、わたしは未読だが、劇作家セフェリーノ・パレンシアの『ペピータ・トゥドー』（一九〇一年）のように、マハを一種の妖艶なキマイラ——顔がペピータで胴体がカイエターナ——のようなものとして解釈している文学作品もあるらしい（Gómez 112）。これもまた想像力のなせる業である。

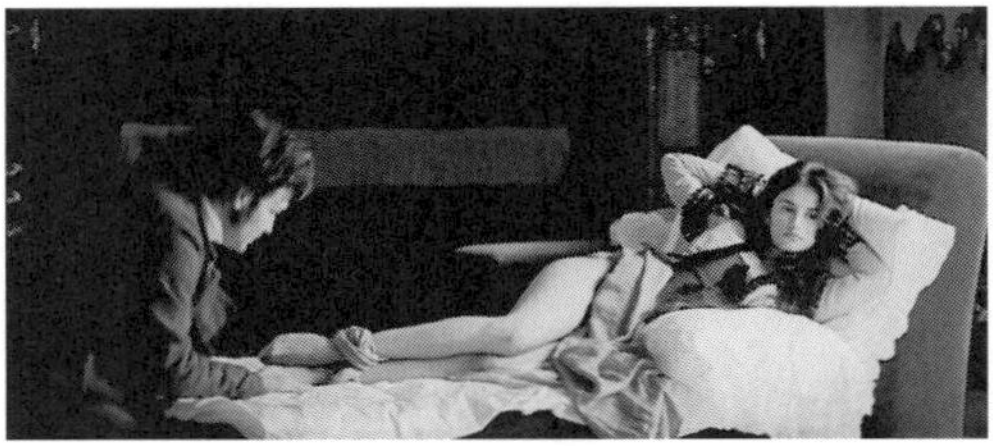

図VII-7（上） VII-8（下） 『裸のマハ』より

万事うまくやりおおせた宰相ゴドイと王妃マルア・ルイサがベッドで哄笑するなか、画面は打って変わって、スクリーンいっぱいの《着衣のマハ》が、歯車の鈍い音とともにゆっくりと上に平行にずれていって、その下から《裸のマハ》が徐々に顔を出してくる（図VII-8）。その全貌が姿を現わすと、カメラは回転するように彼女の陰部に近づいて止まり、そのままエンドクレジットとなる。これもやや作為的な演出ではあるが、二枚のマハが本来どのように飾られていたのかを想像的に再現していると見るなら、まんざら捨てたものでもない。

## 異端審問と戦乱の嵐のなかで——時代の証言者ゴヤ

最後に、ミロス・フォアマンの『宮廷画家ゴヤは見た』に登場願おう。この作品は、はじめにも述べたように、ゴヤ（ステラン・スカルスガルド）を時代の証人に仕立てた歴史映画といった性格が強いもので、厳密には画家の伝記映画というジャンルには含まれないかもしれない。とはいえ、たとえば斬新な切り口でモーツァルト（とサリエリ）を描いた『アマデウス』（一九八四年）や、一世を風靡して夭折した異色の「コメディアン」、アンディ・カウフマンをモデルにした『マン・オン・ザ・ムーン』（一九九九年）などのように、ビオピックを得意とするこの監督の手腕が遺憾なく発揮された作品であることに変わりはない。また、ソ連が「プラハの春」に軍事介入して以後、故国チェコを離れたという経歴のこの監督は、たとえば『カッコーの巣の上で』（一九七五年）において精神病院の抑圧的な実態を告発したように、リベラルな思想の持ち主で、このこともまた、ゴヤの映画にしっかりと反映されている。

本作の主役は、ゴヤその人というよりも、政治的野心に燃えるロレンゾ神父（ハビエル・バルデム）と、コンベルソ（キリスト教に改宗したユダヤ人）の大商人の若い娘イネス（ナタリー・ポートマン）という二人の架空の人物であり、時代のうねりに翻弄される彼らの運命を、ゴヤがずっと見守っていくという展開になっている。もとよりフィクションであるにもかかわらず、こうした筋書きが「本当らしく」見えてくるのは、実際に画家自身が、異端審問やナポレオン軍侵攻など、同時代の政治的・宗教的な事件に敏感に反応したテーマの絵を数多く残しているからである。本作のなかでも、鉛筆と冊子を手にゴヤが現場で取材ならぬデッサンする光景がさしはさまれる。世が世ならば画家はことによるとカメラを構えたかもしれない。それゆえここでは、アルバ女公爵とのロマンスや、二枚のマハの絵をめぐる艶めいたエピソードは、ほとんどスクリーンに上ることはない。代わって、『ロス・カプリチョス』のためのエッチングやアクアチントの制作模様が、比較的忠実に再現されている。

さて、異端審問の嵐が吹き荒れるなか（この版画集を発表したゴヤもその標的になって睨まれている）、ただ豚肉を食べなかったという理由だけで、改宗ユダヤ人の娘イネスが、ロレンゾ神父の指揮のもと告発され拷問を受けるところから、話ははじまっていく。ゴヤが二人の運命の証言者となるのは、彼らの肖像画を依頼されて制作していたからである。いうまでもなくこれもフィクションだが、ゴヤが肖像画の名手でもあったから可能となる設定で、とりわけ順に《フランスシスカ・サバサ・ガルシアの肖像》（一八〇四—〇八年、ワシントトン、ナショナル・ギャラリー）と《フアン・アントニオ・リョレンテの肖像》（一八一〇―一一年、サンパウロ美術館）が下敷きになっていると考えられる（映画のなかでゴヤが描いている絵はたしかにこれらの肖像画に似ている）。実際にもリョレンテは、異端審問に深くかかわった聖職者で、同時にナポレオン・シンパの術策家でもあったから、架空の人物ロレンゾの直接のモデルとみなすこともできるだろう。

**拷問をめぐって**

さて、身に覚えのない濡れ衣をかけられて激しい拷問を受ける哀れな娘を救おうと、改宗ユダヤ人の父親はあれこれとできる限りの手を尽くす。ロレンゾ神父を友人のゴヤとともに夕食に招いたのも、そのひとつ。話題の中心はもちろん娘のこと。彼女は、拷問を受けたために、密かにユダヤ教を信仰していたと嘘の自白をさせられてしまったのだが、ロレンゾはあくまでも拷問ではなくて「尋問」だと言い張る。廃止されたはずの拷問がいまだに横行していることに、父親は驚きと怒りを隠せない。

そのような「尋問」による告白が究極の証拠になりうるのか、議論が盛り上がってくると、それまで黙って聞いていたゴヤが突然口を開いて、拷問を受けたら自分だって嘘の告白をしてしまうだろう、と助け舟を入れる。「痛みを避けるためなら、どんな告白でもするだろう」、というのだ。するとロレンゾがすかさず、神を信じ畏れる者が嘘の告白などするはずはないと反論。これにたいしてゴヤが、拷問によって正気を失い、「痛みへの恐れが神への畏れを上回ったら？」と切り返すと、ロレンゾは、あなたに本当に罪がなければ「痛みに耐える力を神がお授けになる」と、いささかの迷いもなく答える。

ここまで黙って聞いていた父親が、満を持したかのように二人のあいだに入ってきて、あなたはそのような「尋問」を受けたことがありますか、とロレンゾに詰め寄る。「もちろんない」と神父が応じると、父親は畳み掛けるように、たとえば「サルだと告白しろ」というような不条理なことを突きつけられたら、神はそれを否定する勇気を授けてくれるのか、それとも痛みに負けてサルだと自白してしまうのか、と相手に迫る。それを聞いていたゴヤは、苦笑いを浮かべながら「わたしなら告白する」と冗談交じりで応じるが、当のロレンゾ神父は答えに窮して黙ってしまう。

それを確かめた父親は突然テーブルを立って別室に退くと、長くて太い綱と紙片をもって戻ってくる。その紙には、外見は人間だが実はチンパンジーとオランウータンの私生児で、異端審問で混乱させるために教会に入った旨のことが記されていて、父親はロレンゾに署名を迫る。もちろん、そんな理不尽な要求に彼が応じるはずのないことは、父親も重々承知のうえである。そこで、召使を使って太綱でその手を縛って締め上げさせるや、いとも易々とロレンゾは馬鹿げた文書に署名しはじめるのである。

娘の無念を晴らそうとする父親の苦闘を描くこの比較的長いシークエンス（十二分余り）は、表向きは、拷問を「尋問」と偽って正当化する異端審問を痛烈に皮肉るものである。が、おそらくそれだけではない。二〇〇六年という映画の製作年に鑑みるなら、対テロの口実のもと、グァンタナモ収容者やアブグレイヴ刑務所で米軍によっておこなわれたイスラーム教徒への虐待や拷問のことが暗示されているだろう、と想像されるのである。社会派のこの監督のことだから、それは大いにありうることだ。アメリカ同時多発テロ事件を契機に、テロとの戦いという大義名分のもと、この国が軍事的・政治的な暴挙に打って出たことは、まだわたしたちの記憶に新しい。反骨の画家ゴヤが、《マドリード、一八〇八年五月三日》でフランス軍による大虐殺を告発したとすれば、同じ反骨の監督フォアマンは、他でもなくゴヤを描いた映画のなかで、現代のアメリカ軍による暴力を、それとなくやり玉に挙げているのではないだろうか。

**図Ⅶ−9**　ゴヤ《立派なお手柄！　死人を相手に！》

**図Ⅶ−10**　『宮廷画家ゴヤは見た』より

## ゴヤが「証言」しているもの

　さて、その後フランスへと逃れたロレンゾは、十数年が経ち、今や革命思想家となって、ナポレオン軍のスペイン侵攻とともにいわば凱旋帰国する。異端審問は廃止され、イネスもやっと釈放されるが、このときにはすでに両親も他界し、心身ともに深い痛手を負っている（その昔、獄中でロレンゾにレイプされ、子供を出産するも強引に引き離された、という設定になっている）。一方のロレンゾは、革命と自由の名のもと、かつて異端審問にかかわっていた聖職者に死刑を宣告する。だが、またもや形成はすぐに逆転する。ナポレオンの兄ジョゼフがスペイン王ホセ一世（在一八〇八―一三）として即位するも、その失脚後、ボルボン朝の末裔フェルナンド七世（在一八一三―三三）が国王に返り咲くや、かつての異端審問が復活され、今度はロレンゾ自身がその犠牲となって処刑されるにいたるのである。

　聴覚を失うも視覚を研ぎ澄ますゴヤは、みずからそう名乗るように、これらすべての運命に立会い、それを「証言」する人である。「わたしは証人となって、今起こっていることを記録する」。本作はこのことを、映像のうちに画家の絵を巧みに取り込むことによって表現する。

たとえば、ナポレオン軍の侵攻は、いうまでもなく『戦争の惨禍』が踏まえられているが、ここでは《立派なお手柄！ 死人を相手に！》(図VII-9) を筆頭に、何枚かの版画もまたモンタージュされていく。精神病院に送られたイネスをゴヤが訪ねていく場面は、《精神病院の中庭》(一七九三—九四年、ダラス、メドウズ美術館) や、《精神病院》(一八一二—一九年、マドリード、王立サン・フェルナンド美術アカデミー) のような作品を髣髴させないではいない。これらの絵においてゴヤは、監禁された狂人たちを、異常者や危険人物としてよりもむしろ、映画のなかのイネスがそうであるように、時代や社会が生みだした犠牲者として描いているように見える。

一方、異端審問にかけられ処刑されるロレンゾの場面 (図VII-10) は、《異端審問所法廷》(一八一二—一九年頃、マドリード、王立サン・フェルナンド美術アカデミー) のような作品が参照されている。異端者として裁かれる者には、長い三角帽がかぶせられて法廷にさらされる。この絵を描いたゴヤが、当時たしかに、アイロニーと同情の入り混じったまなざしで、不吉な裁判を観察していたに違いないように、映画のなかのゴヤもその様子を克明にスケッチしている。

処刑の場面では、見物人たちの描写に、《バルコニーのマハたち》(一八一〇年、ニュー

図VII-11　『宮廷画家ゴヤは見た』より

図VII-12　ゴヤ《戦争ごっこ》

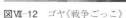

ヨーク、メトロポリタン美術館）が反映されている。彼らにもまた、いつか同じような運命が降りかかってこないとも限らないのだ。新たな国王の登場を熱烈に歓迎する民衆たちは、権力の犠牲者にもなれば、単なる追随者にも堕しうる危うい存在である。その群衆のあいだで、ひとり黙して険しい表情を見せるゴヤの姿を、カメラは一瞬だがしっかりととらえる。処刑が終わって、ロレンゾの遺体が馬車で運ばれるとき、その周りを、何人もの子供たちが冷やかすようにして走り踊っている（図Ⅶ－11）。この場面もまた、「子供たちの遊び」を題材にしたゴヤの両義的な何枚かの絵――たとえば《戦争ごっこ》（一七八二年頃、マドリード、プラド美術館）（図Ⅶ－12）など――を下敷きにしている。子供は無邪気だが、同時に残酷な存在にもなりうる。しばらくするとゴヤもフレームに入ってきて、馬車と子供たちの後ろを追うようにして緩やかな坂を登っていく。カメラはその後姿を三十秒余りの長回しでじっと見つめている。あたかも、同時代を証言するゴヤのまなざしは、さらに先へと続いていくとでも云わんばかりに。これが本編のラストである。

前述のように、ミロス・フォアマンの映画は、厳密にはビオピックを外れるものかもしれないが、こうした歴史フィクションが可能になったのは、ほかでもなくゴヤ自身が時代の鋭い証人にして告発者でもあったからに他ならないだろう。

# Ⅷ アール・ブリュットの画家たち

「生のままの芸術」と訳されるアール・ブリュット、さらに近年ではより広くアウトサイダー・アートと呼ばれているジャンルの画家たちが伝記映画に登場するようになるのは、一九六〇年代のことである。これを早いとみるか遅いとみるかは見解の分かれるところかもしれないが、ヴィンセント・ミネリもまたゴッホの「狂気」を描いていたこと、ジョン・ヒューストンのロートレックも障がいをバネにしていたことなどを考えると、画家のビオピックは最初からすでに、これらのテーマと無関係ではなかったともいえるだろう。日本では、「放浪の画家」山下清をモデルにした『裸の大将』（堀川弘通監督）が封切られるのが一九五八年のことだから、むしろ先駆けていたとさえいえるかもしれない。

語意を広くとってたとえば素朴派なども含めると、伝記映画の名手ケン・ラッセルがアンリ・ルソーを題材にイギリスＢＢＣのために製作した短編『毎日が日曜日』（一九六五年）などは、早い例として挙げられるだろう。一九六九年には、当時ソ連の支配下にあったグルジア（ジョージア）の監督ギオルギ・シェンゲラヤが、国民的画家ニコ・ピロスマニ（一八六二―一九一八）を、まさしくその絵のままに素朴だが美しい映像によって描きだした。これについては後述しよう。

## ローザンヌの「歌姫」――『アロイーズ』の場合

異色の作品としては、四十年以上の年月をスイスの精神病院で過ごして没したアロイーズ・コルバス（一八八六―一九六四）の生涯を、女流監督のリリアンヌ・ド・ケルマデックが感傷を抑えて淡々と、しかし深い愛情を込めて描いたフランス映画『アロイーズ』（一九七五年）がある。その意味では、きわめてメロドラマ的な『カミーユ・クローデル』とはその性格を異にする。やはり三十年間もの長きにわたって精神病院に閉じ込められたカミーユは、発病すると彫刻の制作を止めてしまうが、アロイーズは逆に、精神病院に入ってから絵を描きはじめる、という違いもある。オペラに夢中になっていた少女時代の彼女を若き日のイザベル・ユペール、戦争の気配の迫るなか家庭教師を務めていたドイツから帰国してしだいに精神を病んでいく後年をデルフィーヌ・セイリグという二大女優が競演しているのも、本作の見所のひとつである。

アロイーズはローザンヌの出身で、一九七六年にはこの地にアール・ブリュット・コレクションが開館しているから、没後十年が経って、彼女を含めた「生のままの芸術」への関心がにわかに高まっていく時代に、この映画は製作されたことになる。同じ一九七五年には、この分野の先駆的な研究となった著書、ミシェル・テヴォーの『アール・ブリュット』も出版されている。テヴォーはまた、ローザンヌの美術館の開館から二〇〇一年まで館長を務めたという経歴をもつが、このコレクション自体は、「アール・ブリュット」という名の生みの親で、いち早くその芸術性を評価したフランスの画家ジャン・デュビュッフェの収集品が母体となっている。

憧れのオペラ歌手になるという夢に破れ、生涯ただいちど限りの恋人とも別れ、皇帝ヴィルヘルム二世――「父」の代理――にたいする激しくも妄想的な一方的恋慕の末、アロイーズは三十歳代

**図Ⅷ−1**　『アロイーズ』より

前半という人生の絶頂期にすべてを奪われて精神病院に収容される。症状は安定していても治る見込みのない患者を受け入れるその施設にあって、自分の殻のなかに閉じこもっているものの、同時にきわめて知的でもあるアロイーズは、最初は得意の歌や踊りに身をゆだねているが、次第に文章を書いたり絵を描いたりするようになる。

病院のシーツにアイロンをかけるという日常のルーティンを淡々とこなしながらも、彼女は、みずからが妄想のなかでつくりだす美の壮麗な世界に逃げないではいられない。その絵の主人公は、彼女のアルター・エゴとしてのクレオパトラやナポレオン、マリー・アントワネットたちである。映画は、そんな彼女の日常の反復的ルーティンと虚構の芸術創造とを、対立し矛盾し合うというよりも、むしろ補完し合っているかのように交互に描きだす。アイロンがけする彼女は、ゆっくりとていねいに手を動かしているが、ひとたび絵筆に持ち替えるや、ベッドの陰でその手は激しく一心不乱に紙の上を擦りつける（**図Ⅷ－1**）。彼女にとって、これらのどちらも必要だったのだ。

彼女の絵のなかにしばしば登場する、大きく胸のはだけた裸の女性の全身像を見せながら、こうつぶやく。「こんな風にポーズをとらなきゃいけないの。でないと、もっとおかしくなってしまうかもしれないから」、と。自分が絵を描くという行為に関して、そしてその治癒的効果について、（少なくとも映画のなかの）アロイーズはたしかに自覚的なのだ。あるいは、絵を描くことで「みずからの妄想を外在化させ、しかも自分がつくったものに十分な客観性と輝きを与えることで世俗の現実を追い出し」(1999, テヴォー 216) ている、ともいえるだろう。

## 「聞こえてくることを描き写しているの」

「わたしは、聞こえてくることを描き写しているの。大きな望遠鏡のなかに幻を覗きこむようにすると、それが何枚も大きな絵になって広がるんじゃないかと思っていたの」、よき理解者に向かって独り言のようにささやくセリフである。その絵はしばしば誇大妄想的でナルシシズム的な特徴を見せるとはいえ、このセリフは、彼女が詩的でかつ知的でもある鋭い感受性の持ち主であったことを伝えようとする。

一方、激しい発作に襲われたアロイーズが、ベッドで白い寝衣を引き裂いて裸の胸をはだけ、医者を強く抱き寄せようとするショットがいちどだけはさまれる。これは、ことさら「狂気」を強調するような極端な身体表象をできるだけ避けようとしている本作のなかでは例外的な仕草で、おそらく、彼女の絵に登場する胸もあらわな女性像にエロティックな無意識の願望が投影されていることを暗示しているのだろう。

映画のラスト近く、ローザンヌで開催されている個展に足を運ぶ場面があるが、会場いっぱいに並べられた自分の過去の作品をゆっくり見て回りながら、もうずいぶんと老けたアロイーズは、ときどき立ち止まって、「象徴的よ」とか「すてきだけどわたしの恋じゃないわ」とかと、まるで客観的に鑑賞者に解説するかのようにコメントする。二分半ほどつづくこの場面は、七つのショットからなるが、最初の二つは滑らかでゆっくりしたカメラの動きによるそれぞれが一分前後のショット、後の五つは細切れのモンタージュと、緩急の効いた構成になっている。この間、絵とその作者とがツーショットになることもあれば、絵の全体や部分だけがフレームいっぱいに収められることもある(図Ⅷ－2)。あたかも、失われた自己の鏡像を半世紀近くも探し求めてきたこの不遇の画家にオマージュを捧げるかのように。残念ながらこの作品は日本での公開はなかったが、とりわけ二〇〇九年のワタリウム美術館での展覧会以来、本邦でもアロイーズや「アール・ブリュット」への関心が高まっているなか、遅ればせながら、機会があるならぜひ上映が期待されるもののひとつであろう。

図Ⅷ-2 『アロイーズ』より

## 「天使の画家」――『セラフィーヌの庭』の場合

他方、これと対照的に、本国フランスのみならず日本でも封切られて話題を呼んだのは、マルタン・プロヴォスト監督の『セラフィーヌの庭』（二〇〇八年）である。いわゆる素朴派、あるいは「プリミティヴ・モダン」につながる女流画家セラフィーヌ・ルイ（一八六四―一九四二）をモデルにした映画で、セザール賞主要七部門をはじめとして各国で多くの賞に輝き、とりわけ主演のヨランド・モローの迫真の演技が高く評価されたことは、まだわたしたちの記憶に新しい。天使のなかでもいちばん神に近くて位の高い熾天使セラフィムにちなんだ名前をもつこの女流画家の存在が、とみに近年広く知られるようになったのには、この映画による力が大きかったのではないだろうか。かくいうわたしも、本作によって彼女の絵画に魅せられるようになったひとりである。一九三二年から没年までの十年間、身寄りのない彼女もまた精神病院に入れられることになったが、発病してから絵を描きはじめたアロイーズとは反対に、入院してからはすっかり絵筆を執ることを止めてしまった。その意味で彼女は、精神を病んで以降はそれまでの旺盛な制作意欲を摘み取られてしまったカミーユ・クローデルの方に似ているといえるかもしれない。おそらく監督のプロヴォストも、およそ三十年前のそのビオピックのことを意識していたに相違ないだろう。

物語は、北フランスのサンリスで家政婦として生計を立てているセラフィーヌの才能を、画商で収集家、批評家でもあるドイツ人のヴィルヘルム・ウーデ（ウルリッヒ・トゥクール）が偶然に見いだすところからはじまる。実際にもウーデは、アンリ・ルソーやカミーユ・ボンボワら、多くのプリミティヴな画家たちを積極的に発掘したこと、さらにピカソを早くから評価していたことなどで知られ、近代美術史上でひじょうに重要な役割を果たした人物である。その大きな貢献のひとつが、地方に埋もれた素人画家セラフィーヌの発見であり、ウーデが借りた屋敷の掃除や洗濯に来ていたのが、幸運なことにもまさしく彼女だったのである。映画ではそれを、第一次世界大戦の勃発する一九一四年の出来事として描いているが、ウーデの回想によると、実のところは一九一二年のことだったようだ（Körner/Wilkens 46）。

## 自然のなかから調達される顔料

映画はいきなり、まだほの暗い早朝、清らかなせせらぎのなかから何やら水草のようなものを採取している手のクローズアップではじまる。揺れる水面の音と虫の声だけが静寂のなかで響いている。すると、いきなり教会の鐘が鳴りわたってきて、明るくなった石畳を通ってやや足早に聖堂に向かう中年の女の背中に画面が切り替わる。いったい彼女が何のためにそんなことをしていたのか、その種はもう少し先で明かされることになるが、この意味深長な幕開けは、どこか『カミーユ・クローデル』のそれを連想させるところがなくはない。というのも、前の章で見たようにこの作品でも、カミーユがパリの地下から好みの粘土を調達して家路に着くと、夜がうっすら明けていくところからはじまっていたからである。

セラフィーヌもまた、作品の創作のために水草を集めていたらしい、そのことが観客に示されるのは、もう少し経ってからで、どうも信心深い女性のようであること、そして昼間は家政婦として働いていることなどが知らされてから後である。

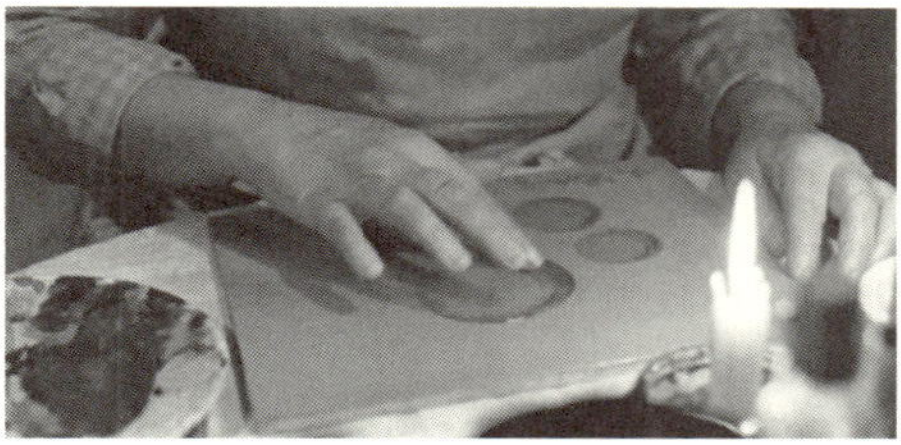

**図Ⅷ−3（上）　Ⅷ−4（下）**　『セラフィーヌの庭』より

通い慣れた教会堂では人気のないあいだに聖母像に謝るようにして溶けた蠟を、お使い先の肉屋ではレバーの生血を、それぞれ小さな瓶に注ぎ、小川では水草のほかにも粘土を、野原では草花を採取する（**図Ⅷ−3**）。ただ白のラッカー（リポラン）だけは、町の雑貨屋でいつものように付けで入手し、古くて狭いアパートに持ち帰り、それらを乳鉢に入れてすりつぶして混ぜ合わせる。こうして、蠟燭の明かりだけの薄暗い部屋のなか、既成の絵具を用いるのではなくて、顔料そのものをみずから調合したうえで、絵の制作に着手する（**図Ⅷ−4**）。このシークエンスが、すがすがしくて開放的な草原と閉ざされた狭い室内という対照的な空間をバックに、序盤にほぼ十分程度つづく。

こうして、「天使の画家」セラフィーヌの使う顔料は、絵にエナメルのような光沢を与える人工のラッカーだけを除いて、どれもまさしく自然のなかから調達されたもので、その素材は、動物と植物と鉱物のすべてにまたがっているということが、美しい映像とともに強調され印象づけられていく。

しかしながら、これは映画が積極的に主張しようとするいわば「仮説」なのであって、実のところ、彼女の顔料が本当にこうして調達されたものかどうかは定かではないようだ。ウーデが後の回想のなかで、自分が送っていたチューブ絵具を、彼女はどうやら使っていないらしいと書いていることも、こうした「仮説」の生まれる原因となっている（Körner/Wilkens 100）。とはいえ、白のラッカー（リポラン）はたしかに絵具と混ぜて使われていたようで、彼女の絵が今も放つ独特の色彩の光沢は、この技法によるところが大きい。その重厚な輝きは、彼女も見慣れていたに違いないゴシック教会堂を飾るステンドグラスのそれにも比せられうる。

いずれにしても、この映画は、セラフィーヌの奇跡の、そして見方によっては未熟な絵画の数々が、彼女ひとりの独創性や個性の産物であるというよりも、もっと普遍的に、自然と天使と聖母との合作でもあることを暗示しているように思われる。描きながら、しばしば彼女は賛美歌のようなメロディを口ずさむ。彼女本人が自然そのものであり、天使の化身に他ならず、聖母——母なる大地でもある——に見守られながら絵を描いているのだ。ラテン語の語源にさかのぼるなら、「母（マーテル）」と「物質（マテリア）」は近い響きをもっている。

また、古代ギリシアでは、自然界を構成する基本的な要素、すなわち四大元素——火、風、水、土——は「ストイケイア」と呼ばれたが、これはユダヤ教や初期キリスト教の時代において、自然界にあふれる「天使」のような存在とみなされていた。たとえば、旧約聖書の外典『ヨベル書』(2:2)には、次のようにある。「火の霊の天使、風の霊の天使、暗闇と雪と雹と霜と雲の霊の天使、音と雷鳴と稲妻の天使、寒さと暑さと冬と春と秋と夏の霊の天使、天と地と深淵にある彼［主なる神］の作品のすべての霊の（天使）、暁および夕（の霊の天使）」。こうしたアニミズム的な天使観は、使徒パウロによって異端的なものとして否定されたとはいえ(『コロサイの信徒への手紙』2:8)、映画のなかのセラフィーヌが体現しているのは、まさしくその世界観である。彼女の芸術性を発見できたのは、たしかに近代主義の代弁者のひとり、ヴィルヘルム・ウーデであったが、彼女の絵画は狭い意味の近代性をむしろ超越しているのだ。

## 「恐ろしいほど」に「神々しい」

もっとも印象的なのは、ウーデの援助のもとで完成させた絵の数々を、地元サンリスの知人やウーデの妹アンヌに披露していく、およそ四分間余りの場面である。部屋のカーテンを閉めて蠟燭の明かりだけにし、背丈ほどもある絵をひとつひとつ運んできて、それぞれ村の人たちに見せて感想を聞いていく。ここで示されるのは八枚の絵(デジタルによる複製画)、すなわち、《生命の樹》(一九二八年、サンリス美術館)(図Ⅷ-5)、《ぶどうの房》(パリ、マイヨール美術館)、《ミモザの花束》(ラヴァル、ナイーヴアート美術館)、《赤い木》(一九二八—三〇年)や《楽園の樹》(一九二九年、いずれもパリ、ポンピドゥー・センター)など、どれも一九二八年から翌年にかけて描かれた傑作である(タイトルはウーデがつけたとされる)。

カメラはティルトしながら、それぞれの絵の細部をなめるようにしてとらえたかと思うと、絵に向き合う村人ひとりひとりの感嘆や驚愕の表情に迫っていく。これらのショットが交互に何度かつづく。「何て美しいの」と息を吞む娘、無言のまま見つめる老人、「神々しい」とか「恐ろしいほど」といった感想を漏らすマダムたちもいる。その絵のなかには昆虫たちが隠れていて泣き声を立てているようにも、「悲しげな目」や「ちぎれた肉」の集まりのようにも見えるからだ。するとセラフィーヌ本人が、自分もまた自分の絵が「恐ろしくなる」ことがあると告白する。さらに、「守護天使が描かせたのね」と修道女に尋ねられると、そう信じているとも応じる。彼ら彼女らは、わたしたち観客の反応を代弁する役割を担ってもいるのだ。
たしかに、それらの作品は、単に美しいとかきれいとかという形容だけではすまされないような迫力と崇高さを秘めているように思われる。《生命の樹》は、暗い地中にしっかりと根を張り、枝葉や果実を豊かに実らせて空中高く伸び、さらには天へと達している。その木は、画面真ん中の空中では青色がかっていて水分を帯びているように、天空ではあたかも赤い炎となって輝いているように見える。まさしくこの絵には、風と土と水と火の四大元素が息づいているのだ。その木は、エデンの園にあったとされる「生命の樹」でもあれば、もっと普遍的な「宇宙樹」——地下界から天界を貫いて宇宙の中心にそびえ立つ巨大な木——でもあるだろう。映画は、巨木に登ったり愛撫したり語りかけたりする彼女の姿を繰り返しとらえている。彼女自身がその木と一心同体なのだ。

絵のお披露目のシーンの最後で、《楽園の樹》を前にすっかり言葉を失ってしまうのは、彼女のよき理解者のひとり、ウーデの妹アンヌである（図Ⅷ－6）。感想を催促するセラフィーヌに向かって彼女は、唐突にも「恋をしたことは」と問いかける。するとセラフィーヌの表情が少し和らいで、ただいちどだけの実らなかった過去の恋についておもむろに語りはじめる。このとき、その絵の真ん中に描かれた大きな青い目のような葉が、映像の中心とも重なって、まるでわたしたち観客をじっと見つめ返しているかのようでもある。アンヌの背中もフレームの手前に収まっているから、身の上話を聞くアンヌは観客を代理する存在となる。

実のところその絵は、大きな孔雀の羽のようにも見えなくはない。ギリシア神話によると、百の目をもつ巨人アルゴスの死を悼んだ女神ヘーラーが、その目をとって自分の孔雀の尾羽に飾ったのが、多数の目のような模様をした羽の起源だという。セラフィーヌがその神話を知っていたようには思われないが、その絵の中心にある葉か羽のような目は、映画のショットでもさりげなくその存在感を主張している。

さて、しばらくしてアンヌは、その絵の傍らに立つセラフィーヌをカメラに収める。二人のあいだで本当にこんな会話があったのかどうかはわからないが、アンヌがシャッターを切った画家の写真はたしかに残っている（ただし写真では彼女はパレットを手にしている）。

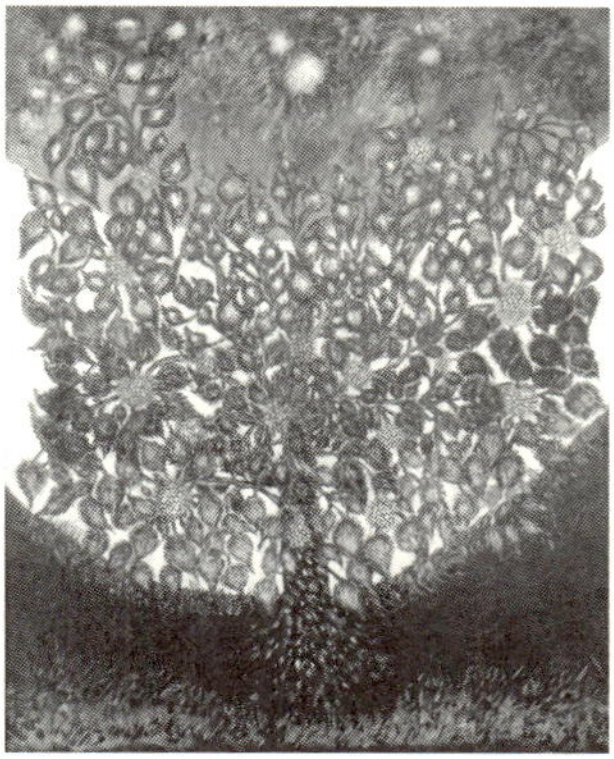

**図Ⅷ-5**　セラフィーヌ《生命の樹》

**図Ⅷ-6**　『セラフィーヌの庭』より

## 自然に還るセラフィーヌ

だが、このシーン以降、セラフィーヌはますます奇行に走っていくようになる。なかでも法外な浪費はその最たるものである。銀の食器や高価な家具はまだ序の口。豪華な屋敷を一棟丸ごと買おうとしたり、着る当てもないのに高級な生地で純白のウェディングドレスをあつらえたりなど、と。妄想のなかで、かなわなかった過去の夢がどんどん膨らんでいくのだ。ところが、世界大恐慌で絵そのものがいっこうに売れなくなり、ウーデも窮地に陥って援助どころではなくなってしまう。しかも彼は、同性の愛人で才能ある若い画家ヘルムート・コーレ（一八九九―一九三一）にも先立たれてしまう。

一方、パリでの個展が延期になったセラフィーヌは、以前に

**図Ⅷ-7**　『セラフィーヌの庭』より

も増して狭い部屋に閉じこもるようになるが、あるとき、仕立てたばかりのウェディングドレスに身を包み、長いヴェールをかぶって裸足で通りに出て、家々の扉口に銀の燭台や食器を置いていくのである。いつものように、天使たちが舞い降りてきて祝福してくれるのを祈りながら。ところが、その期待に反して、迎えに来たのは町の警察の車。こうして彼女は精神病院に送られることになるが、ここでもさりげなくウーデが救いの手を差し伸べる様子が描かれる。彼女のために病院の個室を手配するのである。

　かくして、自然のなかのセラフィーヌで幕を開けた映画は、同じく自然のなかのセラフィーヌで幕を閉じることになる。画面が暗転するまでの最後の約四分弱は、次の象徴的な三つのショットからなる。まず、ウーデの計らいで大部屋から個室に移された彼女は、虚脱感に襲われたようなうつろな目をしているが、テラスに面した扉口から明るい光が漏れてくる方向にふと視線を向ける。次にその扉を開けると、小さな椅子が置いてあるのに気づく。もういちどカメラが切り替わると、青い空を背景に、画面の右やや小高いところに巨大な木が立っている光景を映しだす。するとフレーム左下から、椅子を手にしたセラフィーヌが現われてきて、ゆっくりとこの木の下に近づいていって、そこで椅子に腰掛けるまでの後姿をじっと動かずとらえている（図Ⅷ－7）。この約二分余りの最後の長回しのあいだ、深い静寂のなかで聞こえてくるのは、風に揺れる枝葉の音と、小鳥たちのかすかな鳴き声だけ。彼女はこうして、それまで描いてきた「生命の樹」あるいは「宇宙樹」とまさしく一体になるようにして、自然に還っていくのだ。

## さすらいのアウトサイダー・アート――『ニキフォル』の場合

この映画でセラフィーヌを熱演したヨランド・モローと並んで忘れられないのは、ポーランドの異端の画家ニキフォル（一八八五―一九六八）の晩年に迫真の――というよりもむしろ、ごく自然に見える――演技で迫る、八十歳を超える国民的女優クリスティーナ・フェルドマンである。実をいうとわたしは、その映画『ニキフォル 知られざる天才画家の肖像』（二〇〇四年、原題は「わたしのニキフォル」）を（ＤＶＤで）見るまでは、この画家――故郷の保養地クリニツァの町や聖人たちを、紙切れやパッケージの裏などに水彩やクレヨンで描いて、観光客に売って細々と生計を立てていた――のことは知らなかったし、小柄な男の画家を演じているのが女優であることを映像だけで見抜くこともできなかった。皆さんはどうだろうか。

監督のクシシュトフ・クラウゼは、最近（二〇一三年）も、夫人ヨアンナとの合作で、二十世紀ポーランドのロマ女流詩人ブロニスワヴァ・ヴァイスの生涯を叙情豊かに、しかし決して感傷に陥ることなく描いた美しい白黒作品『パプーシャの黒い瞳』を発表していて、アウトサイダー的でプリミティヴなアートへの関心の高さをうかがわせている。

さて、『ニキフォル』に戻るなら、原題が示しているように本作は、社会主義体制下で国家に役人のように仕えて体制プロパガンダの絵を描いている、ひとりの自称「しがない三流画家」マリアン・ヴォシンスキ（ロマン・ガンチャルチュク）――実在の人物――の視点から描かれている。映画は、はじめの一時間余りが一九六〇年、最後の三十分が一九六七年という設定で、この二つのあいだのマリアンの態度の変化が本作の鍵を握っている。

　一方、ニキフォル（その出生についてはほとんど知られていない）はこの時点ですでに七十歳を優に超えているが、相変わらず無作法で粗野、コミュニケーション不能で自己中心的、要するに嫌われ者である。とはいえ、地方の新聞に紹介記事が載るほどに知られた存在ではある。その宿無しの浮浪者が、突然マリアンの仕事場のアトリエに舞い込んできて、わがもの顔で居座ってしまうところから話ははじまる（図Ⅷ－8）。「下手な絵だ」、マリアンの絵を一目見たニキフォルがいきなり口にするセリフである。その後も、「建物の描き方もわからんのか。わしが教えてやる」、「おまえの絵は救いようがない」、「おまえはもう絵なんか描くな」などと悪態をついたり、マリアンが取り組んでいる絵の上に、平気で自分の小さな絵を何枚も貼り付けたりする。

　にもかかわらずマリアンは、この老人を追い出すことができないばかりか、段々とその素朴な絵と人柄に引かれていく。身分証はと問うと、黙って行李を開けて、そこにいっぱい詰まっている絵を見せるニキフォル（図Ⅷ－9）。カメラはマリアンの視点で、その様子をじっと優しく見つめている。出生すら明らかでないこの男のアイデンティティを証言するのは、他でもなく、長年のあいだに紙切れに描きためてきた絵の数々なのだ。「あんたって人がうらやましい」、思わずこう洩らすマリアン。あげくの果て、クラクフに栄転できるせっかくのチャンスもみずから捨ててしまう。家族のことを考えて、一時は見放そうとするが、それでもその老人のことが気がかりで、持病の肺結核が悪化しても治療を受けたがらない彼を、無理やりサナトリウムに入院させる。病院のベッドに横たわるニキフォルのしわくちゃの頬に一筋の涙が流れる瞬間がクロースアップになる。その無精ひげの顔から女優を想像することはとてもできない。いい加減嫌気がさした妻は、感染を恐れて、二人の小さな子供を連れて逃げだしてしまう始末。

マリアンには踏んだり蹴ったりである。何度かさしはさまれる雪に埋もれたクリニツァの町と自然のショットがとても美しい。

　さて、その後の顛末や如何。わたしたちがそう思いはじめたころ、画面は一気に一九六七年、つまりニキフォル最晩年へと飛ぶ。季節もがらりと初夏に変わっている。予想どおりか否かは観客によるかもしれないが、相変わらずマリアンがひとりで病んだ老人の世話をしている。とはいえ、このときニキフォルは、現代美術の紹介と普及で知られるワルシャワのザヘンタ国立美術館で個展が開かれるほど有名になっている。ポーランドの前衛芸術を代表するタデウシュ・カントルもそのカタログに寄稿するなど、今や斯界からも一目置かれる存在である。マリアンが画家のお供をしてそのオープニングに駆けつける。大勢の観客が押し寄せていて、本人もまんざらではない様子。記念撮影となってマリアンら展覧会スタッフたちが集まるが、肝心の主役が座るべき真ん中の椅子は空のまま。いくら待っても美術館に戻る気配はない。公園でかつてのように絵を売ろうとしているのだ。その死はほどなく訪れることになるが、最期を看取るマリアンの顔がクローズアップでとらえられる。すると画面は、ニキフォルの数々の絵を右から左へと流しながらおよそ二分半映しだして暗転する。そして最後に、四万点もの絵を残したことが字幕で告げられる。

　この映画はまた、マリアンの上司である官僚のような画家を登場させて、ニキフォルとの差異を

**図Ⅷ–8（上）Ⅷ–9（下）**『ニキフォル 知られざる天才画家の肖像』より

際立たせる。この上司は、マリアンにこっそり彼の絵を盗んでほしいと頼んだりする。新聞の記事を見たからである。こうしてさりげなく体制への批判が暗示される。アウトサイダー画家の素朴な頑固さもさることながら、わたしたち観客の印象に強く残るのは、それに根気よく付き合った「しがない三流画家」マリアンの、恩着せがましさの一切ない献身的な自己犠牲である。主役の画家を支えた脇役に注がれるこの温かいまなざしも、本作の特徴のひとつといえよう。これは、美術史の記述ではほとんど起こらないことで、ビオピックならではの観点である。

## グルジアのフォークロア——ピロスマニの世界

本章の最後に、もうひとつ忘れがたい作品に登場してもらおう。グルジアの監督ギオルギ・シェンゲラヤがメガホンをとった秀作『放浪の画家ピロスマニ』(一九六九年)である。モデルとなった画家ニコ・ピロスマニもまたグルジアの出身で、精神を病んでいるわけでも知的障がいを抱えているわけでもないのだが、独学のアウトサイダー画家という意味で、ここで触れておきたい。映画が製作された当時、グルジアはまだソビエト連邦下にあったから、正確にはグルジア映画とは呼べないかもしれないが、ピロスマニが生きたのは赤軍侵攻より前の時代である。

同じくグルジア出身の監督としてはセルゲイ・パラジャーノフが有名で、フォークロア的ともシュールレアリズム的ともバロック的とも形容される独特の映像世界は多くのファンを魅了してきた。そのパラジャーノフもまた同じ画家を題材にしたドキュメンタリー風の色彩豊かな短編『ピロスマニのアラベスク』(二十分)を一九八五年に製作している。色彩豊かで装飾的なパラジャーノフにたいして、シェンゲラヤの映像は、同郷の画家の単純で素朴な絵画世界にできるだけ接近しようとするものである。農民や農作業、酒宴や食事、酒場や商店、祭りや婚礼、動物や果実など、身近な庶民生活に題材をとった画家の多くの絵がそうであるように、映画でもこれらの場面が、たいてい正面に構えた不動かゆっくり動くカメラによって、ロングショットかフルショットでとらえられる。バストショットでさえごく稀で、それ以上のクロースアップになることはない。絵と同じく、人物の心理描写はあえて避けられている。それらの絵を酒場や食堂、商店や宿屋に提供することで、画家は生計を立てていたのである（図Ⅷ－10）。もちろんキリストや聖人たちの絵も残っている。

画家はまたグルジアの二人の偉大な祖先、十三世紀の詩人ショタ・ルスタヴェリと女王タマルの想像的な肖像画を何枚も描いているが、映画では、食堂の壁にかかる彼らの絵とピロスマニとがちょうどツーショットになるような場面が何回かある（図Ⅷ－11）。監督のシェンゲラヤはここで、かつて画家がそうしたように、祖国の偉大な先人たち――今やそのなかに画家本人も加わることになる――に映像でオマージュを捧げているのである。そこにはまた、ソビエト政府にたいする静かな抵抗の意味も込められているように思われる。当局から睨まれていたパラジャーノフが、アルメニアの十八世紀の詩人サヤト・ノヴァを題材にきわめて独創的な伝記映画を撮ったのが一九六八年のこと（つ

図Ⅷ－10（上）Ⅷ－11（下）『放浪の画家ピロスマニ』より

まりシェンゲラヤの映画の一年前)、そしてソ連による検閲によって一九七一年に『ざくろの色』として再編集され限定的に公開されたことを、ここで思い出しておこう(オリジナルに近いかたちでデジタル復元されたのは二〇一四年である)。

## 画家の静かなる「受難」

さて本作は、ピロスマニ(アフタンジル・ワラジ)が、イエスのエルサレム入城にかかわる聖書の一節を読んでいるところに、ゆっくりとカメラが近づいていくショットで幕を開け、彼の作品《キリスト昇天の日》(一九〇七年、個人蔵)(図Ⅷ-12)を映したショットにつづいて瀕死の画家が馬車で運ばれる場面で幕を閉じる。つまり、ごく緩やかにではあるが、キリストの受難を意識した演出になっているのである。とはいえ、『炎の人ゴッホ』のようなメロドラマ的感傷とはまったく無縁である。登場人物たちの感情はできるだけ抑えられ、ストーリーも「受難」に向けて一気に盛り上がるというわけではない。

幼くして両親を亡くした画家を育ててくれた養父母のもとを離れて、トビリシの町に出てくるところから話ははじまるが、これがさしずめキリストの「エルサレム入城」に対応するだろう。最初は町の人たちから歓迎され(イエスがそうだったように)、その絵は、酒場や食堂や商店の壁にあふれるようになる。だが、そもそも何事につけ縛られることの嫌いな画家は、あらかじめ決められた結婚相手との婚礼の席から逃げ出し(図Ⅷ-13)、友人とはじめた乳製品を売る小さな店もつぶしてしまう。食堂や酒場で、他の客たちから誘われても、同じテーブルに同席することはほとんどなく、たいていいつもひとりでひっそりと食事をしている。トビリシの町の画家協会から招かれることもあるが、居心地の悪さしか感じていない様子だ。人間嫌いというわけではないのだが、コミュニケーションがうまくとれないのだ。

画家協会を後にして、いつもの画材道具を携えて広い草原を歩くピロスマニが、いつの間にか元

図Ⅷ－12（右）Ⅷ－13（左上）図Ⅷ－14（左下）『放浪の画家ピロスマニ』より

気に走る少年の姿へと変わり、民族音楽の笛の音が響くなか、羊を放牧する牧人たちや、ブドウを刈り入れ、ワインを仕込む農民たちと出くわしては、そのたびごとにしばし立ち止まる（十のカットからなる一分四十秒の場面）。元気な少年の姿がフレームから外れると、カメラはすかさず後ろから追っていく。おそらく画家の脳裏に浮かんでいる少年時代の思い出のシーンなのだろうが、蛇行するように走る少年のその映像は（図Ⅷ－14）、後にアッバス・キアロスタミの映画に登場することになる少年たちの姿をどこか予感させるところがある。

『百万本のバラの花』に歌われていることでお馴染みの（ただし日本語の歌詞は本来のものとは違うらしい）、パリから来た踊り子マルガリータとの出会いも（彼女の絵も描いている）、およそロマンチックなものとは程遠い。いつものようにひとりテーブルについて、歌い踊る彼女をただ静かに眺めているだけで、二人の会話もラヴシー

図Ⅷ-15　ピロスマニ《キリン》

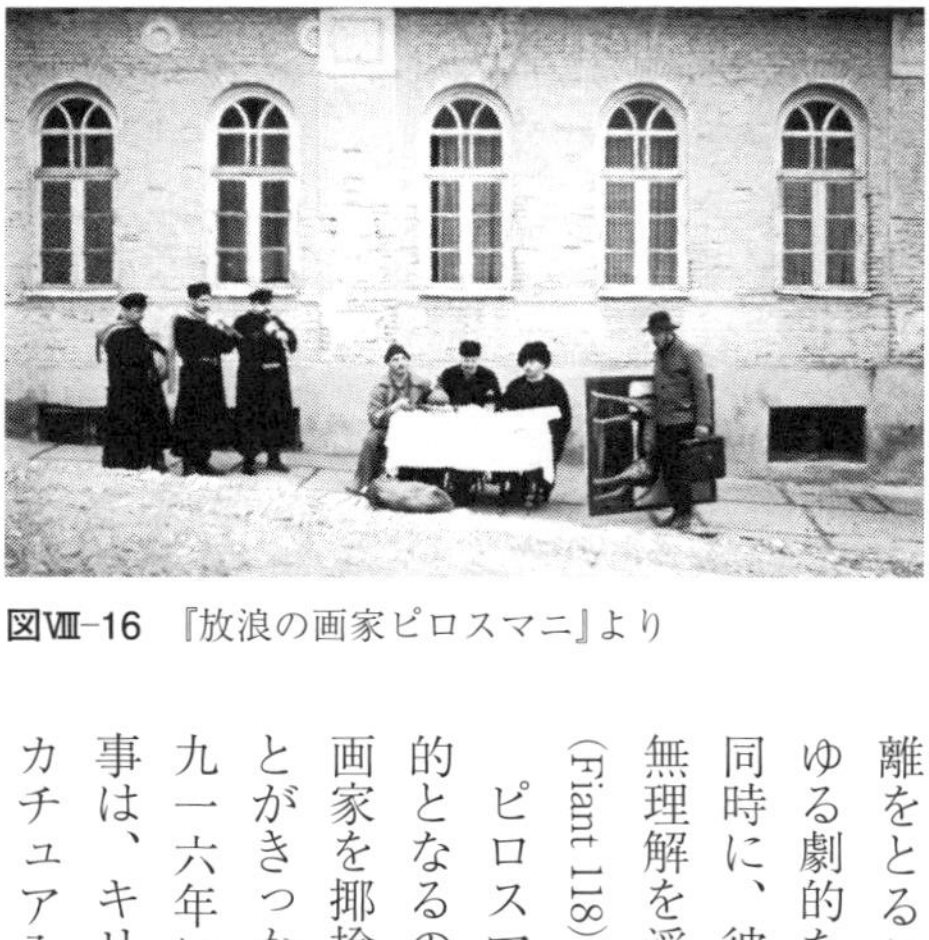

図Ⅷ-16　『放浪の画家ピロスマニ』より

ンもない。が、その直後の場面、酒場でひとりウォトカを何杯もあおりながら、亭主にひっそりとつぶやくセリフ、「他の人たちのようには生きられない」が、その複雑な胸のうちを映しだしている。こうしたストイックな叙情性こそがこの映画の大きな魅力で、それはピロスマニの絵画作品にも通じるところがあるのだが、それよりもはるかに計算され洗練されている。主人公から一定の距離をとることによって、「あらゆる劇的な誇張を回避しつつ、同時に、彼の深い孤独と周囲の無理解を浮き彫りにするのだ」(Fiant 118)。

　ピロスマニの「受難」が決定的となるのは、町の新聞にこの画家を揶揄する記事が載ったことがきっかけである（実際に一九一六年に起こった）。その記事は、キリンを描く画家のカリカチュア入りで、「もっと勉強しろ。その歳ならもっとうまく描けるはずだ」と忠告している。かつての知人たちからそのことを知らされて、画家はそばにある《キリン》（一九〇五年、トビリシ、国立美術館）（図Ⅷ-15）――画面いっぱいに孤高のキリンがプロフィールで描かれたこの絵を、映画はおそらく画家の自画像として解釈している――を担いで、その場を立ち去っていく（図Ⅷ-16）。「自分がどんな悪いことをしたというのだ［……］絵を描くのが好きだし、だから描いてきたんだ」、とだけ言い残して。このとき彼は、作中ではじめて、ただいちどだけ語気を強める。これを機に画家は自己を閉ざすようになり、周囲からも忘れ去られていく。そして、ついに聖金曜日のお祝いで町がひときわ賑わうなか、行き倒れ同然の姿で役人の馬車に乗せられ運ばれていくことになるのである。

不器用にしか生きられず、決して器用とはいえない素朴な絵を遺して静かに世を去っていった画家を、シェンゲラヤは、ヒーローとしてでも、またその裏返しのアンチヒーローとしてでもなく、さりとて聖人や隠修士というわけでもなく、どこにでもいそうなひとりの男として描く。その半生は、悲劇でも聖人伝でもなく、強いていうならグルジアの民俗誌を象徴しているのだろう。この意味において、本作は、寡作の監督シェンゲラヤ自身の精神的な自画像とみなすこともできるかもしれない。

# IX

## 名画誕生の秘密
### フェルメール、ブリューゲル、ジェリコー、レンブラント

その絵はなぜ描かれたのか。画家の伝記というよりも、ある一枚の名画の誕生をめぐる秘話、あるいはその名画に隠されている秘密に、虚実を織り交ぜつつ、想像力豊かに迫ろうとする映画がある。本章で取り上げるのはそうした作品で、具体的には、ピーター・ウェーバーの『真珠の耳飾りの少女』（二〇〇三年）、レフ・マイェフスキの『ブリューゲルの動く絵』（二〇一一年、原題は「風車小屋と十字架」）、バルタバスの『ジェリコー・マゼッパ伝説』（一九九三年）、ピーター・グリーナウェイの『レンブラントの夜警』（二〇〇七年）などである。そこで扱われる名画は、順に、ヨハネス・フェルメールの《真珠の耳飾りの少女》（一六六五年頃、ハーグ、マウリッツハイス美術館）、ピーテル・ブリューゲルの《十字架を担うキリスト》（一五六四年、ウィーン、美術史美術館）、テオドール・ジェリコーの《マゼッパ》（一八二三年頃、パリ、個人蔵）、そしてレンブラントの《夜警》（一六四二年、アムステルダム、国立美術館）である。これらの絵はなぜ描かれるにいたったのか、いかなる謎が隠されているのか、映画はまさしくそこに焦点を合わせる。

## その少女は何者か——『真珠の耳飾りの少女』

フェルメールの作品自体がそもそも、肩越しにこちらを振り向き、唇を少し開けて軽い笑みを浮かべる若い無名の女の肖像だから、何が彼女をそうさせているのか、いやがうえにも鑑賞者の想像力をかきたてないではいない仕掛けをもっている。振り向く女性の肖像というタイプは、ダ・ヴィンチやパルマ・イル・ヴェッキオなど、ルネサンスにすでにその先例があるが、フェルメールの絵は西洋の「見返り美人」のまさに代表作である。その謎にまず応えようとしたのが、映画の原作でもあるトレイシー・シュヴァリエの同名のベストセラー小説である。映画は大筋でこれを踏まえているが、官能性とエロティシズムにおいて原作の比ではない。

デルフトのタイル職人の娘グリート(スカーレット・ヨハンセン)がフェルメールの家に見習いの女中として雇われる、それが事の発端である。とはいえ、彼女は絵に特別の興味と感性を示していて、映画は最初からそのことを観客に印象づけようとする。画家のアトリエの掃除をまかされるとき、彼女はその内部と描きかけの絵がことのほか気にかかる様子である。好奇と感嘆の表情が何度かクロースアップになる。ちなみにそのアトリエは、現在は美術館になっているアムステルダムのレンブラントの家のものをモデルにして再現されている。

そのアトリエの窓を拭いてもいいかどうか、唐突にもグリートが画家の妻に尋ねると、「いちいち聞かないで」と釘を刺されるが、「光が変わりますが」とやり返す。するとその瞬間、画家の妻とその母親の表情が変わる様子をカメラはすかさずとらえる。無頓着な女主人たち——画家の義母マリア・ティンスはカトリック教徒で、実際にルーベンスの宗教画などのコレクターとして知られる——とは対照的に、この貧しい職人の娘はことによると只者ではない、というわけだ。

かくしてグリートが窓を拭きはじめると、最初はそれを盗み見るようにしていたフェルメール

（コリン・ファース）がなかに入ってきて、窓際で彼女にかりそめのポーズをとらせる。《水差しを持つ女》（一六六四年頃、ニューヨーク、メトロポリタン美術館）の着想がこうして得られたというわけだが、もちろんそれは想像上の話である。新たにアトリエに運ばれてきたカメラ・オブスクラにも彼女は驚きを隠さない。銀器を磨いているときも、その器を微妙に動かして、反射光が壁に映える様子を楽しんでいる。

こうしたカメラ・オブスクラの利用（実証されているわけではないが）も光の効果も、フェルメールの絵の大きな特徴として知られるものだが、同時に、この映画そのものの隠喩ともみなされうる。というのも、カメラ・オブスクラが「絵画的イリュージョンについての機械的イリュージョン」だとするなら、本作もまたそうだからである（Sager Eidt 210）。その驚異の箱を覗きこむグリートの背中に、画家の大きな上着がかざされて、即席の暗闇がつくられ、箱のなかに絵のような映像が現われた瞬間（図Ⅸ－1）、彼女は思わず感嘆の溜息を漏らす。それはまた、暗い空間のなかで映像を前にしている映画の観客のものでもある。するとすぐに、画家もこの覆いのなかに入ってきて、彼女と並んでツーショットになる（図Ⅸ－2）。二人の距離が一気に縮まる瞬間である。繰り返すなら、ここでこの暗箱は、絵画のメタファーでもあれば、映画のメタファーでもあるのだ。ちなみに、室内や中庭のセットには、フェルメールの絵はもちろん、ピーテル・デ・ホーホをはじめとする十七世紀オランダの風俗画がいたるところで参照されている。

## フェルメールのミューズにして隠れた助言者

この時期、画家は《水差しを持つ女》に打ち込んでいて、腕鎮を使って慎重に制作を進めている。その様子を、偶然にアトリエに入ってきたグリートがうっとりとするように眺めている。すると画家は、彼女に顔料をこねるように命じる。妻とは違って、このタイル職人の娘には隠れた絵心がある、フェルメールはそう感づいていて、以来、顔料の準備を彼女に任せることになる。普通それは弟子の仕事だから、彼女は今や、女中の見習いから画家の見習いへと転身したのも同然である。画家はグリートを屋根裏に連れていって、さまざまな色の材料が置かれているところを見せ、試しに鉱物を削りつぶさせる。顔料をこねるグリートが、画家とツーショットになることもある。まるで、

図Ⅸ-1（上）Ⅸ-2（下）『真珠の耳飾りの少女』より

二人が同じ目的を共有しているかのように。そのことがまた、画家の妻の嫉妬心を募らせる原因にもなる。これもまた映画の創作である。

それだけではない。あるとき、イーゼルにかかる完成間近の《水差しを持つ女》を見たグリートは、その絵にどこか不都合があるのを直感的に察知し、それが何なのかを見つけようと、じっと絵を観察している。彼女の視線は同時にわたしたち観客の視線でもある。彼女のその表情と絵の細部とが交互に映される。このとき観客は、絵のなかの窓の下に、椅子の背が大きく描かれていることに気づくが、これは実際の絵にはないモチーフである。絵を映しているカメラが下にティルトしてきて、その椅子の背のところで止まると（図Ⅸ-3）、何かに気づいて合点した様子のグリートの表情に切り替わる。すると、彼女は今度、おもむろにテーブルのそばの椅子に近づいていってそれを移動させ（図Ⅸ-4）、視野の外に置く。絨毯のかかったテーブルとその上の水差しだけがフレームに収まる。それを見つめる彼女は、どこか納得した表

**図Ⅸ−3（上）　Ⅸ−4（下）**　『真珠の耳飾りの少女』より

情をしている。だが、あいにくそこに画家の妻が入ってきたので、無言のままアトリエを出ていく。スクリーンに残るのは、妻の怪訝そうな顔。その後幾日か経って、グリートがその絵をこっそり覗いてみると、問題の椅子の背が絵のなかからちゃんと消えている。思わず彼女は笑みを浮かべる。

　十七のカットからなるおよそ二分半のこのさりげない場面は、主に、グリートの表情と《水差しを持つ女》の細部とのクロースアップのショット－切り返しショットで構成されていて、セリフが一切なく、画家も登場するわけではないが、この映画が主張しようとするものの鍵を握っているように、わたしには思われる。すなわち、《真珠の耳飾りの少女》のモデルとなった匿名の女性は、フェルメールのミューズであるばかりではなく、隠れた助言者でさえあった、というものである。もちろん、これもまた原作の小説に触発された映画の創作であり、おそらくフェルメール研究者にとっては認めがたいことであろう（ちなみに原作では、《手紙を書く女》のなかのテーブルクロスの垂れ具合を彼女が変更したことになっている）。

　この場面の直後につづくのが、群青《ラピスラズリ》をヘラでこねるグリートの右手のクロースアップで、すぐに別の顔料を混ぜている画家の手もフレームのなかに入ってくる。「椅子を動かしたな」という画家の問いに、彼女は、「窮屈そうだったので」とさりげなく応じる。原作ではまた、材料が高価なために群青の準備だけは彼女に任されなかったことになっているのだが、映画ではむしろあえてそれを裏切るかのように、彼女は堂々とその顔料を練っているのである。

### 「こっちを見て」

画家が一目置いているその彼女が、モデルとしてポーズをとるときがついにやってくる。画家は頭巾をはずせと命じるが、彼女はできないと断る。それでもしつこく求められて、陰に隠れていやいや頭巾をとり、束ねた豊かな金髪をほどこうとしているところを、画家はこっそりと盗み見している。この映画のフェルメールは、見ることの欲望に突き動かされている窃視者でもある（これも原作とやや異なる）。グリートを盗み見している画家のことを、その家族——義母と妻と娘——が陰から見ている（さらにそれをまたわたしたち観客が見る）という具合に、まなざしが何重にも入れ子状になることもある。これもまた本作の特徴のひとつだが、こちら側から奥の部屋をのぞき見るような構図は、フェルメール自身の何点かの絵によってすでに先取りされている。

問題の場面に戻るなら、頭巾の代わりに青と黄色のエキゾチックなターバンを巻かれ、軽く唇を開けるように命じられるグリートの表情と白い肌が、超クロースアップでとらえられる。女優スカーレット・ヨハンソンの官能的な美しさが際立つショットである。

だが、画家はまだ何かが足らないと直感していて、妻が大切にしている大きな真珠の耳飾りを密かに狙っている。そのセリフからも察せられるように、フェルメールは、グリートの瞳の輝きと大粒の真珠の輝きとが、おたがいに響き合う効果を思い描いているのである。だが、ますます嫉妬心を募らせている妻が、それを許すはずはない。行き詰まりの事態を救うのは、意外にも、画家の義母である。娘の留守を見計らって、例の真珠の耳飾りをグリートにゆだねるのだ。それというのも、絵を所望しているパトロン、ファン・ライフェンのご機嫌を損ねたくないからである。

最初ピアスはいやだと渋っていたグリートも、画家の熱意に負け、みずから進んで画家本人から耳たぶに穴を開けてもらうことになる。カメラはその二人の上半身の仕草を、ゆっくり左右と前後に動きながら、さまざまな角度から一分半の長回しでとらえていく（図Ⅸ－5）。穴の開いた瞬間に耳たぶからかすかににじみ出る血は、さながら破瓜を象徴するかのようでもある。そしてやはり、画家本人の手で真珠のイヤリングが彼女の耳につけられると、その瞬間、彼女の頬に涙の一滴が伝わっているのがクロースアップされる。このとき画家は、彼女の唇を愛撫してもいる。

実は原作の小説では、何かが足らないと最初に直感するのは、モデルのフリート（グリート）本人で、画家の着想を彼女がいみじくも先取りしたことになっている。フェルメールが勧める前から、「わたしには着けられません。女中が真珠の飾りを着けるなんて」（シュヴァリエ 227）と固辞するものだから、画家はすっかり見透かされていることに驚きを隠せない。原作ではまた、ひとおもいに針を突き刺してピアスを開けるのも、フリート自身である。これにたいして映画では、画家が望み、画家がピアスを開けることで、いっそうエロティックな効果が盛り上がることになる。そこにフリートの直感や意志の入る余地はないのだ。

かくのごとくロマンティックで思わせぶりな展開であるとはいえ、このシークエンスが本作のクライマックスであることに変わりはない。「こっちを見て」、画家がそう促すと、グリートが軽く振り返るところに、ごくゆっくりとカメラはズームしていく。背景は黒一色、それは実際の絵と一致しているのだが、かすかに微笑んでいるように見える絵とは裏腹に、彼女の表情は、どこか空ろでもの悲しげである（図Ⅸ－6）。なぜだろうか。映画は、二人のハッピーエンドなど望んではいないからである。とはいえ、瞳の光沢と真珠の光沢とは、その絵と同じく、映像でも美しく響きあっている。彼女にとってもまたこれが愛の前戯のようなものであることは、その後ですぐに彼女が若い恋人のもとに走って処女を捧げるショットによって暗示される。画家の美のミューズにして弟子のような存在でもあったグリートは、こうして、画家にとっても観客にとっても、完全に性的な対象へと変貌するのだ。そのエロティシズムは、原作の小説の域をはるかに超えている。

根も葉もない虚構にして何とばかげた妄想か、そう一笑に付すのはたやすい。またグリートが、結局のところエロティックなまなざしの標的になっている、と批判することもできよう。とはいえ、そこに本作の見所があるのもまた事実なのだ。

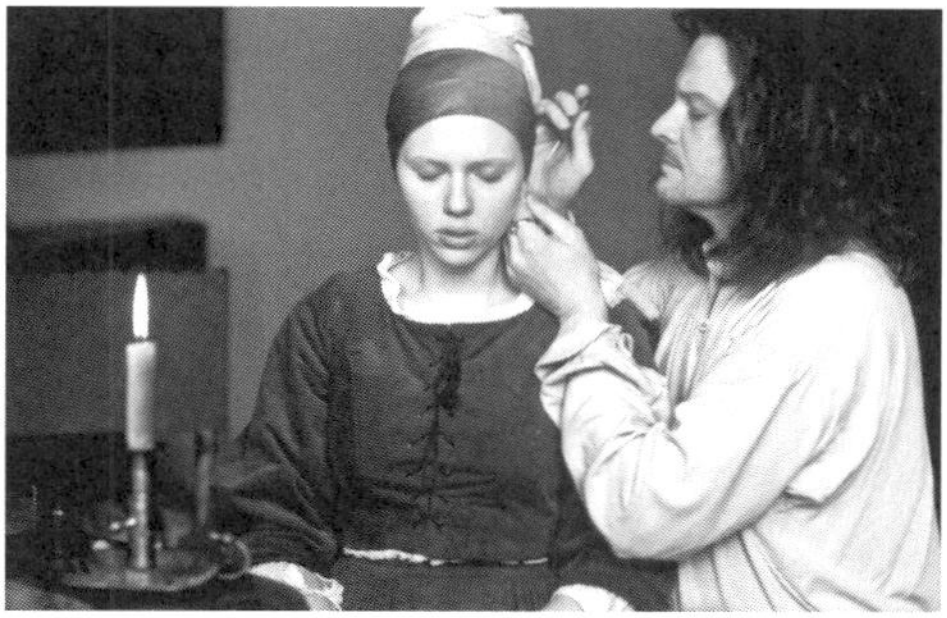

**図Ⅸ-5**　『真珠の耳飾りの少女』より

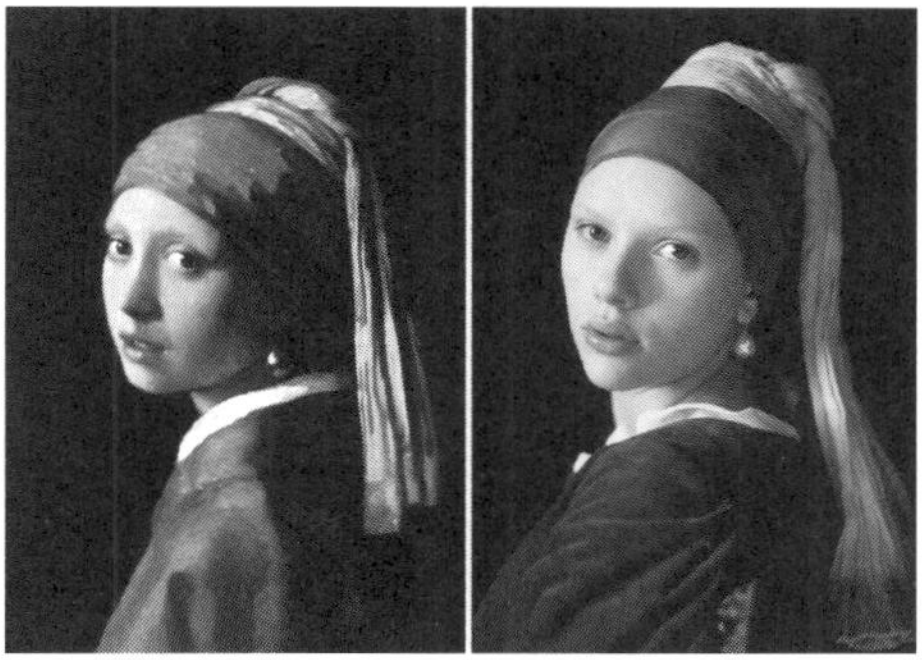

**図Ⅸ-6**　左：フェルメール《真珠の耳飾りの少女》
右：『真珠の耳飾りの少女』より

## 「フランドルの運命」――『ブリューゲルの動く絵』

空想のメロドラマに仕立て上げられたこの映画とは対照的に、できるだけ絵と史実とに即しながら映像を組み立てようとしているのが、マイェフスキの『ブリューゲルの動く絵』である。その絵とは、十六世紀ネーデルランドの画家ブリューゲルの大作《十字架を担うキリスト》（124×170cm）。デジタル化によって、映画は「映画－目（キノ－アイ）」から「映画－筆（キノ－ブラッシュ）」へと変容を遂げ、「絵画のある特殊な派

**図Ⅸ−7**　『ブリューゲルの動く絵』より

生物となる——時間のなかの絵画という派生物に」と診断したのはレフ・マノヴィッチだが（『ニューメディアの言語』420）、この作品はまさにそれを体現しているともいえるだろう。CGと実写によって構成された広大な風景のなか、絵のタイトルにあるようにキリストの姿が真ん中にごく小さく置かれ、その周りに無数の人物たち——五百人は下らないといわれる——がちりばめられている。彼らはしかし、イエスとではなくて画家と同時代の人たち——農民や兵士、商人や職人、貴族や聖職者、乞食やロマ、そして子供——である。そこにはどんな物語が隠されているのだろうか。

一方、画面の右手前に比較的大きく陣取っているのは、イエスの受難を悼む聖母マリア（シャルロット・ランプリング）や聖ヨハネ、マグダラのマリアたちの一団である。映画は、この聖人のグループがそれぞれの衣装を着せられているところから幕を開ける。このとき、画家（ルトガー・ハウアー）とその友人でパトロンでもある人文主義者ニクラース・ヨンゲリンク（マイケル・ヨーク）との会話がヴォイスオーヴァーで聞こえてくるが、それによると、その聖人たちは「フランドルの運命」を嘆いて、過去から舞い戻ってきたのだという。おもむろにこの二人がフレームのなかに入ってくると、役者の衣装の裾などを整えはじめる。すると画面は一転、絵の全体が巨大な活人画のようになってフレームいっぱいに収まる（図Ⅸ－7）。ブリューゲルは描き手であると同時に、時代の証人にして、以下につづく物語の案内役でもある。しばらくして二人は活人画から離れ、場面がフェードアウトしていくが、ここまではいわばプロローグである。イエスの受難と重ねられている、その「フランドルの運命」とはいったい何なのか。こうしてわたしたち観客は、絵の世界のなかへと引き込まれることになる。ロケーション撮影、ブルーバックの前での役者たちの演技、さらにアーティストでもあるマイェフスキ本人が描いた巨大な背景画（7×20m）、これら三種の映像を巧みに組み合わせて全編が構成されているという（DVDブックレット）。

## ブリューゲル本人による絵解き

セリフのほとんどない本編で、唯一しゃべっているのは、ブリューゲルとヨンゲリンク、そしてマリア（ただし心の声）だけである。ブリューゲル本人が何度か、下絵を描きながら、その複雑な絵について説明してくれる。デッサンするその手にカメラが接近していく（図Ⅸ－8）。それによると、絵の全体はクモの巣のような構成になっていて、そのちょうど真ん中に小さく、ゴルゴタに向かうイエスがいるという。それが目立たないのは、いちばん大切なことは見過ごされがちだ、という教訓が込められているからである。「一枚に多くの物語を描きたい」とは、画家本人のセリフである。背後にそそり立つ険しい岩山と風車小屋は、すべてを見下ろす神の目の象徴である。画面の左奥にうっすら見える城壁と、右奥でゴルゴタに集まる見物人たちの円陣とは、ちょうど「生命の輪」と「死の輪」として対比されている。左端に伸びる枝葉の茂った木が生命を象徴するのにたいして、右端に高く立つのは死の木である。その下で絵に見入っているのは、画家とパトロンである、云々。こうした絵解きは、共同脚本にクレジットされている美術批評家マイケル・ギブソンによるもので、ブリューゲルの絵について論じたその著書『風車小屋と十字架』(Gibson)は、そのまま映画の原題にも使われている。

とはいえ、こうした絵の講釈よりもはるかに目を引くのは、絵のなかのモチーフやエピソードを想像的に再現してみせる映像の巧みさと迫力である。たとえば、風車小屋の立つ高くて険しい岩山の内部は、地面からはるか頂上まで薄暗い空洞になっていて、その内壁にへばりつくようにして、目もくらむばかりの急な階段が張りめぐらされ、そこを上っていくと頂にたどり着く。風車の羽根が回りはじめると、幾つもの大きな歯車を経由して、地上にある大臼が始動するという仕掛けである。絵に描かれた岩山のなかにこんな空間が隠れていようとは、いったい誰が予想できるだろうか。マイェフスキがどこまで意識していたかはわからないが、その巨大にして幻想的な場面は、十八世紀の建築家ジョヴァンニ・バッティスタ・ピラネージが残した幻想的な《牢獄》(一七六一年)の版画の数々を連想させないではいない。

一方、「死の木」にも秘密が隠されている。車輪が上に取りつけられたこの木は、どうも拷問の道具のようだ。行商に出てきた若い夫婦のうち、夫だけが妻の目の前で、赤い制服のスペイン兵たち(あるいはワロン人の傭兵たち)から激しい暴力を受け、あげくの果てに、車輪に縛りつけられて、高い柱の頂に掲げられる(図Ⅸ-9)。すると、獲物を探しているカラスたちがここぞとばかりにその哀れな男のところにやってきて、鋭いくちばしを何度も顔に突き立てる。カメラはその様子を無情にも真上からじっと俯瞰している(図Ⅸ-10)。地面には、その男の妻が泣き崩れている。スペイン支配化でのプロテスタント弾圧が、やはりこうして想像的で象徴的に映像化されるのである。この残酷な場面ももちろん、ブリューゲルの絵にインスピレーションを得たものである。その絵では、画面右端の木の上の車輪に、肉片か何かのようなものがまだ引っかかっていて、一羽のカラスがそれを狙っているようにみえる。また、同じ拷問具はゴルゴタの輪の左に何本も並んで立っていて、あたりをカラスが舞い、さらにその下の地面をよく見ると、白骨化してばらばらになった遺骸が何体か転がっているのである。

スペインによる異端審問が再強化されるのは一五六六年のこと、また、大規模なスペイン軍のネーデルランド侵攻も翌一五六七年のことだから、一五六四年の時点でブリューゲルがそうした出来事を描きえたはずはない、というのが通説のようだが、とはいえ、すでにその地がフェリペ二世の統治のもとにあったことは事実である。女が生き埋めにされる場面も、（映画のなかで説明されるわけではないが）おそらく彼女が「魔女」とみな

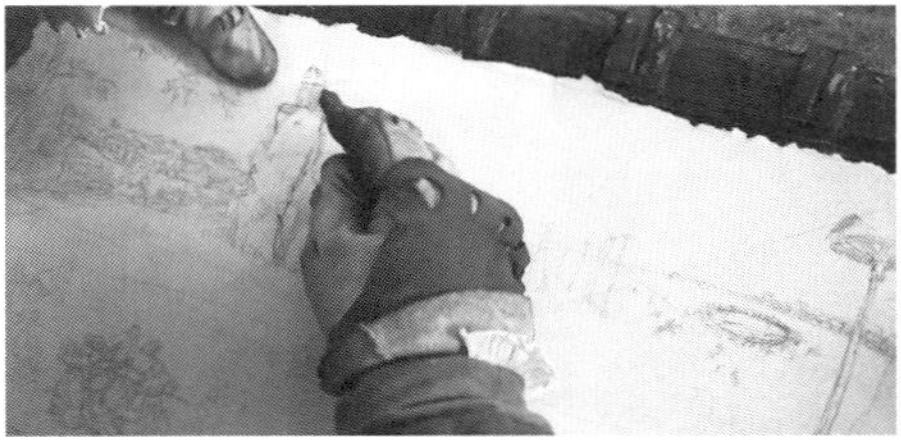

図Ⅸ-8（上）Ⅸ-9（中）Ⅸ-10（下）
『ブリューゲルの動く絵』より

されたからだろう。このように本作は、あるストーリーに沿って展開されるというわけではなくて、ブリューゲルの絵に緩やかに対応する複数のエピソードが併置されていくという形式をとるが、それらを結びつけているのは、当時のネーデルランドがスペイン・ハプスブルク家の支配下にあるという状況である。

## 「せめて時を止められさえすれば」

しかも、映画の進行とともに、ますます、イエスの受難とネーデルランドの庶民の「受難」とが折り重なっていく。一世紀のローマ兵は十六世紀のスペイン兵に、ユダヤ教の権威はカトリックのそれに、イエスその人は、「三日で教会を建て直してみせる」と豪語した無名の異端者に、イエスを裏切ったとされるユダの首吊りは、この異端者を教会に売った男のそれへと置き換えられる。つまり、どちらにも読むことができるのだ。

こうした惨状を目の当たりにしている人文主義者ヨンゲリンクが、たまりかねて「せめて時を止められさえすれば」というと、ブリューゲルは、風車小屋の粉引きの方にそっと合図を送る。これを受けて、はるか高所にいる粉引きが風車の回転を止めると（カメラは大きなスケールでその様子をはるか高くから俯瞰している）（図Ⅸ－11）、本当に時間が止まったかのようになって、ふたたび巨大な活人画が出現してくる。それは、絵のなかのキリストの周囲の場面を再現したものである。これが静止画でないことは、じっとしていられない馬の微動からわかる。カメラがゆっくりと左に移動すると、今度は、やはりごくゆっくりと上方に向かっていって、岩山の頂上を仰視する。するとふたたび、風車が動きはじめて、時間が戻ってくるや、カメラは風車を仰ぎ見ながら、逆に地上へと降りてきて、あらためて十字架の道行きをとらえる。たとえ時を止めたとしても、「受難」の数々を歴史から抹消することはできないのだ。

時間が停止してからここまでのおよそ四分半の長回しのカットは、監督も回想するように一年もかけて編集されたものらしいが（DVDブックレット）、いったい何を語っているのだろうか。歴史は繰り返されるということ。だが、神といえども、歴史を変えることはできないということ、おそらくそれである。

図Ⅸ−11（上）Ⅸ−12（下）『ブリューゲルの動く絵』より

## 「人生はお祭りだ」

「死の輪」のなかで男――イエスでもあれば十六世紀の異端者でもある――の処刑がおこなわれると、かつてそうだったように、あたりは暗くなり雷鳴が響き渡る。が、一夜明けてみると、ふたたび子供たちの笑い声が聞こえてきて、人々の日常が戻ってくる。相変わらず赤い騎兵に追い立てられて鞭打たれている男もいる。すると、バグパイプと太鼓の音が響きはじめて、大きな輪になって踊る大勢の農民たちの様子が映しだされる（図Ⅸ−12）。踊りの輪の回転は、岩山の頂で時を刻む風車の回転と呼応しているように見える。これはもちろん、農民たちの祝宴や踊りのテーマを得意としたこの画家の絵にインスピレーションを得たものだが、同時に、フェリーニの『8½』の名高いラストシーンを想起させないではいない。「人生はお祭りだ」とばかりに、登場人物たちの全員が輪になって踊る場面である。フェリーニの主人公グイドはその輪のなかに入っていったが、ブリューゲルは、バグパイプの音が聞こえてくると、振り向いてアトリエから彼らを眺めている。人間のドラマをときに冷徹に、ときにアイロニカルに、ときに温かく見つめたこの画家は、同時代の伝記作者（カレル・ファン・マンデル）から「愉快な」とか「おどけた」とも称されたが、その言葉にたがわぬシーン（およそ二分弱の六つのカット）である。

つづく場面も暗示的だ。この踊りがゆっくり暗転していくと、絵の右下マリアの部分がフェードインしてきて、カメラは徐々に後ろに引いていき、絵の全体をフレームに収めるが、さらに後ろに引いて、その絵が展示されている美術館の壁――となりには《バベルの塔》（一五六三年、ウィーン、美術史美術館）がかかっている――と部屋を映しだしてゆっくりと止まる。これが本作のラストである。つまり、映画館のなかにいて、つい先ほどまでマイェフキの映像のなかに入っていたわたしたちは、同時に、ウィーンの美術館のなかにいて、壁にかかるその絵のなかに入ってもいたのである。ビオピックと歴史ドキュメンタリーと実験映像とを組み合わせたようなこの作品は、絵画の空間のなかに入りたいというディドロ的な欲望に、映像体験をもって応えているのだ。

## 馬への情熱と畏敬――『ジェリコー・マゼッパ伝説』

『ブリューゲルの動く絵』が、エンターテインメント性をもそなえた実験作だとすると、バルタバスの『ジェリコー・マゼッパ伝説』もまた、別の意味で実験的な作品である。フランスを中心に活動する騎馬オペラ、ジンガロ劇団を主宰するバルタバスがメガホンをとり、劇団員とともにみずからも出演した作品である。馬のことを知り尽くしたこの演出家が、馬に取り憑かれて馬を描きつづけた画家ジェリコーの映画を撮るというのは、まさしくもってこいの組み合わせである。なかでも本作の伏線となっているのは、ロマン主義の時代に文学のみならず美術や音楽のテーマとしても好まれた、ウクライナ・コサックの英雄イヴァン・マゼッパ（マゼーパ）の言い伝えである。主君の妻との不義ゆえに、荒れ狂う馬に裸で縛り付けられ森に放りだされるマゼッパ、バイロンの詩にも謳われたこの場面を、ジェリコーは、夜の闇のなか、馬の背に仰向けに縛られて運命に身を任せるしかない痛ましい姿で描いている（図IX－13）。しかもこの絵では、馬もまた英雄とともに苦悩を分かち合い、あたかも両者は一体となっているようにすら見える。画家はなぜその絵を描いたのか。

映画によるとこうだ。若いジェリコー（ミゲル・ボゼ）が、馬を描くために馬について知り尽くそうと、サーカス団の騎手アントニオ・フランコーニ（バルタバス）に教えを請いに行くところから話がはじまる。このフランコーニ（一七三八―一八三六）は実在のイタリア人で、イギリスのフィリップ・アストリーと並んで、近代サーカスの生みの親のひとりとされる（Jando）。ジェリコーが本当にフランコーニの門をたたいたかどうかについては、確証があるわけではないが、その名前は知っていたに違いない。一七八二年にアストリーとともにパリで結成したサーカス団の舞台に、フランコーニは一八〇七年まで立っていたというから、ジェリコーがその雄姿を見た可能性もまた十分にあるだろう。

図IX－13　ジェリコー《マゼッパ》

## マゼッパとなるジェリコー

さて、映画に戻るなら、サーカス一団に迎えられるなり、若い画家はいきなり厩舎に案内され、そこで馬とともに生活するよう求められる。さまざまな馬の秘密をフランコーニから引き出そうとするのだが、相手は「謙虚に馬の教えに従え」と諭すだけ。気難しくて寡黙な師匠は、画家に試練を与えることで学ばせようとする。馬の交尾にも立会い、出産に際してもみずからの手で仔馬を取りだす。ジンガロ劇団による騎馬ショーと馬のさまざまな生態とをふんだんに盛り込んだこの映画は、馬好きにはたまらない一作ではないだろうか。

ところが、ふとしたことでジェリコーは、サーカス団員でフランコーニの愛人でもある女性と、厩舎で一夜をともにしてしまうことになる。勘のいい読者ならすでにお気づきのように、ここでジェリコーはマゼッパの運命を緩やかになぞっているのである。実際にも画家は落馬事故が原因で夭折したとされるが、そのことが、映画の想像的な筋書きに影響しているかもしれない。とはいえもちろん、十九世紀はじめの画家が、十七世紀のコサックのような過酷な運命にさらされることはない。女はみずから命を絶ち、画家は嵐のなかで絶叫し、フランコーニは馬にまたがって抑えた怒りを表現する。このときに見せるバルタバスの訓練された至芸は、本作の見せ場のひとつでもある。

ついにジェリコーはサーカス団を追われ、サーカス団もイタリアへの巡業に旅立つことになる。

だが、ジェリコーの脳裏から、サーカス団での記憶が消え去ることはない。それは妄想のようになって彼に取り憑いている。そのアトリエには、この画家に特異な「精神病者たち（モノマニー）」の肖像画や、ギロチンで刎ねられた不気味な首の絵が置かれている。病床の彼の顔は眼窩が窪んだ骸骨のようで、現代に伝わるそのデスマスクにまるで瓜二つ。熱にうなされながら見る夢のなかで、彼は、まさに絵のなかのマゼッパさながらに、裸で馬の背に縛りつけられている。馬を煽って、ランニングマシーンのような動く帯の上を勢いよく走らせているのは、かつてのサーカス団の団員たち（図IX−14）。この間、ジェリコーは悲痛の叫びを上げ、団員たちは銘々に歓喜の声ではやし立てている。カーテンが開くと、そこに並ぶ見物客もまた見覚えのあるかつての団員たちである。このシークエンス（七分間余り）は、妄想のなかでジェリコーが罪滅ぼしをしているようにも、あるいは、不条理な曲芸を披露しているようにも見える。その体はもはや人間ではなくて、馬のたてがみと一体となり、さながら「人と獣が密かにまぐわう姿」のごとく、とナレーションが告げて幕となる。まさにジェリコーの絵さながらに。

いずれにしても、《マゼッパ》の着想源には、稀代の馬術師フランコーニとの出会いがあった、というわけである。もちろんこれもまた映画のフィクションではあるのだが。非現実的なストーリーを幻想的な映像と濃密な色彩、そしてエキゾチックな衣装と音楽で描いたこの映画は、ロマン主義を先導した画家ジェリコーと、現代のたぐいまれな調教師にして演出家バルタバスという、馬への情熱と畏敬をともにする二人のあいだの想像力豊かな対話によってこそ生まれえたものである。

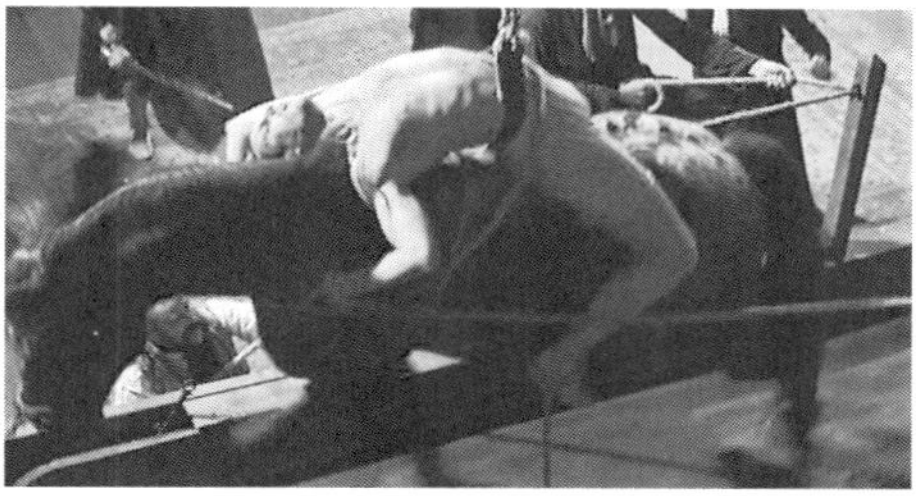

**図Ⅸ-14**　『マゼッパ』より

## 隠されたスキャンダル――『レンブラントの夜警』

破格の想像力という点では、ピーター・グリーナウェイの『レンブラントの夜警』もまた負けてはいない。ただし違うのは、絢爛豪華なバロック風の映像――食傷気味のところがなくはない――が基調をなす点で、それはこの美術通の監督のトレードマークのひとつでもある（全作を見ているわけではないのに、おこがましい言い方かもしれないが、正直のところわたしは、傑作と呼ぶにやぶさかでない『建築家の腹』〔一九八七年〕を別にして、この監督の作品はちょっと苦手である。とはいえここで触れておかないわけにはいかないだろう)。

当時の集団肖像画の常識を覆すかのように、モデルたちは静止のポーズをとることを拒み、銘々がそれぞれ好き勝手な動きや仕草をとっているように見えること、さらに注文主である火縄銃手組合による市民自警団のメンバーに混じって、ただひとり小柄な女性にスポットライトが当たっていること、そうした特異な絵の仕掛けと、画家が不遇のうちに世を去ったことが、グリーナウェイの映画の出発点になっている。まさにキャッチコピーにあるように、「いったいこの絵に何が隠されているのか?」、というわけである。かくして、金とセックスと犯罪にまつわるモデルたちの隠されたスキャンダルを、他でもなく画家自身が暴きだしていくことになる。絵筆を執って描いている場面はきわめて稀で(わたしの見間違いでなければ、ただいちどきり)、本作のレンブラントはむしろ謎解きに奔走するのだ。

もちろん、同様の問いはこれまでにもすでに美術史研究の側から発せられてきたものだが、実証的である必要のない映画の場合、想像力の翼をはるかに自由に遊ばせることができる。しかも、『英国式庭園殺人事件』(一九八二年)において、すでに似たような筋書き——絵のなかに隠された犯罪の暗示と、それに近づき暴こうとしたために権力者によって破滅に追い込まれる画家——を採用していたこの監督のことだから、お手並みは今や慣れたものである。十六世紀オランダの版画家ヘンドリック・ホルツィウス(一五五八—一六一七)を題材にした近作の『ホルツィウスとペリカン・カンパニー』(二〇一二年)でも、この版画家が描いたという旧約聖書のエロティックな主題——「ロトとその娘」や「ヨセフとポティファルの妻」など——を再現するべく、パトロンのアルザス伯一族と工房の面々とのあいだで駆け引きと打算と欲望の芝居が演じられていく。

さらに、『コックと泥棒、その妻と愛人』(一九八九年)においても、エロ・グロ・ナンセンスの事件が展開するレストランの壁には、フランス・

ハルスによる集団肖像画《聖ゲオルギウス市警備隊の士官たちの晩餐》（一六一六年頃、ハールレム、フランス・ハルス美術館）の大きな等身大のコピーがこれ見よがしに飾られていて、全編を通じて何度もくりかえし映しだされる。そして、手前にいる客たちと複雑に交じり合い、重なり合う（図Ⅸ－15）。あたかも、この十七世紀オランダの集団肖像画のなかにはすでに、その前で展開されているロンドンの高級レストランの客たちの欲望と暴力の人間ドラマが先取りされていた、とでも云わんばかりである。『レンブラントの夜警』の発想は、同じ監督によるこれらの前作のなかに芽生えている。

図Ⅸ－15　『コックと泥棒、その妻と愛人』より

　とはいえ、本作において重要なのは、わたしの見方では、謎解きもしくは絵解きの中身それ自体にあるのではない。たとえば中央のバニング・コック隊長の左手の影が右の副隊長の股間に当たっているのは、この隊長が同性愛者であることを暗示するためであるとか、右端にいる孤児院長のケンプは孤児たちに売春をさせていて、絵のなかの唯一の女性は彼の隠し子であるとかといった、個々の（空想的な）謎解きそれ自体は、まるでゴシップニュースか三面記事まがいのもので、いかに想像力にあふれているとしても、ほとんど聞き流していいもののようにわたしには思われる。

## 絵画と演劇と映画のあいだ——映像の「リミノイド」

それよりも面白いのは、グリーナウェイがここで、絵画をたんに美的な対象としてではなくて、社会的で政治的な対象としてとらえているという点である。「絵筆は画家の武器だ。何でもできる」とは、監督が画家に断言させるセリフである。絵は「告発」の有効な手段ともなりうるのだ。この映画でレンブラント（マーティン・フリーマン）は、野心家で貪欲、皮肉屋で現実主義的な人物として描かれる。だが同時に、どこか情緒不安定で感情の起伏が激しく、「目が潰される」という不安に苛まれてもいる（映画は、画家のその悪夢からいきなり幕を開け、同じ強迫観念で幕を閉じる）。これは、他でもなく画家自身の作品《ペリシテ人に目を潰されるサムソン》（一六三六年、フランクフルト、シュテーデル美術館）に触発された設定と思われる。その絵はレンブラントの去勢不安を暗示してもいると、グリーナウェイは解釈するのだろう。

しかも、たとえば「データベースとナラティヴという形態をどのように調停するかという問題に取り組み続けてきた」この監督の『プロスペローの本』（一九九一年）などがまたそうであるように（マノヴィッチ 334）、本作においても、映画と絵画と演劇との境界線がいたるところで撹乱させられる。もしも、これら三つを根源で結びつけているのが、ある種の宗教的な儀礼であるとすると、そこにグリーナウェイ作品の原点があるとも言えるだろう。たしかに、その映画は、しばしば観客——作品中の観客とわたしたち観客の両方——をも巻き込む「儀礼性」によって特徴づけられてきた（Hotchkiss）。儀礼における境界の未分化な状況を「リミナリティ（過渡性）」と呼んだのは、よく知られているように、人類学者のヴィクター・ターナーで、彼はまた、このような部族社会的な共同体の性格が、近代になってもさまざまな領域——娯楽や映画など——でかたちを変えて生きつづけていることを「リミノイド（過渡もどき）」と名づけたが、グリーナウェイの映画はまさにこれに対応するかもしれない。饗宴と乱痴気騒ぎ、犠牲と瀆聖、セックスと暴力が、その作品の多くに共通しているのも、それゆえ偶然ではないだろう。二〇〇六年からグリーナウェイはさらに、レンブラントの《夜警》にはじまって、ダ・ヴィンチの壁画《最後の晩餐》（一四九五―九八年、ミラノ、サンタ・マリア・デッレ・グラツィエ聖堂修道院）、パオロ・ヴェロネーゼの大作《カナの婚礼》（一五六二―六三年、パリ、ルーヴル美術館）など、古典的な名画のデジタルによるヴィデオ・インスタレーションを発表してもいる。

**図Ⅸ−16（上）Ⅸ−17（下）**『レンブラントの夜警』より

　一方、まさしくレンブラント自身が、当時の演劇に少なからず関心を示し、その絵にも影響を受けていることが美術史研究において指摘されているが（Alpers）、グリーナウェイはそれも承知のうえであろう。映画のなかでも画家は芝居見物にしばし興じている。全編の映像も、舞台を眺める観客と同じように、カメラはたいていいつも目線の高さの水平視で、俯瞰や仰角によるショットはない。各ショットは正面から人物たちをとらえ、しかる後にゆっくりと横に移動したり、奥に回り込んだりするが、上下に動くことはほとんどない。また、極端なクロースアップも必要最小限に抑えられている。

　画家と妻サスキアの天蓋付きの大きなベッドが、まるで大道具のようにフレームのなかに運び込まれる。画家のアトリエはちょうど舞台空間のような役割を果たす。登場人物たちは、「第四の壁」を破るようにして、カメラ目線で語りかけることもある。薄暗い照明のなか、妻サスキアの埋葬がおこなわれる四分間のシーンは、三つの長回しと一度の暗転からなるが、カメラは棺桶や墓穴と後ろの参列者たちを真正面からとらえたまま、ごくわずかに前後するだけで、観客はまさに芝居の舞台を見ているような錯覚に襲われる（図IX－16）。

また別の場面では、「世界は舞台」、「俺たちはお前の絵のなかで役者になる」、絵のモデルのひとりが、シェイクスピアよろしく画家にこう語りかける。レンブラントの絵が芝居になぞらえられ、その芝居がさらに映像化されるわけだ。モデルたちの目の前で《夜警》を覆っていたヴェールがはがされて、はじめてお披露目されると、映画のなかの画家はさらに、次のように主張する。「絵に音を加えてみよう」、と。すると、その絵さながらの活人画が新たに出現してきて、「お前たちの罪を告発する絵だ」という画家の合図で銃声が放たれると（図IX－17）、その活人画のなかの人物たちが動揺してざわつきはじめ、自分たちの描かれた絵と画家に向けて思い思いに非難を浴びせてくる。活人画には普通はセリフや動きはないのだが（西洋名画の数々を活人画にしたゴダールの『パッション』［一九八二年］がそうだったように）、ここでは、まさしく絵と同じく、各自が予想外の動きを見せているのである。こうして、先述したようなスキャンダルが暴かれることになるのだ。彼らには、絵のモデルにして活人画の担い手、さらに映画の物語の登場人物でもあるという、複数のステータスが重ねられている。

ラスト近くでも、モデルたちの口を通して、「これは絵ではない、演劇だ」、というセリフが何度も畳み掛けるようにして発せられる。それはおそらく監督グリーナウェイ本人の持論でもあるのだろう。『レンブラントの夜警』は、映像のうちに演劇的絵画あるいは絵画的演劇を取り込もうとする。そのハイブリッドなネオ・バロック主義（Reinert）は、まさしく、映画と絵画と演劇の垣根を自在に飛び越えようとするリミノイド的な試みといえるだろう。

# X 異色のビオピック

## イコン画家ルブリョフ、表現主義者ムンク、装飾家クリムト

その内容においても表現手法においても、きわめて特異なビオピックがある。タルコフスキーの『アンドレイ・ルブリョフ』（一九六六年）、ピーター・ワトキンスの『ムンク 愛のレクイエム』（一九七四年）、そしてラウル・ルイスの『クリムト』（二〇〇六年）はその代表である。アンドレイ・ルブリョフ（一三六〇/七〇―一四三〇）は、日本ではまだ一般にはなじみが薄いかもしれないが、十五世紀ロシアの国民的なイコン画家。エドヴァルド・ムンク（一八六三―一九四四）とグスタフ・クリムト（一八六二―一九一八）は、言うまでもなく、人気のノルウェーの表現主義の画家とウィーン世紀末美術を牽引した画家である。この二人については、たとえばムンクの《叫び》が高額で落札されたり、あるいは、ナチスに没収されたクリムトの《アデーレ＝ブロッホ・バウアーの肖像》を遺族が奪還したりと、今日でも何かと話題に事欠かない。特に後者の経緯をめぐって、先ごろ『黄金のアデーレ 名画の帰還』（サイモン・カーティス監督、二〇一五年）として映画化されて評判にもなったことは、読者の皆さんの記憶にまだ新しいところだろう。

最初にわたしが、ここで取り上げる三本のビオピックを「特異な」と形容したのには、いくつか

の理由がある。まず、伝記映画というジャンルには収まりきらないほど、想像的で独創的な要素が多彩に盛り込まれている点が挙げられる。タルコフスキーの場合には、十五世紀ロシアの文化的・宗教的な状況について、ワトキンスの作品では、ムンクと「ヘイワーズ夫人」――ムンクの日記に登場する匿名の既婚女性――との強迫的な恋愛関係をめぐって、ルイスの作品では、クリムトのアトリエの空想的でかつエロティックな設定において、などである。

　だが、誤解してはいけない。これら三作はいずれも、メロドラマ的な展開を意識的に退けている点では共通している。物語は単線的な筋道に沿って進むというよりも、しばしばさまざまなエピソードやプロットへと不連続に脱線し、それらが複合的に重なり合う文脈のなかに、主人公の画家としての活動が据えられるのである。タルコフスキーはお得意の長回し――多くが二分前後のショットからなる――によって、ワトキンスは逆に目まぐるしく変化するモンタージュによって、そしてルイスは、絵画と写真と映画のあいだの境界線をまたぐインターメディア的な手法によって、それぞれ新たな画家のイメージを織り上げていく。こうした点を念頭に置いたうえで、以下では個々に、もう少し詳しく検討してみることにしよう。

## ロシアの偉大な画家の「詩的天才」を映像化する

　タルコフスキーの作品は、『僕の村は戦場だった』（一九六二年）につづく監督の長編第二作で、オリジナルは「アンドレイの受難」（約二〇五分）として完成されたが、ソ連の検閲で部分的に削除を強いられたため（本国では一九七一年まで公開されなかった）、いくつかのヴァージョンが存在するが、ここではDVD等でもっとも広く流布している一八三分版を用いることにする。本編は、プロローグとエピローグにはさまれて、八つの章――「旅芸人 一四〇〇年」、「フェオファン・グレク 一四〇五年」、「アンドレイの苦悩（受難） 一四〇六年」、「祭日 一四〇八年」、「最後の審判一四〇八年」、「襲来 一四〇八年」、「沈黙 一四一二年」、「鐘 一四二三年」——からなる大作である。自身も『刻印された時間 映像のポエジア』で述べているように、歴史映画や伝記映画を意図したというよりも、ロシアの偉大な画家の「詩的天才」を映像で表現しようとしたという性格が強い。とはいえ、エイゼンシュテインの『アレクサンドル・ネフスキー』(一九三八年)や『イワン雷帝』(一九四四―四六年)など、ロシアには優れた伝記映画の伝統があり、また同時期には、壮大なスケールの歴史映画四部作『戦争と平和』(セルゲイ・ボンダルチューク監督主演、一九六六―六七年)の製作も進んでいたから、それらを意識していたことは確かだろう。

一方ハリウッドに目を向けると、一九五〇―六〇年代はいわゆるブロックバスター映画の全盛期で、スタンリー・キューブリックの『スパルタカス』(一九六〇年)やジョセフ・マンキーウィッツの『クレオパトラ』(一九六三年)などが話題をさらっていた。ミケランジェロをモデルにしたキャロル・リードの『華麗なる激情』が撮られたのも一九六五年のことである。日本でも黒澤明が『七人の侍』(一九五四年)、『用心棒』(一九六一年)、『椿三十郎』(一九六二年)などの傑作を発表し、欧米の映画界に大きな衝撃を与えていた時代である。スウェーデンでは、中世の北欧を舞台にしたイングマール・ベルイマンの名作、『第七の封印』(一九五七年)や『処女の泉』(一九六〇年)が生まれている。タルコフスキーもまたこうした状況に敏感だったに違いない(黒澤明からの影響は自認している)。たとえば、過激な暴力(「最後の審判」で大公の使者によって目をつぶされる石工たちや「襲来」での拷問)やダイナミックな戦闘シーン(タタール人の「襲来」)、裸の男女の群れが醸しだす秘教的なエロティシズム(異教の「祭日」)、膨大な数のエキストラや馬など、『アンドレイ・ルブリョフ』を彩るこうした特徴は、後のタルコフスキー作品ではあまり見られないもので、上述の動向抜きにはおそらく考えられないだろう(Robinson 337-339)。

一方、ソビエト当局による対宗教弾圧のことはよく知られているが、同時に、祖国の偉大な芸術家の発掘が求められていたのも事実のようで、白羽の矢が当たったのが、伝説のイコン画家ルブリョフであった。一九六〇年には、画家の生誕六百年を祝うキャンペーンが国を挙げておこなわれ、画家にゆかりのアンドロニコフ修道院がアンドレイ・ルブリョフ記念美術館として新たにオープンした。タルコフスキーがその映画の製作において、比較的潤沢な資金を得ることができたのも、こうした事情による。

さらに忘れずに言っておかなければならないのは、西洋ルネサンス美術とは根本的に異なる美的で宗教的な価値をロシア・イコンのなかに見いだし、早くから高く評価していた偉大な哲学者にして神学者、パーヴェル・フロレンスキイ（一八八二―一九三七）の存在である。イコンの特異性を説いた一九一九年初版のその著『逆遠近法の詩学』にはまた、ソビエト政府の反宗教キャンペーンからイコンや聖遺物を守るという意図もあった。

## 逆遠近法のイコンと映画

さて、映画を取り巻く周りの状況の話はこれくらいにして、作品そのものを見てみることにしよう。全体を通して観客の誰もがまず抱くのは、肝心の主人公が不在か、あるいは周縁に置かれているシークエンスが少なくないという印象ではないだろうか。主人公を中心に各エピソードが連続してつながり、ひとつの物語へと収斂していくというよりも、一見したところ無関係で不連続の挿話がただ並置されているだけのように見えるのだ。たとえば、ひとりの農民が熱気球に乗って空高く舞い上がるが、ほどなくネルリ川縁に落下するという架空の出来事を、三六〇度パンするダイナミックなショットとフリーズフレームの対比で描いたプロローグは、イコン画家と直接の関係があるようには見えない。たとえ、この無名の「イカロスの飛翔」に、芸術の夢と挫折が託されているとしても。

フロレンスキイによると、正教会のイコンの最大の特徴は、「逆遠近法」と呼ばれる手法にあるとされるが、それは、ただひとつの消失点に空間を収束させる西洋の幾何学的な遠近法（透視図法）とは反対に、一見ちぐはぐな複数の視点によって空間を外へと開く効果をもつ。透視図法の消失点は画家の目に対応するもので、その意味で人間中心的な視覚を体現しているのだが、外観の本当らしさに縛られない逆遠近法はそれよりもはるかに広い射程を有するのだ。牽強付会を覚悟でいうなら、タルコフスキーの本作の手法は、こうした逆遠近法の伝統になぞらえうるかもしれない（たしかに『映像のポエジア』のなかに短い言及がある）。

総じてルブリョフ（アナトリー・ソロニーツィン）は、行為する側にいるというよりも、見る人という役割を演じているように思われる。とりわけ、第一話「旅芸人」や第四話「祭日」、さらに第八話の「鐘」などにそれが顕著で、各エピソードの主役は、画家本人というよりも、順に役人に引っ張られていく道化の芸人であり、土着的な異教の夏至祭りを性の儀式として祝うカップルたち——彼らもまた役人たちから追われている——であり、そして、大きな釣鐘の鋳造に果敢に挑んで見事に成し遂げる少年ボリスカ（『僕の村は戦場だった』の主役の少年と同じニコライ・ブルリャーエフが演じている）である。ルブリョフは、これらの出来事が進行するさまを、直に介入するでも、間接的にかかわるでもなく、そばでじっと見守っている。まるでわたしたち観客に成り代わるかのようにして。「運動イメージ」にたいする「時間イメージ」の特徴のひとつに「見る人」の役割があると論じるのは、周知のようにジル・ドゥルーズであるが、それはここにも当てはまるかもしれない。

前の二つのエピソード——「旅芸人」と「祭日」——に、芸術や宗教を弾圧するソビエト政府への批判が暗に含まれているだろうことは想像に難くない。とすると、現実を直視している画家アンドレイは、同じ名前の監督の分身でもあるだろう（ちなみにロシアに「アンドレイ」という名前が多いのは、使徒の聖アンデレが最初にこの地に伝道したとされ、古くから守護聖人として信仰を集めてきたからである)。

## 映画＝イコン＝鐘の鋳造

なかでも、本編の最後を飾るエピソード「鐘」は、およそ四十二分間と全八話のうちでいちばん長いもので、画家はここで、生前の父親から鋳造の秘伝を伝授されたと偽ってまで未体験の技芸に挑戦しようとする少年の姿を、遠くから静かに見守っている。少年が、自分よりはるかに年長の職人たちの助言をあえて退けて、新たに良質の粘土を探しだそうとするときも、その粘土で鐘の型をとるときも、疲れ果てて倒れているときも、型を焼くために火が入れられ、さらに外型と内型(中子)のあいだに溶けた銅が流し込まれるときも、そしてついに型が割られて、表面に聖ゲオルギウスの浮き彫りの施された神々しい鐘が出現するときも(**図X－1**)、イコン絵師アンドレイは、まるで偶然にその場に居合わせたかのようにして、采配を振るボリスカにまなざしを送っているのである。

監督アンドレイは、こうして大鐘がつくられていく過程を、丹念かつダイナミックに追っていく。そしてついに、多くの貴賤の老若男女が固唾を呑んで見守るなか、大鐘がお披露目され、不安そうなボリスカに代わってひとりの職人がゆっくりと試し打ちをすると、しばし間をおいて美しい音色を響かせるのである。つまり、プロローグとは反対に、少年による「イカロスの飛翔」は見事に功を奏するのだ。このときもイコン絵師は祈るようにうつむいて成り行きをうかがっている。達成感と安堵で泣き崩れるボリスカを画家が抱き寄せると、少年は、実は父親は秘伝を教えてくれないまま逝ってしまった、と真実を打ち明ける。少年と自分自身を励ますようにアンドレイは、「お前は鐘を造り、わたしはイコンを描く」と語りかける。前の第六話「襲来」において、画家は、佯狂の女を犯そうとしたロシア兵をあやめてしまったことで、罪滅ぼしのために、口を利かないという沈黙

図X-1 『アンドレイ・ルブリョフ』より

の業をみずからに科し、絵筆もきっぱりと絶っていたのだった（第七話「沈黙」）。それゆえボリスカの偉業は、画家にとってもまた再生のための引き金となるものだったのである。バックにはなおも初々しい鐘の音が気高く響いている。こうして、イコン絵師アンドレイと監督アンドレイ、そして少年ボリスカの三人がひとつに重なってくる。

だが、それだけではないようにわたしには思われる。監督はなぜ、一見してイコン絵師とは無関係に思われる、鐘の鋳造という架空のエピソードを創造し、しかもあえて最後にもってきたのだろうか。管見によれば、そこにはアンドレ・バザン的な映像観がこだましているように思われる。このフランスの批評家が、写真や映画の根源を、転写や型取りのように現実をそっくり写しとるという特性のうちに見ていたことは、よく知られている。しかも、それは単に素朴なリアリズムの問題ではない。バザンも言及しているように、イコン――キリストの肖像――の起源もまた転写のうちにたどることができるのであり、転写であるがゆえに聖性も宿るとされてきた。東方教会でそれは「マンディリオン」と呼ばれるもので、キリストが白い布を顔に近づけると、そこにその顔が刻印されたという古い言い伝えに基づく。つまり鋳型や型取りは、イコンと映像に通底する特徴であり、画家アンドレイと監督アンドレイ、さらには批評家アンドレを結びつけるものでもあるのだ。ここにおいてはまた、工芸と美術、職人と芸術家といった西洋の近代的な区別にしてヒエラルキーも、恣意的なものでしかない。

## 「アンドレイの苦悩（受難）」

ところで、「見る人」としての側面が際立つからといって、描く人としてのルブリョフがなおざりにされているというわけでは、もちろんない。以下では少しそれについて検討しておこう。

たとえば、第三話「アンドレイの苦悩（受難）」では、ビザンチンから招かれた先輩画家フェオファン・グレク（一三四〇―一四一〇）とルブリョフがイコンと宗教について意見を戦わせるというシークエンスがある。民衆の無知、地上の悪、神の厳しい裁きについて熱弁をふるう先輩にたいして、後輩はむしろ、民衆の苦しみに目を向け、善の存在を信じようとする。民衆を蔑んで絵は描けない、後輩はそう考えているのだ。たしかに、現存する二人のイコン《パントクラトール（全能者キリスト）》を比較しても、フェオファンのもの（一三七八年、ノブゴロド、顕栄教会）が険しく鋭い表情なのにたいして、アンドレイのもの（一四一〇年頃、モスクワ、トレチャコフ美術館）はずっと穏やかな表情に見える（図X‐2）。このように見解を異にする二人は、けっしてまともに視線を交わそうとはしない。そのおよそ三分間は、いちどもカットの入らない長回しで、明るい陽光の川縁を背景に、カメラは左右に緩やかにパンしながら、胸から上のクロースアップで議論する二人を追っていく。どちらか片方がフレームから外れることもあれば、対立する二人が互いに背中向きになって、まるで双面のヤヌスのような構図になることもある（図X‐3）。忘れがたいショットである。

この長回しの終盤に、フェオファンが、イエスが生き返ったとしてもまた磔にされるだろうと言い放ち、民衆や弟子たちの裏切りを並べ立てはじめると、画面は突然がらりと変わって、寒々しい一面の雪景色へと一転する。こうして、おそらくはルブリョフの脳裏に去来しているイエスの受難のシーンへと移ることになる。雪のなかで繰り広げられるイエスの十字架の道行きと磔刑――後にタルコフスキーが何度か映像に活かすことになる画家ピーテル・ブリューゲルの絵が参照されている——を、ロングショットとクロースアップを織り交ぜながら巧みに組み立てたこの場面（約四分半）については、とりわけその唐突さやわざとらしさをめぐって、研究者のあいだで賛否両論があるようだ（スラヴォイ・ジジェクは「滑稽」とさえ言い切る）。とはいえ、現実を模倣することではなくて、聖なるヴィジョンを現前させるという点にイコンの真骨頂があるとするなら、その理念にむしろ沿うような場面と見ることもできるだろう（Skakov 54－55）。この雪中の受難のすぐ後のショットが、師匠ルブリョフの使った絵筆を川の水で洗う弟子フォーマ（架空の人物）であるというのも、また暗示的ではないだろうか。

**図X−2**　《パントクラトール》ルブリョフ（左）とフェオファン・グレク（右）

**図X−3**　『アンドレイ・ルブリョフ』より

**「最後の審判」**

一方、第五話「最後の審判」では、ルブリョフは今度、仲間の実在画家ダニールと議論している。ウラジーミルのウスペンスキー大聖堂に《最後の審判》のフレスコ画を描くことを依頼された主人公は、恐怖心のみを煽るような伝統的なその図像に飽

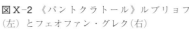

き足らず、どう描いたものかと考えあぐねている。片やダニールは、「最後の審判」とは本来そういう地獄の絵なのだから、ためらうことはないと相手を牽制し鼓舞しようとする。この二人のシークエンス（およそ二分十五秒）は、先のフェオファンとの絡みとは違って、地平線まで見渡すほど広大な大草原をバックに、前後左右へと動く四つのショットからなる。画家としての果てない探求心と、それゆえの迷いとが、映像によって象徴的に表現される場面である。

肝心の師匠がこうして二の足を踏んでいるため、大聖堂の壁はいまだ真っ白い漆喰のままに残されている。弟子のフォーマは愛想をつかして師のもとから去ってしまう。鮮烈なのは、純白の壁に黒く湿った泥を勢いよく投げつけて大きな染みのようになったところを、さらにその上から手でこすりつける画家のショットである（ちなみにこのショットは、白い塗料が暗い水面にゆっくりと滲みだしていく直前のショットと、ちょうどポジ／ネガの関係になっている）（図X－4）。このとき画家はおそらく、行き詰まりのフラストレーションを壁にぶつけているのだが、その様子は、ジャクソン・ポロック張りのアクション・ペインティングにさえなぞらえられる（Pellanda 221）。しかしながら、あまりにも近代主義的で主観主義的な解釈は控えるべきであるように、わたしには思われる。というのも、それは聖画像としてのイコンの理念に著しく反するものだからである。

実際にも、絶望の画家の背中を見て、仲間の画家ダニールは弟子に聖書を朗読させる。それは、パウロによる『コリントの信徒への手紙一』の名高い一節（11:3－9）で、そこで説かれているのは、女は頭に被り物をして祈らなければならないという教えである。するとそのとき、偶然にも（あるいはタイミングよく）、この教えに反して長い髪を振り乱した佯狂の女――聖愚者――が聖堂のなかに入ってくる。そして、件の汚れた壁を見つけると、おもむろに近づいていって、泣き声をあげながら必死でその染みを消し取ろうとする（図X－5）。その様子を見ながら、ルブリョフは急に迷いから覚めたようになって、笑みすら浮かべて聖堂を飛びだして雨のなかに消えていく。ダニールに、「被り物をしていないからといって、どうして罪人になるだろうか」、と言い残して。つまり、この佯狂の女がまさに身をもって示してくれたように、規則や模範に従うことだけが信仰の証ではない、というわけだ。このとき画家は、恐ろしい地獄絵を描くことだけが《最後の審判》の趣旨ではない、と悟ったのだろう。たしかに、ウラジーミルのウスペンスキー大聖堂に残されたフレスコ画には、地獄や拷問の光景はなく、あるのは天使や祝福された者たちの幸福な姿である。

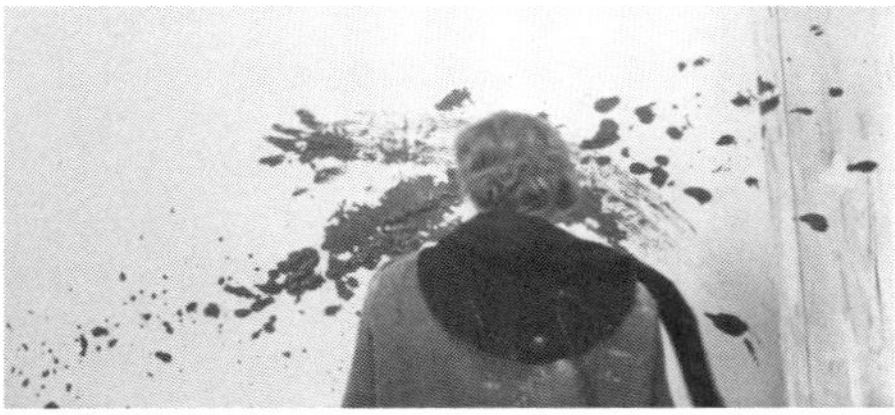

**図X-4（上） X-5（中） X-6（下）**
『アンドレイ・ルブリョフ』より

## イコン絵師アンドレイ、映画監督アンドレイ

だが、画家はこれで会得したというわけではない。エクスタシーと絶望、自信と不安のあいだをなおも揺れている。つづく第六話「襲来」は、タタール人のウラジーミル侵入を、壮大なスケールと躍動感あふれる多彩なカメラワークで描きだすが（黒澤明からの影響が随所に見られる）、その最後の場面、おびただしい数の死体が転がり、イコノスタシス（正教会に特徴的な、内陣と至聖所を仕切

るイコンで覆われた壁）も今にも焼け落ちそうな大聖堂のなか、かろうじて命拾いしたルブリョフ（と佯狂の女）のもとに、死んでいるはずのフェオファン（の亡霊）が現われる。こうして二人はしばし言葉を交わすのだが、面白いのはこのとき、双方の立場が先の第三話とはきれいに逆転していることである。文字どおり生き地獄を目の当たりにしたルブリョフは、もはや人間の善を信じることができない。先述したように、このとき画家は佯狂の女を救うためにロシア兵をあやめているので、そのことをフェオファンに告白し、絵筆を絶つことを告げると、神は許してくださると相手からやさしく慰められる。かつてとは裏腹に、フェオファンは善と救いを信じているのだ（図X－6）。

このおよそ八分半のシークエンスは、六つのショットからなるが、とりわけ最後の二つの長回し（約一分半と二分二十秒）は、前に見た第三話での二人の対話の長回しに対応するものである。ここでもやはり、カメラはゆっくりとパンしながら、胸から上の二人をとらえる。ただ違うのは、黒く焼け焦げて煙を上げる教会の壁やイコンが背景になっていることと、二人の立場や見解が逆転していることである。さらに意表を突かれるのは、フェオファンがフレーム右から消えてルブリョフがやや左に動くと、今度は唐突にも左側からフェオファンがフレームに入ってくるというショットである。これは第三話の場面では起こらなかったことで、先輩画家が亡霊だからこそ可能になる演出なのだろう。とはいえ、似たようなショットは一九八三年の『ノスタルジア』でも使われ、さらに後の作家にも影響を与えていることは、たとえばもうひとりのアンドレイ、つまりズビャギンツェフが例証している（二〇〇七年の『ヴェラの祈り』など）。

いずれにしても、この絶望の淵からもういちどよみがえってくるのが、先に見た最後の第八話「鐘」だったのである。両極のあいだを揺れる画家アンドレイは、同時に、監督アンドレイの分身でもあるだろう。あるいは、監督アンドレイは、イコン絵師アンドレイという、伝記的で美学的で物語的でもある「仮面」を被っている、ということもできるだろう。映画の主体である監督は、客体である画家のうちに自己を重ねる。画家のビオピックは同時に監督の「自画像」でもあるのだ。

## 知られざる名監督ピーター・ワトキンス

同様のことはまたピーター・ワトキンスの『ムンク』についても当てはまる。「エドワード・ムンクについての映画を撮ることで、すぐにわたしは、自分自身についての映画を製作していたことに気づいた」、とはまた監督自身の言である（Watkins 47）。とはいえ、以下でおいおい見ていくように、その手法はタルコフスキーとはかなり異なるものではあるのだが。

残念ながら日本では、この監督の名前はまだ広く知られてはいないし、『ムンク』の公開もDVDの発売もない。が、とりわけ近年、フランスを中心に再評価が進んでいることは、二〇〇五年に『カイエ・ドュ・シネマ』（五九八号）がピーター・ワトキンスの特集を組んでいること、さらに研究書や論文も少なからず発表されていることなどからもうかがえる。『ムンク』が北欧で公開されたときには、スウェーデンの名匠イングマール・ベルイマンが「傑作」のお墨付きを与えたという（2011, Lagny 43）。

このイギリス人監督のデビュー作は、冷戦時代の核兵器開発をテーマに、一九六五年にBBCの依頼で製作されたドキュメンタリータッチのフィクション『ウォー・ゲーム』という作品だが、余りに過激であると判断されてお蔵入りになってしまった。それ以来彼は、本国を離れて、海外に製作の拠点を移している。この境遇は、本国のノルウェーで受け入れられず、ベルリンやパリなど諸外国を転々とした初期のムンクとも重なるところがある。

本作『ムンク』はノルウェーのテレビ局のために十六ミリフィルムで撮られたが、すぐに三十五ミリフィルムにブローアップされ、二二一分に編集された大作で、一八八〇年代から一八九〇年代まで、二十―三十歳代の若い時期の画家を描く。

すなわち、クリスチャン・クローグの美術アカデミーで絵を学び、「クリスチャニア・ボヘーム」のサークルに出入りしはじめた時期から、ベルリンやパリでの個展、さらにベルリンの居酒屋「黒仔豚亭」で作家のヨハン・アウグスト・ストリンドベリやスタニスワフ・プシビシェフスキらと交流をもつ時期にいたるまでの怒濤の半生である。ほぼ同時期の伝記映画の大作としては、くしくも同じプロイセン王をモデルにした、ルキノ・ヴィスコンティの『ルードウィヒ』とハンス＝ユルゲン・ジーバーベルクの『ルートヴィヒⅡ世のためのレクイエム』（いずれも一九七二年）があるが、映画の性格は異なるとはいえ、これらにも引けをとるものではない。

日本でも発売されているこの監督作品のＤＶＤとしては、『懲罰大陸★ＵＳＡ』（一九七一年）がある。ベトナム戦争の反対者たちをいわば「人間狩り」していくニクソン政権下の圧制を、やはりお得意のドキュメンタリータッチで描いたフィクションで、俗にいうモキュメンタリーである。かねてよりこの監督は、ハリウッドの古典的映画のスタンダードを、「モノフォーム」にして「世界共通時計」と呼んで痛烈に批判してきた。また、観客をもっぱら受身の状態に追いやるマスメディアへの強い不信において、スペクタクル批判の映像作家ギー・ドゥボールとの共通点も認められる。

## ドキュメンタリーとフィクションのあいだで

本作『ムンク』もまた、手持ちカメラで撮影されたドキュメンタリーのような特徴をもつ。そもそもこの監督は、ドキュメンタリーとフィクションのあいだに明確な境界線が引けるとは考えていない。なぜなら、「ほとんどのドキュメンタリーは、ハリウッド型の映画と同じように組み立てられ、たいていは少なくとも操作されている」からだ（Watkins 50）。ムンク自身の日記が事実と虚構の混成であり（日記のなかで彼は、自分を三人称で呼ぶこともある）、また画家本人も「自分の人生を正確に再現しようとするつもりはない。実存の隠れたもろもろの力を探して掘りだし、それを再編して強化する」と述べているように、ワトキンスもまた、まさしく画家のいう「再編」と「強化」を映像で試みているのである（Dion 59）。監督の言葉では、「リアリティとフィクションのあいだの緊張」（Watkins 51）、と言い換えることもできるだろう。

役者は、主役のムンク（ゲイル・ウェストビー）を筆頭にほとんどが素人で、そのセリフも極力抑えられている。もしもしかじかの状況下でムンクだったら、あるいはヘイバーグ夫人だったらどう反応したか、役者に想像させながら即興で演じさせることもあったという（Watkins 60）。素人役者に演技を付けるというよりも、ありのままにとどまることを要求する点では、ロベール・ブレッソンの演出法に近いところもある。登場人物たち――とりわけ女性たち――は時に役を演じていることを忘れたかのように、カメラに向かって自分たちの恋愛観や結婚観を語りはじめる。ノルウェー語に堪能ではない監督は、彼女たちが何をしゃべっていたのか、編集段階になって英訳がつくまでわかっていなかったと回想しているほどである（Watkins 61）。

一方、セリフの代わりとなるのがナレーションで、監督のワトキンス自身が英語で、ムンクの日記からの引用を読み上げたり、同時代の政治的・社会的・文化的状況を語ったりする。とはいえそれは、一般のドキュメンタリーにありがちな、観客に意味を押しつける「天の声」なのではない。解釈はあくまでも観客に委ねられているのだ。

イメージのみでわずかしか声を発することのない「ムンク」と、ポリフォニックな声をもつがイメージとしては不在のワトキンスとは、「同じ実体の切り離しえない二つの顔」である、というウがった解釈もある（Dion 59）。

全編手持ちカメラの映像はしばしばぶれて、突然にパンしたりズームしたりする。それゆえ焦点が定まらないまま対象に接近することも少なくないが、それがかえって臨場感を盛り上げる。ショットの多くは短くて――ある研究者の算定による

図X-7　『ムンク 愛のレクイエム』より

と平均八秒（2011, Lagny 73）——断片的で、しかも時間も空間も不連続なままにめまぐるしくモンタージュされていく。また、タバコの煙や自然現象、露出過多や露出不足などによって、フィルターがかかったように画面がかすむことも少なくなく、これもドキュメンタリー的効果に一役買っている。さらに、映像と音や声とが必ずしもいつも同期するとは限らないのも、本作の大きな特徴のひとつである。たとえば、「クリスチャニア・ボヘーム」が集うカフェの喧騒から、ムンク一家の食卓にショットが移っても、喧騒の音がそのまま聞こえている、といった調子で。こうして音を映像からあえてずらすことで、音が映像に従属するわけではないこと、両者はつねに調和しているわけではないこと、あるいはミシェル・シオン風にいうなら聴覚と視覚のあいだのアンバランスをあえて観客に体験させるのである。

### ムンクと「状況」——マルクス、フロイト、サルトル

とりわけ序盤、映画は十九世紀末のクリスチャニア（オスロの旧名）の社会的な状況を、ムンクやその家族のショットと何度もめまぐるしく交差するようにとらえる。貧しい子供たちはまるでインタヴューに応えるようにカメラ目線で児童労働の実態を語る（**図X-7**）。片や、クリスチャニアの中産階級（ムンク一家もまたそこに属する）は、着飾って町の目抜き通りに繰りだすのが日課（その間、軍楽隊の演奏がバックに流れている）。ナ

レーションの声が、当時の過酷な労働条件、階級間の格差や女性差別の実態などを淡々と語る。なかには、街の娼婦が当局から股間を検査されているところを、マンテーニャ張りの短縮法でとらえたショッキングなショットもある。

　さらにこれらの映像にはさまれるようにして、父親を中心に食事のテーブルを囲むムンク一家のショットがくりかえしモンタージュされる。ムンク自身もしばしばカメラ目線で観客の方に振り向く。かと思えば今度は突然に、すでに他界している母親と姉ソフィーエ、そして幼少期のムンクの映像が現われる。弟と妹もまた、まるでインタビューに応えるかのようにカメラ目線で家族について語る。さらに、とりわけ肺結核のために十五歳の若さで亡くなった姉の映像（図X-8）は、少年期のみずからの吐血の生々しい映像（図X-9）とともに、さながら青年ムンクに取り憑いたトラウマのように、本編で何度も断片的にモンタージュされる。とはいえそれらは、彼の記憶のフラッシュバックとしてよりもむしろ、意図的な編集の結果として提示されているように思われる。つまり、その主体は画家ムンクであるというよりも、監督ワトキンスその人なのである。アビ・ヴァールブルクの図像モンタージュを論じるディディ＝ユベルマンの言い方を借りるなら、複数の異質な時間が、さまざ

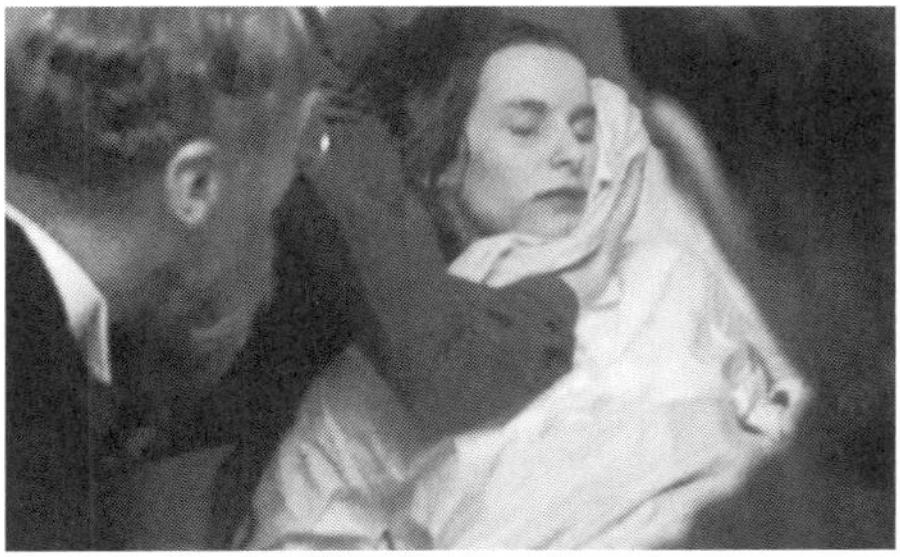

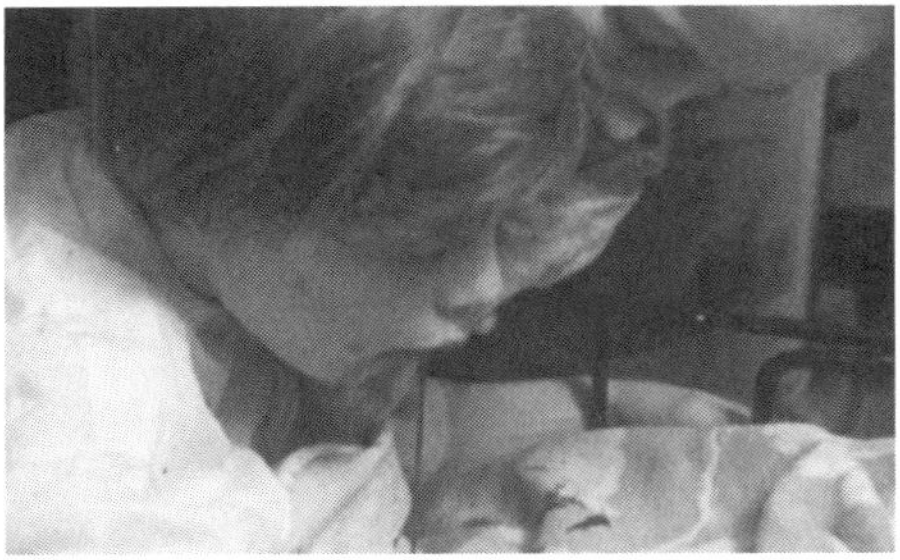

**図X-8（上）　X-9（下）**　『ムンク 愛のレクイエム』より

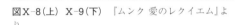

まな強度の情念を帯びたイメージとなって、事後的かつアナクロニックに回帰してくるのである。

　このように社会階層の状況と家族の記憶とを作中に組み込むという手法は、もちろんマルクスとフロイトを意識してのことであると思われる。とはいえワトキンスは、下部構造にせよ無意識（もしくは隠蔽記憶）にせよ、それらが決定論的にムンクの芸術に作用している、と主張したいわけで

**図X–10（上）　X–11（下）**　『ムンク 愛のレクイエム』より

はない。むしろ近いのは、サルトル的な意味での「状況《シチュアシオン》」、つまり与えられた状況のなかで自己を選択する自由という考え方であると思われる。それゆえ、本作で描かれるムンクは、ロマンティックなヒーローでも、呪われた画家でも、狂気の芸術家でもないし、まして時代の犠牲者でもない。いかに困難なものであれ、それゆえいかに迷い悩むとしても、みずからの置かれた状況を把握することのできる実存的な存在である。ワトキンスはまた、「芸術的苦闘と社会的アンガジュマンのあいだには隔たりはない」（Watkins 55）とも語るが、そこにはサルトルを連想させる響きがある。各ショットやシーンは、個人とグループ、内発的動機と外発的動機、感情と理性のあいだで揺れるムンクをあえて宙吊りにすることで、判断を観客に委ねる。

　たとえば、絵描きを志して、アナーキストの作家でフリーセックスの擁護者ハンス・イェーゲル

のサークル、「クリスチャニア・ボヘーム」に出入りするようになると、タバコの煙にむせるカフェに集うムンクやイェーゲルたちのショット（図X-10）に混じって、厳格なプロテスタントの父親との映像（図X-11）が何度か映されるが、ここには、イェーゲルと父親という対照的な存在のあいだで運命を切り開こうとするムンクの姿が暗示されているだろう。このように、セリフの力に頼るよりも、映像のモンタージュの効果をもって観客に訴えかけようとする点にもまた、本作の大きな特徴にして魅力がある。

ムンクをはじめとする登場人物たちの頻繁なカメラ目線も、たとえばアラン・レネの『二十四時間の情事』（一九五九年、原題は「ヒロシマ、わが愛」）の最初のシークエンスにおける原爆病院の患者たちの視線がそうであるように、時代の正真正銘の証言者であることをアピールしているように思われる。

## 妄想と現実、過去と現在のあいだ

このことは、ムンクの日記――とりわけ一八八五年から翌年にかけて頻繁――に登場する匿名の女性「ヘイバーグ夫人」との関係についても同様である。「クリスチャニア・ボヘーム」のサークルで出会い、逢引きを重ねるも、結局は夫のもとに帰る彼女の面影に、映画のムンクはその後もずっと取り憑かれて悩まされることになる。このあたりにはワトキンスの空想がかなり働いているように思われるが、ムンクの背中にキスをするヘイバーグのクロースアップ（図X-12）が、画家の脳裏を執拗によぎるかのように、後半になっても何度もさしはさまれる。そのショット自体、ムンクの《吸血鬼》（一八九五年、オスロ、ムンク美術館）からインスピレーションを得たものなのだが、翻って映画では逆に、過去の苦い恋愛体験からその絵が着想されていることになる（図X-13）。ムンクは最初その絵を「愛と苦痛」と名づけていたが、「吸血鬼」と呼んだのが友人の作家プシビシェフスキであり、画家もそれを受け入れたことが、ナレーションで語られる（この語の火付け役となったブラム・ストーカーの有名な小説が一八九七年だから、それよりも数年早い）。

　ムンクを筆頭に映画の登場人物たちが「第四の壁」を破って頻繁に観客をまっすぐに見つめること、さらに現在と過去の映像とがめまぐるしく交差すること、これらの特徴はいずれも画家自身の作品に先例を求めることができる。監督のワトキンスもそれを承知の上。たとえば《病室での死》（一八九三年、オスロ、国立美術館）、題材となっているのはおよそ二十年前の姉の死なのだが、まるで今起こっている出来事のように描かれているのである。この絵をクロースアップで映しながら、ワトキンスはナレーションで、観客を見つめる妹インゲルのまなざしと、そのとなりで「空虚な仮面」となった画家の横顔の細部に、わたしたちの注意を喚起する（**図X－14**）。過去の出来事が、画家の現在に強迫観念のように取り憑いているのだ。

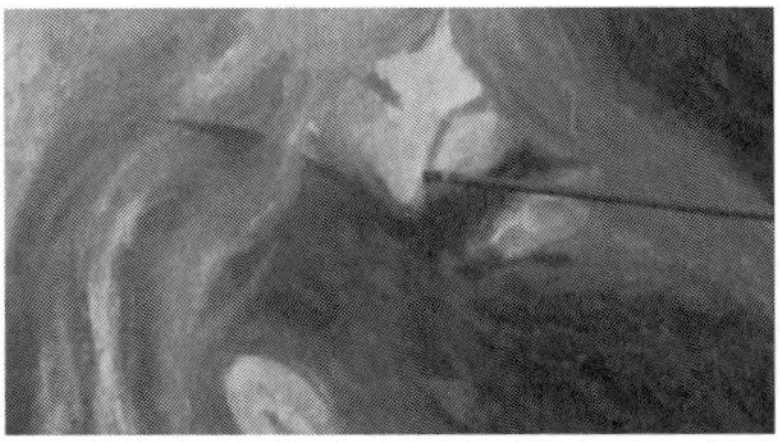

**図X－12（上）　X－13（下）**　『ムンク 愛のレクイエム』より

　ムンクはすでに一八八五—八六年の作品《病める子》（オスロ、国立美術館）でも、姉ソフィーエの死の病を描いていて、これが画家として大きな転機となったとされるが、映画ではその絵が完成され、つづく展覧会で酷評される場面が、姉の吐血や自分の吐血、ヘイバーグ夫人との恋の破綻など、過去と現在を結ぶさまざまな映像の小刻みなモンタージュで構成される。絵の表面をカメラがパンするという伝統的な手法は避けられ、絵筆の動いている細部へと唐突に観客の目を引きつける（**図**

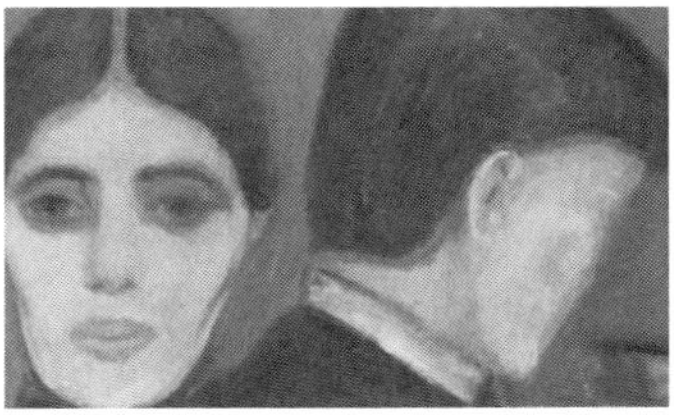

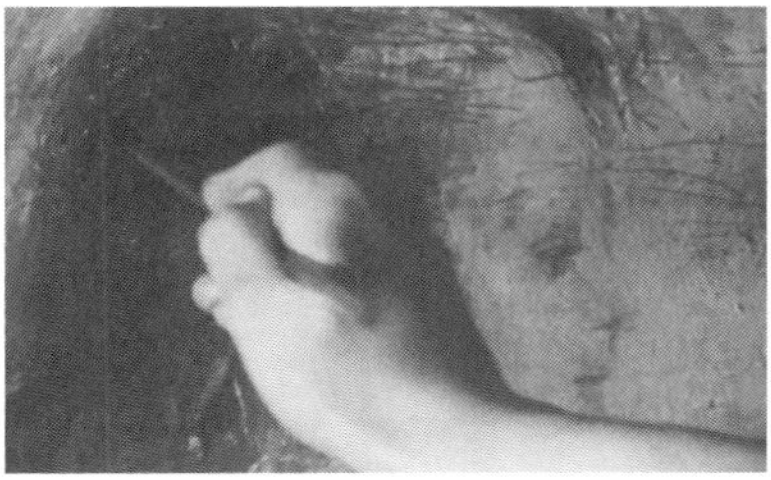

図X−14（右）X−15（左上）X−16（左下）『ムンク 愛のレクイエム』より

X−15）。このとき、カンヴァスを引っかく乾いた音がバックに響く。チューブから搾りだされる真っ赤な絵具の超クローズアップ（図X−16）のすぐ後に、少年ムンクが吐きだす真っ赤な血のショットが来ることもある。まるで画家は、みずからの生き血で描いている、とでもいわんばかりに。

　過去と現在、現実と妄想、リアルなものとヴァーチャルなもの、これらが「識別不可能」となる映画を、ドゥルーズは「運動イメージ」に代わる「時間イメージ」の典型的な形式とみなし、「結晶イメージ」と名づけて、アラン・レネの『去年マリエンバートで』（一九六一年）やフェデリコ・フェリーニの『8½』（一九六三年）などについて論じたが、ワトキンスの『ムンク』もまたその範疇のなかに含めることができるかもしれない（ただしドゥルーズは本作には言及していない）。過去のうちに現在が投影され（あるいは過去が現在となってよみがえり）、現実と妄想とが分かちがたく結びついていることを、ワトキンスは、ムンクの絵——《病める子》や《病室での死》——のなかに鋭く見抜き、独自のモンタージュによって映像化しているのである。

## ムンク芸術にとっての「触媒」

だが、誤解してはいけない。映画は、表現主義の先駆とされるムンクの芸術を、画家個人の主観や体験に還元することを努めて避けている。先述したように、十九世紀末の社会的状況やアナーキストのハンス・イェーゲルらとの交流のなかにムンクを位置づけようとする構成がその証拠である。後半では、ベルリンの居酒屋「黒仔豚亭」でのストリンドベリら「亡命者」たちとの交流がこれに取って代わる。そこでは、セックスと恋愛、神秘主義や悪魔主義、オカルトと科学、黒魔術とスピリティズム、ニーチェの哲学、エロティック版画家フェリシアン・ロップスについてなど、文化と芸術と性にかかわるおよそあらゆる話題が議論され、それらはムンクにとって芸術創造のための「触媒」となった、とナレーションの声が語る（ちなみにワトキンスは、ストリンドベリをモデルに一九九四年に『自由思想家』という二七六分の映画を製作しているが、そこでは打って変わって、スローテンポの長回しが主流になっている）。

この間、タバコの煙にむせるなか、カメラは女性も含めたメンバーたちの表情をやはりめまぐるしく追うと、突然プシビシェフスキが、熱狂的なファンであるショパンのピアノ曲『木枯らしのエチュード』を激しく奏ではじめる。ナレーションはさらに、「劣等者としての女性」、「娼婦としての女性」、「男を破滅させる者としての女性」という、ミソジニー（女嫌い）としてのストリンドベリの「三つの信条」や、『ヨハネによる福音書』の名高い書きだしを大胆にも「はじめにセックスがあった」と書き換えるプシビシェフスキの信念を披露する。このサークルのなかにはまた、ムンクの「マドンナ」にしてファム・ファタル、ダグニー・ユールもいる。

ムンクにとって「触媒」になったというこの「黒仔豚亭」のシークエンス（およそ八分半）につ

づいて、画家とダグニー・ユールとプシビシェフスキとの三角関係を匂わせる映像を軸に、その代表作が次々と登場してくる。《マドンナ》、《吸血鬼》、《叫び》、《不安》、《接吻》、《思春期》など、そのほとんどが後に「生命のフリーズ」という連作に組み込まれることになる、いちばん脂の乗った時期の作品である。それらには、愛と性、孤独と嫉妬、メランコリーと疎外感、不安と苦痛、絶望と死がないまぜに表現されている。まさに「触媒」――「黒仔豚亭」での交流――が有効に働いたのだ。どの絵もやはり全体が映されることはごく稀で、細部の筆跡や色面の重なり、描かれた女性たちの表情がクロースアップされて、「黒仔豚亭」のメンバーらの映像のあいだにさしはさまれる。

図X-17　ムンク《女性の三相(スフィンクス)》

これらの作品はしばしば、ムンクもまたミソジニーであったことを証言するものとみなされ、そこにストリンドベリらの影響が指摘されてきたが、映画は必ずしもその説を支持してはいない。画家にとってもまた女は「三つの様相」をもつが、その三つとは、「誘惑し貪る女」、「無垢にして処女」、そして「命を授ける女、母、犠牲となる女」である。それぞれ順にムンクは「嫌悪とともに深い憧れを抱き」、「敬意を払い」、「憐れみを感じている」。「彼の苦悩とその芸術が複雑なのは、同じひとりの女性のうちにこれらイメージの各々が同居しているからである」(このセリフは、映画には登場しないが《女性の三相(スフィンクス)》[一八九四年、ベルゲン美術館][図X-17]に緩やかに対応しているように思われる)。このナレーションが流れてきて、これこそまさに「生命のフリーズ」のタブロー群をつなぐ主題だと結ばれるとき、映像は、(およそ七十秒間で十三のショットによって)ムンクの監督の下で職人の手によって《叫び》のリトグラフが刷り上げられていく行程を、かなり克明に再現している。その映像から観客が受ける客観的で記録的な印象は、ナレーションの観念的で主観的な内容と、やはり必ずしも一致しないのだが、それも意図された演出であろう。

## 表現主義の「三つの原則」

一方、完成されたこれらのタブローを前に、展覧会に訪れた批評家や観客たちが、例によってまるでインタヴューを受けているかのようにカメラ目線で各々の意見や感想を述べるショットも幾度か挿入される。その大半は非難や罵倒だが、なかには「他の誰にも表現できないもの」とか、「真実を直視している」とかと感嘆を漏らす女性たちもいる。その間、彼女たちの声に重なるようにムンクの嗚咽の声も聞こえてくる。

もちろんこれらのシークエンスでも、前半でそうだったように、画家の幼少年期、母と姉の死、そして「ヘイバーグ夫人」との若き日の破れた恋の記憶が、断片的な映像となって頻繁にモンタージュされる。あたかも失われた愛の対象を追想するかのように。だが、ここでも追想している主体はムンク本人ではない。なぜなら、それらの小刻みなショットは、必ずしも画家のフラッシュバックではなくて、監督による編集の結果だからである。ムンクにとって、これらの過去はつねに現在形で生きつづけている、ワトキンスはそう確信しているのだ。しかも「生の苦悩、男と女の関係を「非-政治的なもの」の領域に追いやることは警戒しなければばならない」(Watkins 55)、これもまた監督の座右の銘である。

美術にも詳しいフランスの映画研究者ジャック・オーモンによると、表現主義には、「三つの原則」——現実の模倣を拒絶すること、見えないもの（たとえば内なる感情）を描くこと、マチエールそのものを際立たせること——（Aumont）があるというが、ワトキンス本人は表現主義者ではないとしても、ムンクを題材にまさしくこの三原則を映像化していると言ってもいいだろう。その芸術を、画家の内面性に還元したり、時代の反映とみなしたりすることを退けて、小刻みで意表をつくモンタージュの手法によってさまざまな要因——「触媒」——を交差させようとする本作は、すでに四十五年を経た今日も、なおその新鮮さを失ってはいない。

## イメージの迷宮——ルイスによる「クリムト」の世界

タルコフスキーが長回しによって、ワトキンスが不連続のモンタージュによって、それぞれルブリョフとムンクの生と芸術を描こうとしたとするなら、フランスで活躍したチリ出身の監督ラウル・ルイスは、さまざまな視覚装置の交錯のなかで空想的かつ幻想的に、ウィーン世紀末の画家の晩年と絵画をとらえようとする。誕生したばかりのシネマトグラフ、多種の鏡（水面、眼鏡、マジックミラーなど）、顕微鏡、影絵、写真とそのフリップブック（あるいはパラパラマンガ）などがそれである。監督自身がいみじくも本作を「ファンタスマゴリア的」と形容しているほど（Goddard 151–153）。前作『盗まれたタブローの仮説』（一九七八年）で活人画に注目したルイスは、今度は別の観点から絵画と映画の関係に迫ろうとするのだ。

もちろん、これらの光学装置は、画家のクリムトが活用したというよりも（映画でも画家が創作のためにこれらを利用しているわけではない）、監督のルイスその人が愛好するものなのだが、像を増幅させたり動かしたりすることによって、装飾性豊かで夢のようなイメージの迷宮——それこそがまさにクリムトの世界——へとわたしたち観客を引き込んでいくのである。本作を、異界へと誘う「シャーマン的映画」(Norton)と評する見方もあるが、それも云いえて妙である。あるいは、クリムトの絵がそうであるように、ルイスの映画もまた、すれすれのところでキッチュと境を接しているが、監督はそれも重々承知のうえである。

さらに、カメラはしばしば、アール・ヌーヴォー(もしくはユーゲント・シュティール)に特徴的な曲線美をなぞるかのように、あるいはウィンナ・ワルツに導かれるかのように、滑らかで緩やかに旋回する。それは、同じ監督による歴史映画の大作『ミステリーズ 運命のリスボン』(二〇一〇年)などでも繰り返し披露されるお得意のカメラワークで、往年のマックス・オフュルスを偲ばせるところがある。そのオフュルスは、ウィーン世紀末の劇作家アルトゥル・シュニッツラーの原作を映画化したことでも知られるが(一九五〇年の『輪舞』など)、幻想的なルイスの『クリムト』は、この劇作家の『夢奇譚』に比較されることもある(Goddard 151)。割れた鏡の複数の破片に映るとぎれとぎれの映像は、まるでモザイク画のような特徴を見せる(図X-18)。これもまた、クリムト絵画の様式の特徴のひとつにほかならない。画家はまた、すりガラスを通して、モデルの裸婦たちを透かし見ている。こうして監督のルイスは、ストレートで字義通りにではなくて、あえて間接的で暗示的に、クリムトの絵画世界を映像で喚起させようとするのだ。

その意味で、次の場面も忘れられない。アトリエでクリムト(ジョン・マルコヴィッチ)が、タブローに慎重に薄い金箔を貼っているところに、パートナーのミディ(ヴェロニカ・フェレ)――オートクチュリエで愛人のエミーリエ・フレーゲがモデルで、彼女のデザインした衣装をまとったツーショットの写真も残っている――が突然入ってくる。すると、画家の手のクロースアップのショットから、唇と顔に金箔がかかったミディのクロースアップに切り替わる(図X-19)。まるで、現実が絵に、あるいは逆に絵が現実になったかのように。というのも、金箔をふんだんに使った作品《接吻》

（一九〇七―〇八年、ウィーン、オーストリア美術館）は、エミーリエがモデルとされるからである。さらに、ミディがアトリエの扉を強く閉めて出て行くと、無数の金箔の断片が黄金の雨よろしく宙に舞い上がる。このとき、ミディの身体は「アール・ヌーヴォーの図案のための投影スクリーン」へと変貌するのだ（Fischer 200）。さらに、クリムトをはじめとする登場人物たちは、しばしば、たとえ室内にいるときでさえ、降りしきる雪や舞い散る木の葉のなかにすっぽりと飲み込まれそうになるが（図X-20）、これもまた画家の作品の効果を映像に翻案したものである。

図X-18（上） X-19（中） X-20（下） 『クリムト』より

## 「本物か偽物かはさして重要ではない」

映像のイメージばかりではない。次々と繰り出

図Ⅹ-21（上） Ⅹ-22（下） 『クリムト』より

されるストーリーもまた現実と虚構のあいだを自由に往来していく。たとえば当時、ウィーンのカフェ・ツェントラルは芸術家や知識人たちが集い議論を戦わせる場として名を馳せていたが（これまでの章で見てきたように、当時、パリやベルリンでもカフェ文化は花盛りだった）、装飾にたいして手厳しい論敵、建築家アドルフ・ロースと鉢合わせになったクリムトは、あろうことか、いきなり相手の顔にケーキを押しつける。その様子を誰かがひそかに、連続写真――その創始者であるエドワード・マイブリッジかエティエンヌ・ジュール＝マレーがあたかもその場に居合わせたかのよう――に撮っていて、後日、それらの写真をフリップブックで見せられたクリムトは、素早くページをめくって動画を再現してみせる（図Ⅹ－21）。もちろん、こんなことが本当にあったとは考えられないのだが、場所と人物たち、さらに話題と視覚装置のいずれもが、それぞれ史実を参照しているため、あってもよさそうな面白い話に見えてくるのである。同じようなフリップブックによる動画は、画家が描いた女性ヌードのデッサンによっても披露されている。ちなみに、世紀末のウィーンを彩る名建築の数々――そのなかにはもちろんクリムトの盟友オットー・ワグナー設計らしきものもある――が、カフェに並ぶ真っ白いデコレーションケーキで型取られていて、カメラがパンしながら次々とそれらをクロースアップで映しだしていく場面もまた、観客の目を楽しませてくれる

（図X－22）。

さらに、一九〇〇年のパリ万博に《哲学》を出品して金賞を獲得したクリムトは、その祝賀会場で、「魔術師」ジョルジュ・メリエスから、彼が製作したという短い二本のシネマトグラフ――タイトルは『パリ万博のクリムト一九〇〇年』と『レアと出会うクリムト』――を見せられるのだが（図X－23）、それからというものすっかり、この虚構のなかのレア（サフロン・バロウズ）なる女性の虜になってしまい、その幻を追い求めることになる。そんなクリムトにたいしてメリエスは、光のトリックを使って影絵のなかにレアを出現させ、画家――そしてわたしたち観客――の目を釘付けにしてしまう（図X－24）。もちろんこれらのエピソードも、本当らしい嘘、ありえたかもしれないようなフィクションである。

図X－23（上）　X－24（下）　『クリムト』より

とはいえ画家が、リアリストのリュミエール兄弟ではなくて、「魔術師」のメリエスに惹かれたというのは、ありえなくはないと評価する研究者もいる（Norton）。また、数々の愛人たちと浮名を流し、そのなかにはパリで出会った人気の踊り子クレオ・ド・メロードがいたことが知られるクリムトのことだから、レアにまつわる創作もまた、まったく根拠に欠けるわけではない。その意味で、やはりビオピックの枠を超えたフェリーニの作品『カサノバ』（一九七六年）を連想させるところもある。映画のなかで画家自身が漏らすセリフによれば、「本物か偽物かはさして重要ではない」のだ。

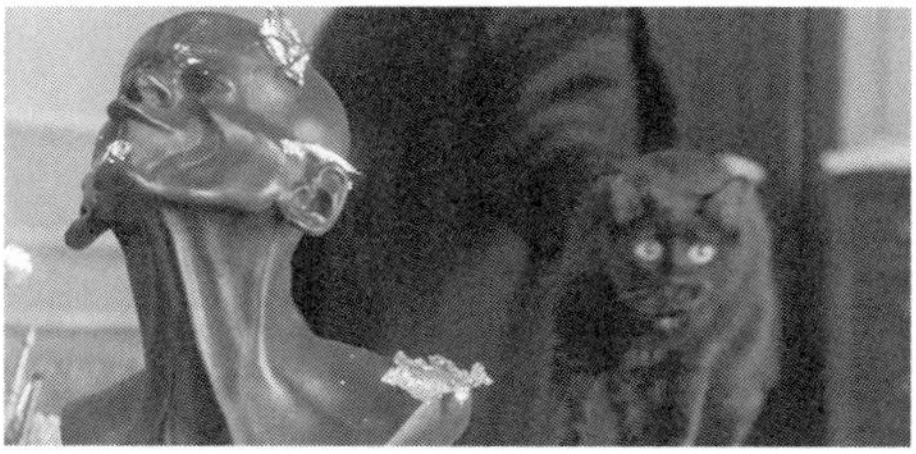

図X-25 『クリムト』より

## クリムトの分身たち

映画のクリムトにはまた、少なくとも四種類の分身たちが登場する。そのひとつは言うまでもなく、メリエスの架空のシネマトグラフのなかでクリムトを演じていた役者である。次に、画家の奔放な性を象徴する梅毒菌。これには観客も意表をつかれ、思わず顔がほころんでしまう。病院で顕微鏡をのぞいているクリムトは、そのなかの梅毒菌をしみじみと観察しながら、「これが俺か」と医者に尋ねると、「ある意味では」とそっけなくも的確な答えが相手から返ってくるのである。

さらに、要所要所で登場してクリムトに忠告する政府の役人は、画家にしか見えていない幻で、ルールや道徳観を象徴する存在として、精神分析でいう「超自我」のような役割を果たしている。

四つ目に、やはり全編で何度も（少なくとも五回）、大きく顎を突き出したいびつな面相の肖像彫刻が映り込んでくるが（図X-25）、これは、フランツ・メッサーシュミット（一七三六―八三）というオーストリアの彫刻家の作品である。歪んだしかめ面の仮面のような表情の胸像を数多く残している――「性格の頭部」と呼ばれる六十九体もの連作――この彫刻家には、パラノイア的な兆候があったことが知られている（Martin 266）。わたしの知るかぎり、クリムトがこの彫刻家に言及したり触発されたりしたという形跡はないが（また画家にパラノイアの兆候があったというわけでもないが）、監督のルイスは、その「仮面」の彫刻に、画家のアルター・エゴをあえて投影させているのである。このように、精神分析の概念が、これら分身のモチーフになにがしかの影を落としているとすれば、それは、フロイトとクリムトとがほぼ同時代人だからである（とはいえ、精神分析の生みの親は美術通にもかかわらず、この画家の名に言及することはないのだが）。当時のウィーンは、周知のように、芸術や演劇、音楽や建築のみならず、哲学（ウィトゲンシュタイン）と精神分析（フロイト）の都でもあったのだ。

ところで、本作は、クリムトを慕う若き後輩エゴン・シーレ（ニコライ・キンスキー）が、瀕死の床にある画家を見舞うところから幕を開ける。それゆえこの映画も、デレク・ジャーマンの『カラヴァッジオ』などと同じく、断末魔の画家の脳裏に去来している記憶や夢や妄想の連なりとみなすことは可能である。とはいえ、ラウル・ルイスの本作は、ここまで見てきたように、クリムトその人の芸術と生をはるかに超えるようなイメージの数々にあふれている。監督はここで、フロイトが「圧縮」——複数のイメージがひとつに重なること——や、「置換」——イメージが次々と連鎖していくこと——と呼んだ「夢の作業」を映像化しているのではないか、という解釈もあるが（Martin 259）、それは本作の特徴をいみじくも言い当てているように思われる。

# あとがき

芸術について、何より肝心で面白いのは作品それ自体であって、その作り手の人生や人となりなのではない、わたしはずっとそう考えてきたし、基本的に今もそれに変わりはない。極言するなら、芸術でものをいうのは、ヒトよりモノである。芸術家の苦労や悩みとされるものなど、たいていは独りよがりのものでしかない。その意味でわたしは、ハインリヒ・ヴェルフリンやアロイス・リーグルらが提唱した「名前のない美術史」の有効性をなおも信じている。広く一般に歓迎されてきたような、画家や文学者の苦労話にはもううんざりだ、という思いもいつもどこかにある（本文にも書いたが、それはモーリス・ピアラの映画のなかでゴッホの弟テオの妻が発する名言でもある）。作者とは、固有で自律的な主体というよりも、さまざまな言説や制度が交差し織り合わされる「テクスト」や「機能」のようなものであるとする、ロラン・バルトやミシェル・フーコーの教訓は、なおも原則として有効であるだろう。

が、歳をとってくると少し考え方が変わってきた。そんなに頑なに構えることもないのではないか、と。モノとヒトとは、そんなにきっぱりと切り離せないのではないか、と。彼らが背負ったものや苦悩（とされるもの）を、はなから無視することはできないのではないか、と。これは、ジョルジョ・モランディとその芸術について長らく関心をもってきたこととも無関係ではないのだが、単にそれだけというわけでもない（ちなみに、いろんな意味でピカソとはおよそ正反対のモランディが映画の主人公になることはおそらくないだろう。劇的といえば、画家のモノグラフをめぐる、晩年の「弟子」フランチェスコ・アルカンジェリとの確執ぐらいだろうが、このエピソードはあまり一般受けしそうにない。反対に、その静物画は、パゾリーニの初期作品『アッカトーネ』（一九六一年）や、フェリーニの『甘い生活』（一九六〇年）、アントニオーニの『夜』（一九六一年）などでとても重要な役割を演じているのだが）。

おそらく「作者」なるものは、バルトが一九六〇年代に宣告したのとは裏腹に、わたしたちのなかで、そう易々とは死んでいないのだし、フーコーが予告したような、さまざまの社会的・文化的・政治的な機能のうちに解消されていくだけのものでもないのだ。わたしたちはどこかで、言葉足らずのわたしたちを代弁してくれたり、日常のなかにすっぽりと埋もれたわたしたちにはかなわぬ願望を満たしたりしてくれるような、憧れの「作者＝芸術家」像を求めているのだ。映画はさまざまなかたちでその願望に応えてくれる（場合によっては裏切られることもあるだろう）。

たしかに、ある時代にある画家が生きていてある名作を遺し、それは、現在に至るまでわたしたちに感動や安らぎを与えつづけてくれている。これは紛れもない事実である。だが、たとえば我こそはカラヴァッジョの「真相」を暴きだしたとか、ゴッホの「神話」を打ち崩したと矜持するような、いわゆる学術的な著作もまた、体のいいスタンドプレーに過ぎない。

ある芸術家について、わたしたちの多くが抱いているイメージは、今日、テレビを筆頭にマスメディアや映画の存在を抜きにして考えることはできない。ゴッホはその最たるものだろう。そこには当然、学術的な研究の成果が多かれ少なかれ反映されているのだが、ひるがえって逆に、イメージが研究を方向づけるということもありうる。このささやかな本のなかで、わたしが、画家や彫刻家たちの多彩な映画に注目してきたとするなら、それは、今日において、過去の芸術家像とその作品の享受が、映画と無関係ではありえないと考えているからである。

とはいえ、画家のビオピックについて、小著はもちろんすべてに言及できているわけではない（名前などの表記にばらつきがあるのは、公開時やＤＶＤのタイトルを尊重したためであることをおことわりしておきたい）。エル・グレコやサルヴァトーレ・ローザ、ターナー、セザンヌやルノワール、エゴン・シーレやダリについての映画もあるが、ここでは論じる機会を得なかった。また、筆者の関心が西洋美術にあるため、二、三の例外は別にして、邦画についてもあえて取り上げていない。これらについてはもっとふさわしい書き手の方がおられるだろう。いずれにしても、美術史と映画史のはざまにあって、それぞれの専門家からは見過ごされがちなこの種の作品に注目することで、何か相乗効果のようなものが得られるなら幸いである。芸術と生、絵画と映像、現実と虚構のあいだには断絶があるのではなくて、さまざまな糸で結びあわされているのだから。

最後になったが、編集の労をとっていただいた筑摩書房の大山悦子さんに心より感謝を申し上げたい。

# 映画タイトル一覧

**序——実像と虚像のあいだで**

『アイム・ノット・ゼア』（トッド・ヘインズ）Todd Haynes, *I'm Not There*, 2007.
『アビエイター』（マーティン・スコセッシ）Martin Scorsese, *The Aviator*, 2004.
『アラビアのロレンス』（デヴィッド・リーン）David Lean, *Lawrence of Arabia*, 1962.
『アンネの日記』（ジョージ・スティーヴンス）George Stevens, *The Diary of Anne Frank* 1959.
『イル・ディーヴォ 魔王と呼ばれた男』（パオロ・ソレンティーノ）Paolo Sorrentino, *Il divo*, 2008.
『エディット・ピアフ 愛の賛歌』（オリヴィエ・ダアン）Olivier Dahan, *La Môme*, 2007.
『エリン・ブロコビッチ』（スティーヴン・ソダーバーグ）Steven Soderberg, *Erin Brokovich*, 2000.
『オーソン・ウェルズのフェイク』（オーソン・ウェルズ）Orson Welles, *F for Fake*, 1973.
『華麗なる激情』（キャロル・リード）Carol Reed, *The Agony and The Ecstasy*, 1965.
『奇跡の人』（アーサー・ペン）Arthur Penn, *The Miracle Worker*, 1962.
『グレン・ミラー物語』（アンソニー・マン）Anthony Mann, *The Glenn Miller Story*, 1954.
『サバイビング・ピカソ』（ジェームズ・アイヴォリー）James Ivory, *Surviving Picasso*, 1996.
『市民ケーン』（オーソン・ウェルズ）Orson Welles, *Citizen Kane*, 1941.
『十月』（セルゲイ・エイゼンシュテイン）Sergei Mikhailovich Eisenstein, *Октябрь (October)*, 1927.
『十戒』（セシル・B・デミル）Cecil Blount DeMille, *The Ten Commandments*, 1956.
『世界の英雄』（D・W・グリフィス）David Wark Griffith, *Abraham Lincoln*, 1930.
『大統領の執事の涙』（リー・ダニエルズ）Lee Daniels, *Lee Daniels' The Butler*, 2013.
『大統領の料理人』（クリスチャン・ヴァンサン）Christian Vincent, *Les Saveurs du Palais*, 2012.
『太陽』（アレクサンドル・ソクーロフ）Aleksandr Sokurov, *Солнце* (*The Sun*), 2005.
『ミステリアス・ピカソ 天才の秘密』（アンリ＝ジョルジュ・クルーゾー）Henri-Georges Clouzot, *Le Mystère Picasso*, 1956.

『ミルク』（ガス・ヴァン・サント）Gus Van Sant, *Milk*, 2008.
『めぐりあう時間たち』（スティーヴン・ダルドリー）Stephen Daldry, *The Hours*, 2002.
『モンパルナスの灯』（ジャック・ベッケル）Jacques Becker, *Les Amants de Montparnasse / Montparnasse 19*, 1958.
『リンカーン』（スティーヴン・スピルバーグ）Steven Spielberg, *Lincoln*, 2012.

## I　三人の「ゴッホ」

『赤い風車』（ジョン・ヒューストン）John Marcellus Huston, *Moulin Rouge*, 1952.
『悪人と美女』（ヴィンセント・ミネリ）Vincente Minnelli, *The Bad and the Beautiful*, 1952.
『アパッチ砦』（ジョン・フォード）John Ford, *Fort Apache*, 1948.
『イメージズ』（ロバート・アルトマン）Robert Altman, *Images*, 1972.
『ヴァン・ゴッホ』（アラン・レネ）Alain Resnais, *Van Gogh*, 1948.
『ヴァン・ゴッホ』（モーリス・ピアラ）Maurice Pialat, *Van Gogh*, 1991.
『ウォール街』（オリバー・ストーン）Oliver Stone, *Wall Street*, 1987.
『お茶と同情』（ヴィンセント・ミネリ）Vincente Minnelli, *Tea and Sympathy*, 1956.
『気狂いピエロ』（ジャン＝リュック・ゴダール）Jean-Luc Godard, *Pierrot le fou*, 1965.
『草の上の昼食』（ジャン・ルノワール）Jean Renoir, *Le Déjeuner sur l'herbe*, 1959.
『紅の豚』（宮崎駿）1992.
『ゴッホ』（ロバート・アルトマン）Robert Altman, *Vincent & Theo*, 1990.
『ゴッホ 最期の手紙』（ドロタ・コビエラ／ヒュー・ウェルチマン）Dorota Kobiela and Hugh Welchman, *Loving Vincent*, 2017.
『三人の女』（ロバート・アルトマン）Robert Altman, *3 Women*, 1977.
『ジェームス・ディーン物語』（ロバート・アルトマン）Robert Altman, *The James Dean Story*, 1957.
『パリのアメリカ人』（ヴィンセント・ミネリ）Vincente Minnelli, *An American in Paris*, 1951.
『ピクニック』（ジャン・ルノワール）Jean Renoir, *Partie de campagne*, 1936.
『フレンチ・カンカン』（ジャン・ルノワール）Jean Renoir, *French Cancan*, 1955.
『炎の人ゴッホ』（ヴィンセント・ミネリ）Vincente Minnelli, *Lust for Life*, 1956.
『夜霧のマンハッタン』（アイヴァン・ライトマン）Ivan Reitman, *Legal Eagles*, 1986.
『夢』（黒澤明）1990.

## II　解釈された「レンブラント」

『アラビアのロレンス』（デヴィッド・リーン）David Lean, *Lawrence of Arabia*, 1962.

『イリュージョニスト』（ヨス・ステリング）Jos Stelling, *De Illusionist*, 1983.
『楽聖ベートーヴェン』（アベル・ガンス）Abel Gance, *Un grand amour de Beethoven*, 1936.
『巨星ジーグフェルド』（ロバート・Z・レナード）Robert Z. Leonard, *The Great Ziegfeld*, 1936.
『グレート・ワルツ』（ジュリアン・デュヴィヴィエ）Julien Duvivier, *The Great Waltz*, 1938.
『さまよえる人々』（ヨス・ステリング）Jos Stelling, *De Vliegende Hollander*, 1995.
『ゾラの生涯』（ウィリアム・ディターレ）William Dieterle, *The Life of Emile Zola*, 1937.
『二〇〇一年宇宙の旅』（スタンリー・キューブリック）Stanley Kubrick, *2001:A Space Odyssey*, 1968.
『ヘンリー八世の私生活』（アレクサンダー・コルダ）Alexander Korda, *The Private Life of Henry VIII*, 1933.
『ポインツマン』（ヨス・ステリング）Jos Stelling, *De Wisselwachter*, 1986.
『レイジング・ブル』（マーティン・スコセッシ）Martin Scorsese, *Raging Bull*, 1980.
『レンブラント』（ハンス・シュタインホフ）Hans Steinhoff, *Rembrandt*, 1942.
『レンブラント』（シャルル・マトン）Charles Matton, *Rembrandt*, 1999.
『レンブラント 描かれた人生』（アレクサンダー・コルダ）Alexander Korda, *Rembrandt*, 1936.
『レンブラント』（ヨス・ステリング）Jos Stelling, *Rembrandt fecit 1669*, 1977.

### Ⅲ　モダニズムとその脱構築

『アイ・ア・マン』（アンディ・ウォーホル）Andy Warhol, *I, a Man*, 1967.
『アンディ・ウォーホルを撃った女』（メアリー・ハロン）Mary Harron, *I Shot Andy Warhol*, 1996.
『ヴィニール』（アンディ・ウォーホル）Andy Warhol, *Vinyl*, 1965.
『ウォール街』（オリバー・ストーン）Oliver Stone, *Wall Street*, 1987.
『美しき諍い女』（ジャック・リヴェット）Jacques Rivette, *Le belle noiseuse*, 1991.
『馬』（アンディ・ウォーホル）Andy Warhol, *Horse*, 1965.
『スクリーンテスト』（アンディ・ウォーホル）Andy Warhol, *Screen Tests*, 1964-66.
『潜水服は蝶の夢を見る』（ジュリアン・シュナーベル）Julian Schnabel, *La Scaphandre et le papillon*, 2007.
『時計じかけのオレンジ』Stanley Kubrick, *A Clockwork Orange,* 1971.
『バスキア』（ジュリアン・シュナーベル）Julian Schnabel, *Basquiat*, 1996.
『バスキアのすべて』（タムラ・デイヴィス）Tamra Davis, *Jean-Michel Basquiat: The Radiant Child*, 2010.
『ファクトリー・ガール』（ジョージ・ヒッケンルーパー）George Hickenlooper, *Factory Girl*, 2006.

『ポロック 2人だけのアトリエ』（エド・ハリス）Ed Harris, *Pollock,* 2000.
『ライフ・オブ・ウォーホル』（ジョナス・メカス）Jonas Mekas, *Scenes from the Life of Andy Warhol: Friendship and Intersections*, 1990.
「ライフ・レッスン」（マーティン・スコセッシ、オムニバス『ニューヨーク・ストーリー』）Martin Scorsese, *New York Stories*, "Life Lessons", 1989.

## Ⅳ よみがえる女流アーティストたち

『アルテミシア』（アニエス・メルレ）Agnès Merlet, *Artemisia*, 1997.
『カミーユ・クローデル』（ブルーノ・ニュイッテン）Bruno Nuytten, *Camille Claudel*, 1988.
『カミーユ・クローデル ある天才彫刻家の悲劇』（ブリュノ・デュモン）Bruno Dumont, *Camille Claudel 1915*, 2013.
『キング・コング』（メリアン・C・クーパー／アーネスト・B・シュードサック）Merian C. Cooper, Ernest B. Schoedsack, *King Kong*, 1933.
『ジョージア・オキーフ 愛と創作の日々』（ボブ・バラバン）Bob Balaban, *Georgia O'Keeffe*, 2009.
『シルヴィア』（クリスティン・ジェフズ）Christine Jeffs, *Sylvia*, 2003.
『パウラ』（クリスティアン・シュヴォホー）Christian Schwochow, *Paula*, 2016.
『ビッグ・アイズ』（ティム・バートン）Tim Burton, *Big Eyes*, 2014.
『フリーダ』（ジュリー・テイモア）Julie Taymor, *Frida*, 2002.
『フリーダ・カーロとティナ・モドッティ』（ローラ・マルヴィ、ピーター・ウォレン）Laura Mulvey and Peter Wollen, *Frida Kahlo & Tina Modotti*, 1983.
『炎の人ゴッホ』（ヴィンセント・ミネリ）Vincente Minnelli, *Lust for Life*, 1956.
『ポロック 2人だけのアトリエ』（エド・ハリス）Ed Harris, *Pollock,* 2000.
『ロダン カミーユと永遠のアトリエ』（ジャック・ドワイヨン）Jacques Doillon, *Rodin*, 2017.

## Ⅴ ベル・エポックの画家たち

『赤い風車』（ジョン・ヒューストン）John Harcellus Huston, *Moulin Rouge*, 1952.
『アンダルシアの犬』（ルイス・ブニュエル）Luis Buñuel, *Un chien andalou*, 1929.
『黄金の肉体 ゴーギャンの夢』（ヘニング・カールセン）Henning Carlsen, *Oviri*, 1986.
『ゴーギャン タヒチ、楽園への旅』（エドゥアルド・デルック）Edouard Deluc, *Gauguin: Voyage de Tahiti*, 2017.
『シークレット・パラダイス』（マリオ・アンドレアッキオ）Mario Andreacchio, *Paradise Found*, 2003.
『月と六ペンス』（アルバート・リューイン）Albert Lewin, *The Moon and Six pence*, 1942.
『巴里のアメリカ人』（ヴィンセント・ミネリ）Vincente Minnelli, *An American in Paris*, 1951.

『FOUJITA』（小栗康平）2015.
『フレンチ・カンカン』（ジャン・ルノワール）Jean Renoir, *French Cancan*, 1955.
『ミッドナイト・イン・パリ』（ウディ・アレン）Woody Allen, *Midnight in Paris*, 2011.
『皆殺しの天使』（ルイス・ブニュエル）Luis Buñuel, *El ángel exterminador*, 1962.
『モダーンズ』（アラン・ルドルフ）Alan Rudolph, *The Moderns*, 1988.
『モディリアーニ 真実の愛』（ミック・デイヴィス）Mick Davis, *Modigliani*, 2004.
『モンパルナスの灯』（ジャック・ベッケル）Jacques Becker, *Les Amants de Montparnasse / Montparnasse 19*, 1958.
『ロートレック 葡萄酒色の人生』（ロジェ・プランション）Roger Planchon, *Lautrec*, 1998.

## Ⅵ 性と暴力

『愛の悪魔：フランシス・ベイコンの歪んだ肖像』（ジョン・メイブリー）John Maybury, *Love Is the Devil: Study for a Portrait of Francis Bacon*, 1998.
『アマデウス』（ミロス・フォアマン）Miloš Forman, *Amadeus*, 1984.
『アンディ・ウォーホルを撃った女』（メアリー・ハロン）Mary Harron, *I Shot Andy Warhol*, 1996.
『エドワードⅡ世』（デレク・ジャーマン）Derek Jarman, *Edward II*, 1991.
『カラヴァッジオ』（デレク・ジャーマン）Derek Jarman, *Caravaggio*, 1986.
『カラヴァッジョ 天才画家の光と影』（アンジェロ・ロンゴーニ）Angelo Longoni, *Caravaggio*, 2007.
『狂えるメサイア』（ケン・ラッセル）Ken Russell, *Savage Messiah*, 1972.
『ザ・ガーデン』（デレク・ジャーマン）Derek Jarman, *The Garden*, 1990.
『ジャケット』（ジョン・メイブリー）John Maybury, *The Jacket*, 2005.
『セバスチャン』（デレク・ジャーマン／ポール・ハンフレス）Derek Jarman & Paul Humfress, *Sebastiane*, 1976.
『戦艦ポチョムキン』（セルゲイ・エイゼンシュテイン）Sergei Mikhailovich Eisenstein, *Броненосец Потёмкин (Battleship Potemkin)*, 1925.
「ラ・リコッタ」（ピエル・パオロ・パゾリーニ、オムニバス『ロゴパグ』）Pier Paolo Pasolini, *Ro. Go. Pa G*, "La ricotta", 1963.

## Ⅶ 政治と色事

『アンダルシアの犬』（ルイス・ブニュエル）Luis Buñuel, *Un chien andalou*, 1929.
『アマデウス』（ミロス・フォアマン）Miloš Forman, *Amadeus*, 1984.
『カッコーの巣の上で』（ミロス・フォアマン）Miloš Forman, *One Flew Over the Cuckoo's Nest*, 1975.
『宮廷画家ゴヤは見た』（ミロス・フォアマン）Miloš Forman, *Goya's Ghosts*, 2006.
『ゴヤ』（カルロス・サウラ）Carlos Saura, *Goya en Burdeos*, 1999.
『ナイト・オブ・ザ・リビングデッド』（ジョージ・ロメロ）George A. Romero,

*Night of the Living Dead*, 1968.
『裸のマヤ』（ヘンリー・コスター）Henry Koster, *The Naked Maja*, 1958.
『裸のマハ』（ビガス・ルナ）Bigas Luna, *Volavérunt*, 1999.
『マン・オン・ザ・ムーン』（ミロス・フォアマン）Miloš Forman, *Man on the Moon*, 1999.

## Ⅷ アール・ブリュットの画家たち

『アロイーズ』（リリアンヌ・ド・ケルマデック）Liliane de Kermadec, *Aloïse*, 1975.
『カミーユ・クローデル』（ブルーノ・ニュイッテン）Bruno Nuytten, *Camille Claudel*, 1988.
『セラフィーヌの庭』（マルタン・プロヴォスト）Martin Provost, *Séraphine*, 2008.
『ニキフォル 知られざる天才画家の肖像』（クシシュトフ・クラウゼ）Krzysztof Krauze, *Mój Nikifor*, 2004.
『裸の大将』（堀川弘通）1958.
『パプーシャの黒い瞳』（クシシュトフ・クラウゼ、ヨアンナ・コス＝クラウゼ）Krzysztof Krauze and Joanna Kos-Krauze, *Papusza*, 2013.
『ピロスマニのアラベスク』（セルゲイ・パラジャーノフ）Sergei Parajanov, *Арабски на тему Пиросмани*（*Arabesgues on the Pirosmani Theme*）, 1986.
『放浪の画家ピロスマニ』（ギオルギ・シェンゲラヤ）Giorgi Shengelaia, *Pirosmani*, 1969.
『毎日が日曜日』（ケン・ラッセル）Ken Russell, *Always on Sunday*, 1965.

## Ⅸ 名画誕生の秘密

『英国式庭園殺人事件』（ピーター・グリーナウェイ）Peter Greenaway, *The Draughtsman's Contract*, 1982.
『建築家の腹』（ピーター・グリーナウェイ）Peter Greenaway, *The Belly of an Architect*, 1987.
『コックと泥棒、その妻と愛人』（ピーター・グリーナウェイ）Peter Greenaway, *The Cook, the Thief, His Wife & Her Lover*, 1989.
『ジェリコー・マゼッパ伝説』（バルタバス）Bartabas, *Mazeppa*, 1993.
『真珠の耳飾りの少女』（ピーター・ウェーバー）Peter Webber, *Girl with a Pearl Earring*, 2003.
『８1/2』（フェデリコ・フェリーニ）Federico Fellini, *8 1/2*, 1963.
『パッション』（ジャン＝リュック・ゴダール）Jean-Luc Godard, *Passion*, 1982.
『ブリューゲルの動く絵』（レフ・マイェフスキ）Lech Majewski, Mlyn i Krzyz（*The Mill and the Cross*）, 2011.
『プロスペローの本』（ピーター・グリーナウェイ）Peter Greenaway, *Prospero's Books*, 1991.
『ホルツィウスとペリカン・カンパニー』（ピーター・グリーナウェイ）Peter

Greenaway, *Goltzius and the Pelican Company*, 2012.
『レンブラントの夜警』(ピーター・グリーナウェイ) Peter Greenaway, *Nightwatching*, 2007.

### X　異色のビオピック

『アレクサンドル・ネフスキー』(セルゲイ・エイゼンシュテイン) Sergei Eisenstein, *Aleksandr Nevskiy* , 1938.
『アンドレイ・ルブリョフ』(アンドレイ・タルコフスキー) Andrei Tarkovsky, *Андрей Рублёв (Andrei Rublev)*, 1966.
『イワン雷帝』(セルゲイ・エイゼンシュテイン) Sergei Eisenstein, *Иван Грозный* (*Ivan the Terrible*), 1944.
『ヴェラの祈り』(アンドレイ・ズビャギンツェフ) Andrey Zvyagintsev, *Изгнание* (*The Banishment*), 2007.
『ウォー・ゲーム』(ピーター・ワトキンス) Peter Watkins, *The War Game*, 1965.
『黄金のアデーレ 名画の帰還』(サイモン・カーティス) Simon Curtis, *Woman in Gold*, 2015.
『カサノバ』(フェデリコ・フェリーニ) Federico Fellini, *Il Casanova di Federico Fellini,* 1976.
『華麗なる激情』(キャロル・リード) Carol Reed, *The Agony and The Ecstasy*, 1965.
『去年マリエンバートで』(アラン・レネ) Alain Resnais, *L'année dernière à Marienbad*, 1961.
『クリムト』(ラウル・ルイス) Raúl Ruiz, *Klimt*, 2006.
『クレオパトラ』(ジョセフ・マンキーウィッツ) Joseph Mankiewicz, *Cleopatra*, 1963.
『七人の侍』(黒澤明) 1954.
『自由思想家』(ピーター・ワトキンス) Peter Watkins, *Fritänkaren*, 1994.
『処女の泉』(イングマール・ベルイマン) Ingmar Bergman, *Jungfrukällan* (*The Virgin Spring*), 1960.
『スパルタカス』(スタンリー・キューブリック) Stanley Kubrick, *Spartacus*, 1960.
『戦争と平和』(セルゲイ・ボンダルチューク) Sergei Bondarchuk, *Война и мир* (*War and Peace*), 1966-67.
『第七の封印』(イングマール・ベルイマン) Ingmar Bergman, *Det sjunde inseglet* (*The Seventh Seal*), 1957.
『懲罰大陸★USA』(ピーター・ワトキンス) Peter Watkins, *Punishment Park*, 1971.
『椿三十郎』(黒澤明) 1962.
『二十四時間の情事』(アラン・レネ) Alain Resnais, *Hiroshima mon amour*, 1959.
『盗まれたタブローの仮説』(ラウル・ルイス) Raoul Ruiz, *L'hypothèse du tableau vole*, 1978.

『ノスタルジア』（アンドレイ・タルコフスキー）Andrei Tarkovsky, *Nostalghia*, 1983.

『8 1/2』（フェデリコ・フェリーニ）Federico Fellini, *8 1/2*, 1963.

『僕の村は戦場だった』（アンドレイ・タルコフスキー）Andrei Tarkovsky, *Иваново детство (Ivan's Childhood)*, 1962.

『ミステリーズ 運命のリスボン』（ラウル・ルイス）Raúl Ruiz, *Mistérios de Lisboa*, 2010.

『ムンク 愛のレクイエム』（ピーター・ワトキンス）Peter Watkins, *Edvard Munch*, 1974.

『輪舞』（マックス・オフュルス）Max Ophuls, *La Ronde*, 1950.

『ルードウィヒ』（ルキノ・ヴィスコンティ）Luchino Visconti, *Ludwig*, 1972.

『ルートヴィヒII世のためのレクイエム』（ハンス＝ユルゲン・ジーバーベルク）Hans-Jürgen Syberberg, *Lvdwig: Requiem für einen jungfräulichen König*, 1972.

『用心棒』（黒澤明）1961.

あとがき

『アッカトーネ』（ピエル・パオロ・パゾリーニ）Pier Paolo Pasolini, *Accatone*, 1961.

『甘い生活』（フェデリコ・フェリーニ）Federico Fellini, *La dolce vita*, 1960.

『夜』（ミケランジェロ・アントニオーニ）Michelangelo Antonioni, *La notte*, 1961.

# 参考文献 本文では、同じ著者に複数の著作がある場合、出版年を併記


Alikavazovic, Jakuta, "*Pollock* d'Ed Harris : « un sujet idéal » ?," in *Biographies de peintres à l'écran*, sous la direction de Patricia-Laure Thivat, Presses Universitaires de Rennes, Rennes 2011, pp. 227-240.

Alpers, Svetlana, *Rembrandt's Enterprise: The Studio and the Market*, University of Chicago Press, 1990.

Amiel, Vincent, *Van Gogh de Maurice Pialat*, Atlande, 2006.

Id., "La peinture absente: le *Van Gogh* de Maurice Pialat," in *Ligeia. Peinture et cinéma : picturalité de l'image filmée de la toile à l'écran*, n. 77-80 (2007), pp. 83-91.

Id., "Le geste inaccompli," in *Filmer l'acte de creation*, sous la direction de Pierre-Henry Frangne, Gilles Mouëllic et Christophe Viart, Presses Universitaires de Rennes, Rennes 2009, pp. 31-36.

Aumont, Jacques, "Où commence, où finit l'expressionnisme?," in *Le Cinéma expressionniste de Laligari à Tim Burton*, Presses Universitaires de Rennes, Rennes 2008, pp. 13-28.

Baecque, Antoine de, *L'Histoire-caméra,* Gallimard, Paris 2008.

Banti Anna, *Artemisia* (1947), Abscondita, Milano 2015.

Bartra, Eli and John Mraz, "Las Dos Fridas: History and Transcaltural Identities," in *Rethinking History*, 9-4 (2005), pp. 449-57.

Beebe, Maurice, *Ivory Tower and Sacred Fountain: The Artist as Hero in Fiction from Goethe to Joyce*, New York University Press, 1964.

Béghin, Cyril, "Portrait groupé," in *Cahiers du Cinéma: Peter Watkins auteur combatant*, 598 (février 2005), pp. 86-87.

Berger, Doris, *Projected Art History: Biopics, Celebrity Culture, and the Popularizing of American Art*, Bloomsbury, New York 2014.

Bersani, Leo & Ulysse Dutoit, *Caravaggio*, British Film Institute, London 1999.

Bettini, Maurizio, *Il ritratto dell'amante*, Einaudi, Torino 1992 e 2008.

Bezard, Nicolas, "Le talent est un malheur. *Andreï Roublev* d'Andreï Tarkovski et *Van Gogh* de Maurice Pialat," in *Biographies de peintres à l'écran*, cit., pp. 145-162.

Bingham, Dennis, *Whose Lives Are They Anyway ? The Biopic as Contemporary Film Genre*, Rutgers University Press, New Brunswick 2010.

Bird, Robert, *Andrei Rublev*, British Film Institute, London 2004.

Id., *Andrei Tarkovsky: Elements of Cinema*, Reaktion Books, London 2008.

Birzache, Alina G., *The Holy Fool in European Cinema,* Routledge, New York 2016.

Bonaud, Anne Sylvie, "Pour une filmographie des biographies de peintres à l'écran," in *Ligeia. Peinture et cinéma : picturalité de l'image filmée de la toile à l'écran*. n. 77-80 (2007), pp. 267-283.
Bukatman, Scott, "Brushstrokes in CinemaScope: Minelli's Action Painting in *Lust for Life*," in *Vincent Minnelli: The Art of Entertainment*, ed. by Loe McElhaney, Wayne State University Press, Detroit 2009, pp. 297-321.
Campan, Véronique, "Les puissances du faux ou la « mise en boîte » de Rembrandt par Charles Matton," in *Biographies de peintres à l'écran*, cit., pp. 211-226.
Caroli, Flavio, *Trentasette. Il mistero del genio adolescente,* Mondadori, Milano 2007.
Chateau, Dominique, "L'acte de création comme problème esthétique," in *Filmer l'acte de creation*, cit., pp. 81-90.
Chenique, Bruno, *Les chevaux de Géricault,* Bibliothèque de l'Image, 2002.
Cheshire, Ellen, *Bio-Pics: A Life in Pictures*, Wallflower Press, London & New York 2015.
Cieutat, Michel, "Van Gogh au cinéma : Minnelli, Pialat, Altman," in *Biographies de peintres à l'écran*, cit., pp. 127-144.
Cloarec, Nicole, "Derek Jarman: Lyrisme et Radicalité," in *Ligeia: Peintres cinéastes,* n. 97-98-99-100 (Janvier-Juin 2010), pp. 202-209.
Codell, Julie F., "Gender, Genius, and Abjection in Artist Biopics," in *The Biopic in Contemporary Film Culture,* ed. by Tom Brown and Belén Vidal, Routledge, New York and London 2014, pp. 159-175.
Id., "Nationalizing Abject American Artists: Jackson Pollock, Lee Klasner, and Jean-Michel Basquiat," in *Invented Lives, Imagined Communities: The Biopic and American National Identity,* ed. by William H. Epstein and R. Barton Palmer, State University of New York Press, Albany 2016, pp. 161-180.
Coliva, Anna (a cura di), *Caravaggio Bacon, Catalogo della Mostra,* Federico Motta Editore, 2009.
Costantini-Cornède, Anne-Marie, "Greenaway. *Les Livres de Prospéro* et *La Ronde de nuit,* peintures d'époque ou les paradoxes d'un cinéaste-peintre," in *Ligeia: Peintres cinéastes,* n97-98-99-100 (Janvier-Juin 2010), pp. 210-222.
Custen, George F., *Bio/Pics. How Hollywood Constructed Public History*, Rutgers University Press, New Brunswick 1992.
Dalle Vacche, Angela, *Cinema and Painting: How Art Is Used in Film*, Athlone, London 1996.
Damour, Christophe, "Paon ou caméléon? L'acteur face à l'incarnation du personnage réel," in *CinémAction, Biopic: de la réalité à la fiction*, n. 139 (2011), pp. 37-41.
De La Garza, Armida, "Adapting Frida Kahlo: The Film-Paintings," in *Impure*

*Cinema: Intermedial and Intercultural Approaches to Film*, ed. by Lúcia Nagib & Anne Jerslev, I.B.Tauris, London & New York 2013, pp. 66-81.
Deleuze, Gilles, *Cinéma 1. L'image-mouvement*, Minuit, Paris 1983. ドゥルーズ，ジル『シネマ１――運動イメージ』財津理・齋藤範訳，法政大学出版局，2008年．
Id., *Cinéma 2. L'image-temps*, Minuit, Paris 1985. 同『シネマ２――時間イメージ』宇野邦一ほか訳，法政大学出版局，2006年．
Delmas, Fabien, "Le dernier Ophuls. Et s'il fallait peindre l'Univers ?," in *Biographies de peintres à l'écran*, cit., pp. 83-98.
Denis, Sébastien, "Le documentaire à l'épreuve. La subversion des genres et des techniques dans le cinéma de Peter Watkins," in *L'insurrection médiatique: Médias, histoire et documentaire dans le cinéma de Peter Watkins*, sous la direction de Jean-Pierre Bertin-Maghit, Sébastien Denis, Presses Universitaires de Bordeaux, Bordeaux 2010, pp. 155-166.
Dickey, Stephanie, "Begging for Attention: The Artful Context of Rembrandt's Etching *Beggar Seated on a Bank*," in *Journal of Historians of Netherlandish Art*, 2013 [https://jhna.org/articles/begging-for-attention-artful-context-rembrandts-etching-beggar-seated-on-a-bank/].
Dion, Élise, *Edvard Munch de Peter Watkins: du narrateur masque au film-simulacre*, Université du Québec à Montréal [https://archipel.uqam.ca/2074/1/M10838.pdf].
Felleman, Susan, *Art in the Cinematic Imagination*, University of Texas Press, Austin 2007.
Fiant, Antony, "Pirosmani vu par Chenguelaia et Paradjanov : portraits en creux," in *Biographies de peintres à l'écran*, cit., pp. 115-126.
Fischer, Lucy, *Cinema by Design: Art Nouveau, Modernism, and Film History*, Columbia University Press, New York 2017.
Fontanel, Rémi, "Préambule: La réalité sera toujours plus captivante...," in *CinémAction, Biopic: de la réalité à la fiction*, n. 139 (2011), pp. 13-27.
Id., "Du peintre en général et de Van Gogh en particulier," in *Ibid*., pp. 56-62.
Garrard, Mary D., *Artemisia Gentileschi: The Image of the Female Hero in Italian Baroque Art*, Princeton University Press, 1989.
Id., "Artemisia's Trial by Cinema," in *Art in America*, 86:10 (October 1998), pp. 65-69.
Garrett, Roberta, *Postmodern Chick Flicks: The Return of the Woman's Film*, Palgrave Macmillan, New York 2007.
Genton, François, "La biographie de peintre, un genre politique ? Les films *Rembrandt* d'Alexander Korda (1936) et de Hans Steinhoff (1942)," in *Biographies de peintres à l'écran*, cit., pp. 41-56.
Gibson, Michael F., *The Mile and the Cross*, The University of Levana Press, 2012.
Goddard, Michael, *The Cinema of Raúl Ruiz: Impossible Cartographies*,

Wallflower Press, London & New York 2013.
Gómez, Gloria C., "Goya au cinema," in *Biographies de peintres à l'écran*, cit., pp. 99-114.
Gomez, Joseph A., "Nous faisons tous partie de l'Histoire : Temps, Histoire et Subversion de la Monoforme," in *L'insurrection médiatique: Médias, histoire et documentaire dans le cinéma de Peter Watkins*, cit., pp. 101-112.
Id., "Edvard Munch: Film Biography as Self-portrait and Exemplum," in *a film by Peter Watkins: Edvard Munch* (DVD booklet), The Masters of Cinema Series, Eureka Entertainment Ltd., 2011, pp. 8-45.
Greenaway, Peter, *Nightwatching*, Dis Voir, Paris 2006.
Grunert, Andrea, "Vincent van Gogh au cinéma : un métatexte ? *Lust for life* (1955) et *Vincent and Theo* (1989)," in *Les autres arts dans l'art du cinéma,* sous la direction de Dominique Sipère et Alain J.-J. Cohen, Presses Universitaires de Rennes, Rennes 2007, pp. 63-76.
Guercio, Gabriele, *Art as Existence: The Artist's Monograph and Its Project*, The MIT Press, Cambridge & London 2006.
Guieu, Julien, "Les biographies de peintres : un genre cinématographique ?," in *Ligeia. Peinture et cinéma : picturalité de l'image filmée de la toile à l'écran*. n. 77-80 (2007), pp. 253-266.
Haremore, James, *The Films of Vincent Minnelli*, Cambridge University Press, 1993.
Henich, Nathalie, *L' élite artiste. Excellence et singulatité en régime démocratique,* Gallimard, Paris 2005.
Hesling, Willem, "Artist Legends and Historical Film. Alexander Korda's *Rembrandt* (1936)," in *Perspectives on European Film and History*, ed. by Leen Engelen & Roel Vande Winkel, Academia Press, Gent 2004, pp. 75-110.
Hollinger, Karen, *Feminist Film Studies*, Routledge, London & New York 2012.
Hotchkiss, Lia M., "Theater, Ritual, and Materiality in Peter Greenaway's *The Baby of Mâcon,*" in *Peter Greenauay's Postmodern/Poststructuralist Cinema,* ed. by Paula Willoquet-Maricondi and Mary Alemany-Galway, The Scarecrow Press, Lanham 2008, pp. 223-254.
Jacobs, Steven, *Framing Pictures: Film and the Visual Arts*, Edinburgh University Press, 2011.
Jancène-Jaigu, France, "Entre cinéma et peintre: Julian Schnabel, le 'go between', filme Basquiat," in *Ligeia: Peintres cinéastes,* n. 97-98-99-100 (Janvier-Juin 2010), pp. 233-241.
Jando, Dominique, *Philip Astley and the Horseman Who Invented the Circus,* Createspace Independent Publishing Platform, 2018.
Jarman, Derek, *Derek Jarman's Caravaggio*, Thames and Hudson, London 1986.
Johnson Vida T. and Graham Petrie, *The Films of Andrei Tarkovsky: A Visual*

*Fugue*, Indinana University Press, Bloomington & Indianapolis 1994.
Kedraon, Anne, "L'œuvre en procès dans le cinéma de fiction," in *Filmer l'acte de creation*, cit., pp. 201-210.
Körner, Hans / Manja Wilkens, *Séraphine Louis 1864-1942: Biographie / Werkverzeichnis,* Reimer, Berlin 2009.
Krauss, Rosalind, *The Optical Unconscious*, MIT, Cambridge 1993.
Labé, Benjamin, "Vraisemblance et vérité: la question du réalisme et ses paradoxes," in *CinémAction, Biopic: de la réalité à la fiction*, n. 139 (2011), pp. 41-47.
Lagny, Michèle, "Entre documentaire et fiction, la mémoire-histoire chez Peter Watkins," in *L'insurrection médiatique: Médias, histoire et documentaire dans le cinéma de Peter Watkins*, cit., pp. 139-146.
Id., *Edvard Munch: Peter Watkins,* Aléas, Lyon 2011.
Lent, Tina Olsin, "Life as Art / Art as Life: Dramatizing the Life and Work of Frida Kahlo," in *Jurnal of Popular Film and Television* 35-2 (2007), pp. 68-76.
Longhi, Roberto, *Gentileschi. Padre e Figlia* (1916), Abscondita, Milano 2011.
Louguet, Patrick, "La vie et l'œuvre de Séraphine Louis en régime de fiction cinématographique," in *Biographies de peintres à l'écran*, cit., pp. 271-286.
Marti, Marc, "Récit filmique et Histoire: La hiérarchie des Personnages dans *Goya en Burdos* de Carlos Saura (1999)," in *Chaiers de Narratologie*, 15 (2008).
Martin, Marie, "La projection du peintre. *Klimt* de Raoul Ruiz," in *Biographies de peintres à l'écran*, cit., pp. 255-270.
Maybury, John, "John Maybury's *Love is the Devil,*" in *Filmmaker Magazin*, Fall 1998 [https://filmmakermagazine.com/archives/issues/fall1998/forced_perspective.php].
Moos, David, *Julian Schnabel: Art and Film*, Catalogue of an exhibition held at the Art Gallery of Ontario, Toronto 2010.
Morrissey, Priska, "La nuit des ateliers. Réflexions sur un imaginaire de l'artiste au travail dans les *biopics* de peintres," in *Biographies de peintres à l'écran*, cit., pp. 25-40.
Mulvey, Laura, "Visual Pleasure and Narrative Cinema," in *Screen*, 16-3（Autumn 1975)（「視覚的快楽と物語映画」斉藤綾子訳，『Imago』1992年11月号，pp. 40-53).
Munch, Edvard, *The Private Journals of Edward Munch*, ed. and trans. by J. Gill Holland, The University of Wisconsin Press, Madison 2005.
Murray, Timothy, *Like a Film: Ideological Fantasy on Screen, Camera and Canvas*, Routledge, London & New York 1993.
Naremore, James, *The Films of Vincente Minelli*, Cambridge University Press, Cambridge & New York 1993.
Niney, François, "*Edvard Munch*, ou l'anti-biopic," in *L'insurrection médiatique:*

*Médias, histoire et documentaire dans le cinéma de Peter Watkins*, cit., pp. 125-136.

Nochlin, Linda, "Why Have There Been No Great Woman Artists?" in *Art News*, LXIX, 1971（「なぜ女性の大芸術家は現れないのか？」松岡和子訳，『美術手帖』1976年5月号，pp. 46-83）.

Nolley, Ken, "Peter Watkins et l'histoire. Du discours sur l'histoire à la déconstruction de la violence du discours," in *L'insurrection médiatique: Médias, histoire et documentaire dans le cinéma de Peter Watkins*, cit., pp. 91-100.

Norton, James, "The Mystery, as Always: Raúl Ruiz, Klimt and the Poetics of Cinema," in *Vertigo*, 3-6 (Summer 2007) [http://www.closeupfilmcentre.com/vertigo_magazine/volume-3-issue-6-summer-2007/malers-the-mystery-as-always-raul-ruiz/].

Pajon, Léo, "Gauguin – Voyage de Tahiti : la pédophilie est moins grave sous les tropiques" [http://www.jeuneafrique.com/476091/societe/gauguin-voyage-de-tahiti-la-pedophilie-est-moins-grave-sous-les-tropiques/].

Pascoe, David, *Peter Greenaway: Museums and Moving Images*, Reaktion Books, London 1997.

Pellanda, Marina, *Andrej Tarkovskij. Andrej Rublëv*, Lindau, Torino 2015.

Pelzer, Birgit, "«Aloïse» : un film de Liliane de Kermadec," in *Les Cahiers du GRIF*, n° 7 , 1975, pp. 56-57 [https://www.persee.fr/docAsPDF/grif_0770-6081_1975_num_7_1_1452.pdf].

Pencak, William, *The Films of Derek Jarman*, McFarland & Company, Jefferson 2002.

Pericolo, Lorenzo, "The Golden Chain: Rembrandt's Cologne *Self-Portrait*, or The Tragicomic Excellence of Painting," in *Cahiers d'études italiennes*, 18 (2014), pp. 131-147.

Pétursson, Pétur, "Mirrors in the Film *Andrei Rublev*," in *Through the Mirror: Reflections on the Films of Andrei Tarkovsky*, ed. by Gunnlaugur A. Jónsson and Thorkell Á. Óttarsson, Cambridge Scholars Press, Newcastle 2006, pp. 188-199.

Polaschek, Bronwyn, *The Postfeminist Biopic: Narrating the Lives of Plath, Kahlo, Woolf and Austen*, Palgrave Macmillan, 2013.

Pollock, Griselda, "Feminist Dilemmas with the Art / Life Problem," in *The Artemisia Files: Artemisia Gentileschi for Feminists and Other Thinking People*, ed. by Mieke Bal, The University of Chicago Press, Chicago 2005, pp. 169-206.

Porter, Lynnette, *Van Gogh in Popular Culture*, McFarland & Company, Jefferson 2016.

Preziosi, Donald, *Rethinking Art History: Meditations on a Coy Science* , Yale University Press, New Haven & London 1989.

Rancière, Jacques et Jean-Louis Comolli, *Arrêt sur histoire*, Centre Georges

Pompidou, 1997.

Reinert, Cristina Degli-Esposti, "Neo-Baroque Imaging in Peter Greenaway's Cinema," in *Peter Greeneway's Postmodern / Poststructuralist Cinema*, cit., pp. 51-78.

Robert, Valentine, "*La Belle Noiseuse*, une création en deux actes : pictural et filmique," in *Filmer l'acte de creation*, cit., pp. 37-48.

Robinson, Jeremy M., *The Sacred Cinema of Andrei Tarkovsky*, Crescent Moon, Kent 2006.

Rorato, Laura, *Caravaggio in Film and Literature: Popular Culture's Appropriation of a Baroque Genius*, Legenda, 2014.

Rosenstone, Robert A., *History on Film / Film on History*, Routledge, London & New York 2012.

Sager Eidt, Laura M., *Writing and Filming the Painting : Ekphrasis in Literature and Film*, Rodopi, Amsterdam & New York 2008.

Scarparo, Susanna, "Artemisia: The Invention of 'Real' Woman," in *Italica*, 79: 3 (2002), pp. 363-378.

Schwartz, Gary, *Rembrandt: His Life, His Paintings: A new biography with all accessible paintings illustrated in colour*. Viking, New York 1985.

Senaldi, Marco, *Van Gogh a Hollywood: La leggenda cinematografica dell'artista*, Meltemi, Roma 2004.

Seret, Roberta, *Voyage Into Creativity: The Modern Künstlerroman*, Peter Lang, New York 1992.

Shaw, Deborah, "Transforming the National Body: Salma Hayek and *Frida*" in *Quarterly Review of Film and Video*, 27-4 (2010), pp. 299-313.

Sheehan, Rebecca, "Facebooking the Present: the Biopic and Cultural Instantaneity," in *The Biopic in Contemporary Film Culture*, cit., pp. 35-51.

Skakov, Nariman, *The Cinema of Tarkovsky: Labyrinths of Space and Time*, I.B. Tauris, London & New York 2013.

Soussloff, Catherine M., *The Absolute Artist: The Historiography of a Concept*, University of Minnesota Press, Minneapolis 1997.

Stonar, Sunders F., *The Cultural Cold War: The CIA and the World of Arts and Letters*, The New Press, New York 1999.

Tarkovsky, Andrei, *Andrei Rublëv*, translated by Kitty Hunter Blair, Faber and Faber, London & Boston 1991.

Thivat, Patricia-Laure, "Introduction : Vies d'artistes au cinéma. L'Histoire, le mythe et le miroir," in *Biographies de peintres à l'écran*, cit., pp. 7-24.

Toubiana, Serge, *Maurice Pialat: peintre & cinéaste*, Somogy éditions d'art, Paris 2013.

Vancheri, Luc, *Cinéma et peinture: Passages, partages, présences*, Armand Colin, 2007.

Vandelanoitte, Pascal, "An Icon of Change: *Andrei Rublev* (1966) as a Historical Film about the Birth of Russia," in *Perspectives on European Film and History,* cit., pp. 33-52.
Vidal, Belén, *Figuring the Past: Period Film and the Mannerist Aesthetics,* Amsterdam University Press, 2013.
Id., "introduction: the biopic and its critical contexts," in *The Biopic in Contemporary Film Culture,* cit., pp. 1-32.
Villenave, Baptiste, "Le maelström des affects. *Edvard Munch* de Peter Watkins (1974) : une biographie totale," in *Biographies de peintres à l'écran,* cit., pp. 181-196.
Vircondelet, Alain, *L'art jusqu' à la folie: Camille Claudel, Séraphine Louis, Aloïse Corbaz,* Rocher, Monaco 2016.
Vollmer, Ulrike, *Seeing Film and Reading Feminist Theology: A Dialogue,* Palgrave Macmillan, New York 2007.
Walker, John A., *Art & Artists on Screen,* Manchester University Press, 1993.
Watkins, Peter, "Edward Munch: A Self-interview," in *a film by Peter Watkins: Edvard Munch* (DVD booklet), The Masters of Cinema Series, Eureka Entertainment Ltd., 2011, pp. 46-69.
White, Haydon, "Historiography and Historiophoty," in *The American Historical Review,* 93 no. 5 (1988), pp. 1193-1197.
Wymer, Rowland, *Derek Jarman,* Manchester University Press, 2005.
Zemel, Carol, "What becomes a Legend Most," in *Art in America,* 76-7 (July 1988), pp. 88-93.

アルシャンボー，ミシェル『フランシス・ベイコン 対談』五十嵐賢一訳，三元社，1998年.
ウィットコウアー，ルドルフ／マーゴット『数奇な芸術家たち――土星のもとに生まれて』中森義宗・清水忠訳，岩崎美術社，1969年.
ウォーホル，アンディ，パット・ハケット編『ウォーホル日記』上下，中原佑介ほか訳，文春文庫，1997年.
同，アンディ・ウォーホル美術財団編『とらわれない言葉』夏目大訳，青志社，2010年.
エニック，ナタリー『ゴッホはなぜゴッホになったか――芸術の社会学的考察』三浦篤訳，藤原書店，2005年.
エレーラ，ヘイデン『フリーダ・カーロ――生涯と芸術』野田隆・有馬郁子訳，晶文社，1988年.
岡田温司（編）『カラヴァッジョ鑑』人文書院，2001年.
同『肖像のエニグマ――新たなイメージ論に向けて』岩波書店，2008年.
同『映画は絵画のように――静止・運動・時間』岩波書店，2015年.

同『映画とキリスト』みすず書房，2017年.
尾崎彰宏『レンブラント工房――絵画市場を翔けた画家』講談社選書メチエ，1995年.
同『レンブラントのコレクション――自己成型への挑戦』三元社，2004年.
落合東朗『タルコフスキーとルブリョフ』論創社，1994年.
金関寿夫『現代芸術のエポック・エロイク――パリのガートルード・スタイン』青土社，1991年.
嘉門安雄『ゴッホとロートレック』朝日選書，1986年.
木下長宏『ゴッホ神話の解体へ』五柳書院，1989年.
クラカウアー，ジークフリート『歴史――永遠のユダヤ人の鏡像』平井正訳，せりか書房，1977年.
クリス，エルンスト／オットー・クルツ『芸術家伝説』大西広・越川倫明・児島薫・村上博哉訳，ぺりかん社，1989年.
グリーンブラット，スティーヴン『ルネサンスの自己成型――モアからシェイクスピアまで』高田茂樹訳，みすず書房，1992年.
圀府寺司（編）『ファン・ゴッホ神話』テレビ朝日，1992年.
同『ユダヤ人と近代美術』光文社新書，2016年.
ゴーガン，ポール『ノア・ノア――タヒチ紀行』前川堅市訳，岩波文庫，1960年.
同、ダニエル・ゲラン編『ゴーギャン オヴィリ――野蛮人の記録』岡谷公二訳，みすず書房，1980年.
ゴッホ，フィンセント・ファン『ゴッホの手紙』上中下，硲伊之助訳，岩波文庫，1961年.
同『ファン・ゴッホの手紙』二見史郎・圀府寺司訳，みすず書房，2017年.
小林頼子『フェルメール論――神話解体の試み』八坂書房，2008年.
ゴヤ，フランシスコ・デ『ゴヤの手紙――画家の告白とドラマ』大高保二郎・松原典子編訳，岩波書店，2007年.
サンドレル，アネッタ・ミハイロヴナ（編）『タルコフスキーの世界』沼野充義監修，キネマ旬報社，1995年.
シオン，ミシェル『映画にとって音とはなにか』川竹英克ほか訳，勁草書房，1993年.
シモンズ，サラ『ゴヤ』大高保二郎・松原典子訳，岩波書店，2001年.
シャピロ，メイヤー『モダン・アート――19－20世紀美術研究』二見史郎，みすず書房，1983年.
シャーマ，サイモン『レンブラントの目』高山宏訳，河出書房新社，2009年.
シュヴァリエ，トレイシー『真珠の耳飾りの少女』木下哲夫訳，白水Ｕブックス，2004年.
ショースキー，カール・E『世紀末ウィーン――政治と文化』安井琢磨訳，岩波書店，1983年.
シルヴェスター，デイヴィッド『肉への慈悲――フランシス・ベイコン・インタヴュー』小林等訳，筑摩書房，1996年.

同『回想フランシス・ベイコン』五十嵐賢一訳，書肆半日閑，2010年.
ステッドマン，フィリップ『フェルメールのカメラ――光と空間の謎を解く』鈴木光太郎訳，新曜社，2010年.
ストイキツァ，ヴィクトル・I『絵画の自意識――初期近代におけるタブローの誕生』岡田温司・松原知生訳，ありな書房，2001年.
同『影の歴史』岡田温司・西田兼訳，平凡社，2008年.
ストーン，アーヴィング『ミケランジェロの生涯――苦悩と歓喜』新庄哲夫訳，二見書房，1975年.
同『炎の人ゴッホ』新庄哲夫訳，中公文庫，1990年.
セリュラス，モーリス『呪われた画家たち――エル・グレコ、カラヴァッジョからロートレック、モディリアーニまで』藤田尊潮訳，八坂書房，2010年.
ゾラ，エミール『制作』上下，清水正和訳，岩波文庫，1999年.
ソンタグ，スーザン『反解釈』高橋康也・由良君美ほか訳，ちくま学芸文庫，1996年.
同『同じ時のなかで』木幡和枝訳，NTT出版，2009年.
高階秀爾『ピカソ 剽窃の論理』ちくま学芸文庫，1995年.
ターナー，ヴィクター・W「儀礼・演劇・カーニヴァル――リミナルからリミノイドへ」星野英紀訳，『宗教研究』日本宗教学会編，52-1 (1978年)，pp. 71-94.
タルコフスキー，アンドレイ『映像のポエジア――刻印された時間』鴻英良訳，キネマ旬報社，1988年.
ダントー，アーサー・C『ありふれたものの変容――芸術の哲学』松尾大訳，慶應義塾大学出版会，2017年.
ディディ＝ユベルマン，ジョルジュ『残存するイメージ――アビ・ヴァールブルクによる美術史と幽霊たちの時間』竹内孝宏・水野千依訳，人文書院，2005年.
テヴォー，ミシェル『不実なる鏡――絵画・ラカン・精神病』岡田温司・青山勝訳，人文書院，1999年.
同『アール・ブリュット――野生美術の真髄』杉村昌昭訳，人文書院，2017年.
トドロフ，ツヴェタン『個の礼讃――ルネサンス期フランドルの肖像画』岡田温司・大塚直子訳，白水社，2002年.
同『日常礼讃――フェルメールの時代のオランダ風俗画』塚本昌則訳，白水社，2002年.
同『芸術か人生か！レンブラントの場合』高橋哲訳，みすず書房，2009年.
ドーン，メアリ・アン『欲望への欲望――1940年代の女性映画』松田英男訳，勁草書房，1994年.
ナドラー，スティーヴン『レンブラントのユダヤ人――物語・形象・魂』有木宏二訳，人文書館，2008年.
ノックリン，リンダ『絵画の政治学――フェミニズム・アート』坂上桂子訳，彩樹社，1996年.
バザン，アンドレ『映画とは何か』小海永二訳，『小海永二翻訳撰集４』丸善，2008年.

同『映画とは何か』上下，野崎歓ほか訳，岩波文庫，2015年.
バスキア，ジャン＝ミシェル『バスキア』日比野克彦序文，角川文庫，1997年.
パゾリーニ、ピエル・パオロ「ポエジーとしての映画」塩瀬宏訳、『映画理論集成——古典理論から記号学の成立へ』岩本憲児・波多野哲朗編，フィルムアート社，1982年.
花田清輝『新編映画的思考』講談社文芸文庫，1992年.
同『ものみな映画で終わる——花田清輝映画論集』清流出版，2007年.
林道郎『絵画は二度死ぬ、あるいは死なない 4 Andy Warhol』ART TRACE，2005年.
はらだたけひで『放浪の聖画家ピロスマニ』集英社新書ヴィジュアル版，2014年.
パリス，レーヌ＝マリー『カミーユ・クローデル』なだいなだ・宮崎康子訳，みすず書房，1989年.
バルザック『知られざる傑作 他五篇』水野亮訳，岩波文庫，1965年.
ハンセン，ミリアム・ブラトゥ『映画と経験——クラカウアー、ベンヤミン、アドルノ』竹峰義和・滝浪佑紀訳，法政大学出版会，2017年.
ピロスマニ，ニコ『ニコ・ピロスマニ 1862-1918』文遊社，2008年.
二見史郎『ファン・ゴッホ評伝』みすず書房，2010年.
ブニュエル，ルイス「アルバ公爵夫人とゴヤ」大原えりか訳，『ユリイカ 特集ブニュエル——映画のシュルレアリスム』vol. 14-6（1982年6月），青土社，pp. 188-206.
プリドー，スー『ムンク伝』木下哲夫訳，みすず書房，2007年.
プリンツホルン，ハンス『精神病者はなにを創造したのか——アウトサイダー・アート／アール・ブリュットの原点』林晶ほか訳，ミネルヴァ書房，2014年.
フロマンタン，ユージェーヌ『レンブラント——その作品と生涯』三輪福松・村上陽通訳，三彩社，1968年.
フロレンスキイ，パーヴェル『逆遠近法の詩学——芸術・言語論集』桑野隆ほか訳，水声社，1998年.
ペリュショ，アンリ『ロートレックの生涯』千葉順訳，講談社，1979年.
堀田善衞『ゴヤ』全4巻 (1974-77年)，集英社文庫，2010年.
ポロック，グリゼルダ『視線と差異——フェミニズムで読む美術史』萩原弘子訳，新水社，1998年.
ホワイト，ヘイドン『メタヒストリー——一九世紀ヨーロッパにおける歴史的想像力』岩崎稔監訳，作品社，2017年.
マノヴィッチ，レフ『ニューメディアの言語——デジタル時代のアート、デザイン、映画』堀潤之訳，みすず書房，2013年.
マーフィ，バーナデット『ゴッホの耳——天才画家 最大の謎』山田美明訳，早川書房，2017年.
三木宮彦『ムンクの時代』東海大学出版会，1992年.
宮下規久朗『カラヴァッジョ——聖性とヴィジョン』名古屋大学出版会，2004年.
ムンク，エドヴァルト『エドヴァルト・ムンク——「自作を語る画文集」生のフリ

ーズ』鈴木正明訳，八坂書房，2009年．

モーム，サマセット『月と六ペンス』行方昭夫訳，岩波文庫，2010年．

柳澤一博『知られざる芸術家の肖像――伝記映画を見る』集英社文庫，1997年．

米村典子「伝記・神話・美術史：女性芸術家はいかに語られてきたか」大阪府立大学女性学研究センター編『女性学研究』20 (2013)，p. 17-44.

ローズ，ジューン『モディリアーニ――夢を守りつづけたボヘミアン』宮下規久朗・橋本啓子訳，西村書店，2007年．


『カミーユ・クローデル展』図録，朝日新聞社，1987年．

芳賀徹編著『二人のクローデル』図録，芳賀徹編著，川口市立アートギャラリー記念事業実行委員会，2007年．

岡田温司《おかだ・あつし》

一九五四年、広島県三原市生まれ。京都大学大学院文学研究科博士課程中退、現在、京都大学人間・環境学研究科教授。専門は西洋美術史、イタリア思想、美学。聖書の表象を美術史にたどる『マグダラのマリア』、精神分析理論の祖であるフロイトに見られるイタリアの影響を読む『フロイトのイタリア』(読売文学賞)、そして映画と美術の両者を横断しつつ執筆された『映画は絵画のように』などの著書が示すように、その研究は独創的で広い。イタリア現代哲学の紹介者としても知られており、ロベルト・ロンギ『芸術論叢』(監訳、ピーコ・デッラ・ミランドラ賞受賞)、アガンベン『スタンツェ』『開かれ』など訳書多数。二十世紀のイタリアの画家ジョルジョ・モランディの研究者でもあり、『モランディとその時代』で吉田秀和賞受賞。

映画《えいが》と芸術《げいじゅつ》と生《せい》と
スクリーンのなかの画家《がか》たち

二〇一八年十二月二十日　初版第一刷発行

著　者　岡田温司
発行者　喜入冬子
発行所　株式会社筑摩書房
一一一-八七五五　東京都台東区蔵前二-五-三
電話番号〇三-五六八七-二六〇一(代表)
印刷・製本　中央精版印刷株式会社

 ISBN978-4-480-87398-9 C0074